鎌倉幕府と朝廷

シリーズ日本中世史②

近藤成一
Shigekazu Kondo

岩波新書
1580

はじめに

『シリーズ日本中世史』の二番手を務める本巻では、鎌倉幕府が成立してから滅亡するまでの約百五十年間をあつかう。この時代をふつう「鎌倉時代」と呼んでいる。

「鎌倉時代」という言い方は、もともとは鎌倉に政権のあった時代を意味した。奈良に政権のあった時代を奈良時代と呼び、平安京に政権のあった時代を平安時代と呼ぶのに対応する。しかし奈良時代から平安時代への移行は、天皇と朝廷が奈良から平安京に遷《うつ》ったことによるけれども、平安時代から鎌倉時代への移行の際には、天皇と朝廷は鎌倉に遷ったわけではなく、京都に残りつづけている。鎌倉を拠点としたのは、天皇と朝廷ではなく、将軍と幕府であった。

もっとも、政権がその所在地を変えたというだけで、時代が区分されるわけではない。奈良時代と平安時代が区分されるのは、天皇と朝廷による政権ということでは同じであっても、そのあり方が大きく変わったからである。平安時代と鎌倉時代とは、その時代呼称の由緒からいえば、天皇と朝廷による政権から将軍と幕府による政権に交替したということになるから、時代の違いはもっと歴然としているはずである。しかし本当に、天皇と朝廷は政権を放棄し、将軍と幕府が政権を全面的に掌握したのであろうか。

鎌倉幕府を創設したのは源頼朝《みなもとのよりとも》であるが、もしも頼朝の意図が日本全国を統治する政権を掌握することであったならば、なにもわざわざ幕府を創設せずとも、朝廷の主導権を握ればよかったのではないか。彼が創設した幕府は、統治機構としては、朝廷と比べてはるかに貧弱なものである。新たな幕府を創設するよりも従来の朝廷を利用したほうが、ずっと強力な統治を実現できた。そして従来の朝廷の主導権を掌握するためには、自ら天皇になることも含めて、方法はいくらもあったはずである。しかし天皇と朝廷は残され、それとは別に幕府が創設された。しかも天皇と朝廷の所在する京都から百里以上も離れた僻遠の地に。

新たに幕府の創設された鎌倉は、それまで朝廷が置かれてきた京都と比べて、はるかに狭小の地である。鎌倉は三方を山に囲まれ一方は海に面した要害の地、といえば聞こえはいいけれども、京都がこれまで果たしてきた首都機能を引き受けられるような規模ではない。鎌倉に居を定めた頼朝に、平安京に替わる首都を建設しようとする野心があったようには思われない。むしろ三方の山により周囲から隔絶されたこの僻遠の地に、彼はひっそりと隠れるように彼の幕府を創設したような印象すらある。

もちろん鎌倉時代百五十年間の推移のうちに、鎌倉の政治的重要性は高まり、京・鎌倉の二都を軸として政治が展開するようになった。しかしそれでも鎌倉幕府は、首都機能を自らの所在地に集中しようとも、あるいは逆に首都機能の大きな部分を担いつづけている京都に自らの所在地を遷そうともしなかった。

逆に考えてみよう。もしも頼朝が政権を樹立するのに、朝廷の機能を最大限に利用し、京都の地を拠点としていたならば、どうなっていたであろうか。それはそれでありえたような気もする。現に、頼朝に先立つ平清盛《たいらのきよもり》の政権を「六波羅《ろくはら》幕府」と呼び、鎌倉幕府に先行する史上初の武家政権に位置づける学説もあるのだから。そういう政権がその後の日本の歴史を主導してもよかったのだろうし、その場合は朝廷と幕府とが分離せず、それが融合したような形の政権が発展したのではないだろうか。中身が武家政権でもそれを荘厳する外見は従来からの朝廷のものを継承するような政権になっていたかもしれない。

そうならなかったのは、やはり幕府が、京都から百里以上を隔てた僻遠の地に創設されたからではないか。鎌倉の地を選んだ頼朝の決断の意味はやはり大きい。もちろん頼朝自身にはそこまでの意図はなかったかもしれないし、頼朝の決断のみで後世が運命づけられたわけでもない。幕府の存在ということでいえば、単に頼朝が創設したというだけではなく、その後百五十年間鎌倉の地に維持されたということが、後世を規定したのだと思う。頼朝が鎌倉に創設した幕府は、どうして、あるいはどのようにして、その後百五十年間存続したのであろうか。そのことを当たり前と言ってしまわずに、もう一度考え直すことにしたい。鎌倉に幕府の存在した百五十年間とはどのような時代だったのか。その歴史をこれからひもといていくことにしよう。

目　次

第一章　鎌倉幕府の成立と朝廷

1　治承・寿永の乱

平家の都落ちと後鳥羽天皇の即位

寿永《じゅえい》二年(一一八三)七月、京都は木曽義仲《きそよしなか》とそれに呼応する勢力に包囲され、二十五日、平家は安徳《あんとく》天皇と国母《こくも》建礼門院《けんれいもんいん》、三種の神器を伴って京都を脱出した。後白河《ごしらかわ》法皇は叡山《えいざん》に逃れ、平家の都落ちに従わなかった。

後白河は木曽義仲・源行家《みなもとのゆきいえ》を召し、平家の追討を命じた。これまで官軍として義仲らの反乱軍と戦ってきた平家が賊軍に転落し、逆に義仲・行家らが官軍として認められることになった。さらに法皇のもとで平家追落しに功績のあった武将に対する恩賞が議せられたが、天皇不在で叙位任官を行うのは適当でないことから、安徳天皇に替わる新主を擁立する意見が出された。

後白河法皇の主宰のもと、朝廷は京都で機能していたが、天皇の不在はやはり不都合であり、安徳の還京を待つ案もあったが、結局は新主を擁立することになった。新主には高倉《たかくら》天皇第四皇子が選ばれ、八月二十日に即位した。これがすなわち後に後鳥羽《ごとば》院の追号で呼ばれることになる天皇である。

京都では安徳を「先帝」と呼んだが、安徳が退位したわけではないので、安徳が壇《だん》ノ浦《うら》に身を投じるまでの一年半、二人の天皇が存在することになった。

内乱の経緯

どうしてこういうことになったのか。ここに至る経緯を振り返っておこう。

そもそも、平家の栄華は後白河法皇との連携により築かれたものであった（図1-1）。仁安《にんあん》三年（一一六八）二月の高倉天皇の即位は後白河と平清盛《たいらのきよもり》との談合で決められたが、高倉の母建春門院《けんしゅんもんいん》は清盛の妻の妹であり、後白河の寵愛を一身に集めた女性であった。

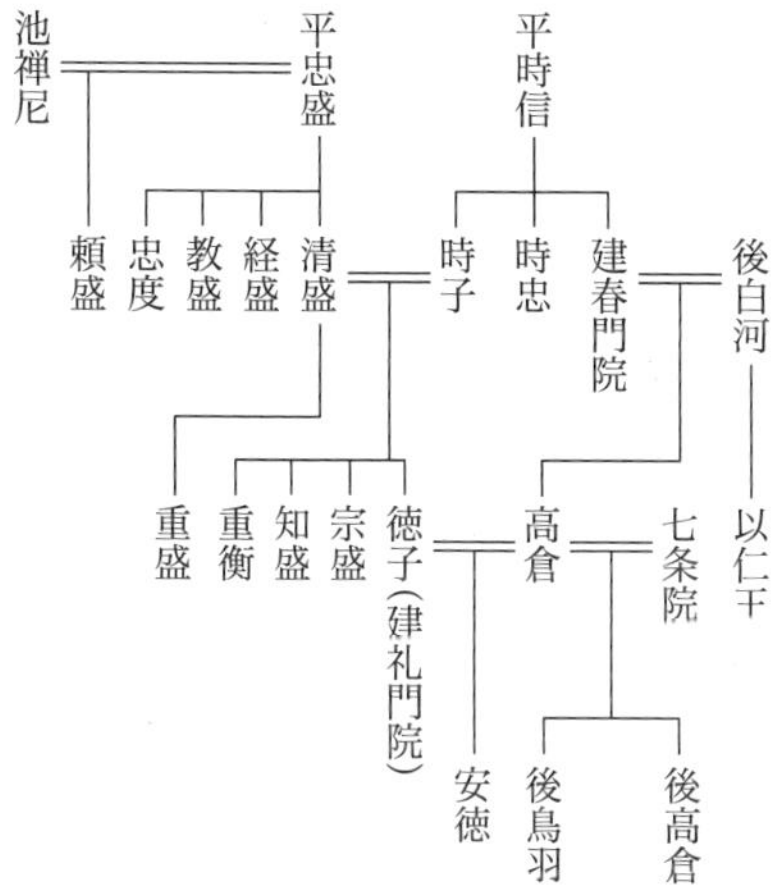

図1-1　平家と天皇家の関係系図

ところがその後白河と清盛との間に亀裂が入った。治承《じしょう》三年（一一七九）十一月、清盛は福原（現、兵庫県神戸市）より数千騎を率いて上洛し、後白河を鳥羽殿《とばどの》に幽閉し、院政を停止して、政治の主導権を掌握した。翌年二月、高倉天皇は安徳天皇に譲位《じょうい》して院政を開始した。安徳は清盛の娘徳子《とくこ》（後の建礼門院）の所生であるから、清盛を外祖父とする天皇が即位したことになる。高倉院政の開

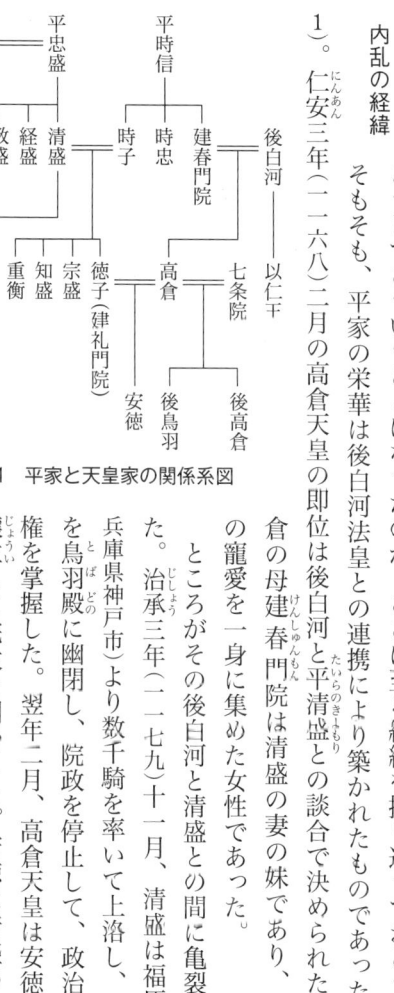

始は後白河の政権復帰を阻止する意味もあった。六月、安徳天皇、高倉上皇、後白河法皇が福原に遷《うつ》る。ここまでの半年で、清盛は外孫安徳を天皇に戴いて強力に政権を掌握したことになる。

しかしこのような清盛の強権的な政治は、それに対する反発をも呼び起こすことになった。四月、後白河の皇子以仁王《もちひとおう》は、壬申《じんしん》の乱を制して即位した天武《てんむ》天皇の例に倣って安徳天皇を追討することを宣言し、東海・東山・北陸三道の源氏に蹶起《けっき》を呼びかけた。以仁王自身は挙兵前に追捕を受け、逃亡の途上で討たれたが、その令旨《りょうじ》は諸国に伝えられ、反平氏の旗印に用いられていくことになった。

平治《へいじ》の乱（一一五九年）に敗れて伊豆に流されていた源頼朝《よりとも》は、二十年の雌伏を経て、治承四年八月に挙兵した。伊豆の目代山木兼隆《もくだいやまきかねたか》を討った後、相模《さがみ》に軍を進め、石橋山（現、神奈川県小

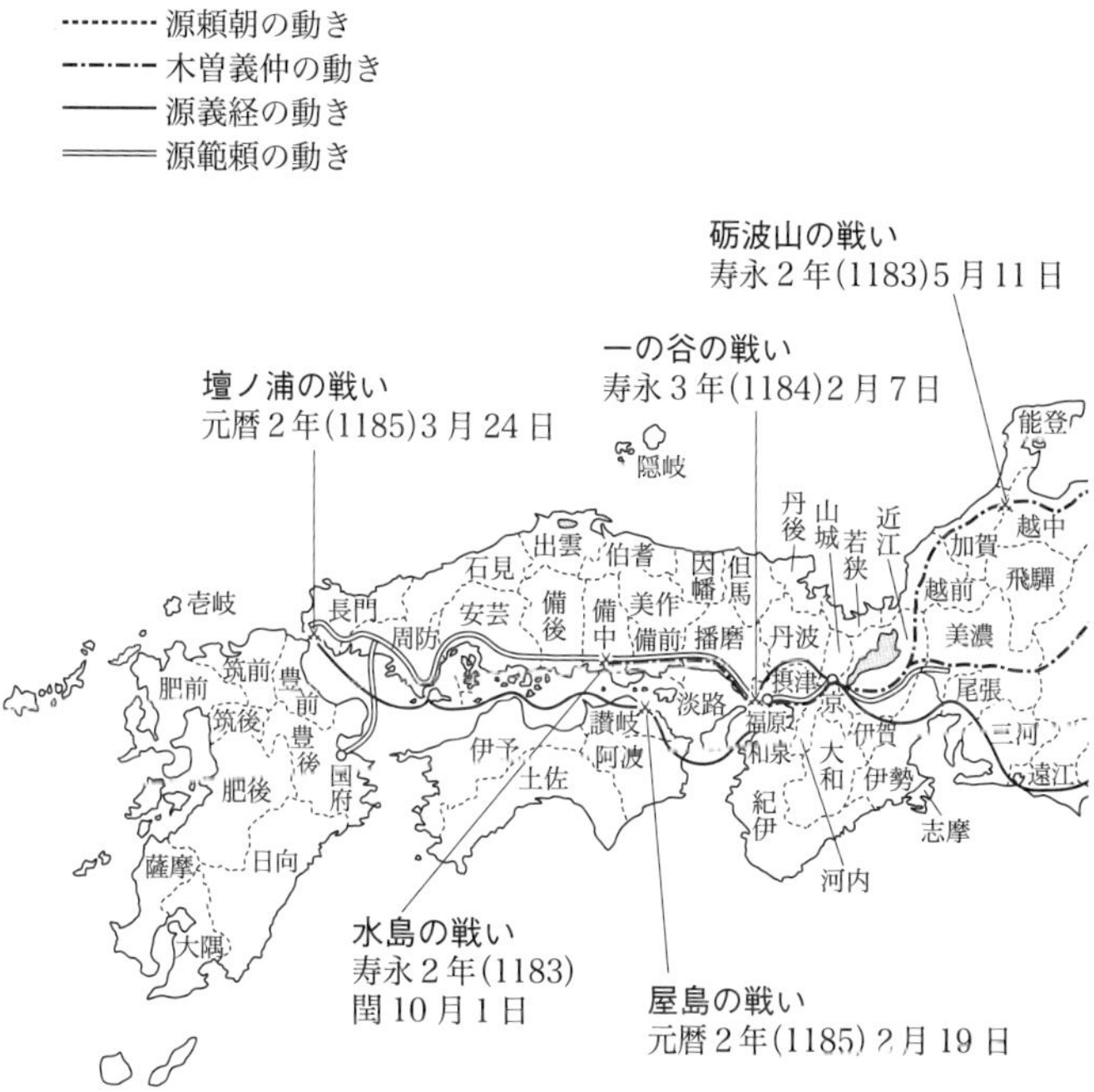

図1-2　源平合戦地図

田原市)で大庭《おおば》景親《かげちか》との合戦に敗れ、海上を安房《あわ》に逃れたが、上総《かずさ》の平広常《ひろつね》、下総《しもうさ》の千葉《ちば》常胤《つねたね》の帰順により勢力を盛り返し、武蔵《むさし》・相模の武士を従えて、十月に鎌倉に入り、ここに拠点を定めた。これに対して朝廷は平維盛《これもり》を総大将とする追討軍を派遣したが、追討軍は富士川をはさんで頼朝の軍勢と対峙した後、合戦に至らずに撤退した(図1-2)。

同じ頃、頼朝の従兄弟にあたる木曽義仲も信濃《しなの》で自立する動きを示した。これに対して越後《えちご》の城長茂《じょうながもち》が平家に呼応して義仲を討つために信濃に侵攻したが、義仲はこれを横田河原《よこたがわら》(現、長野県長野市)において撃退した。治承五年六月のことである。横田河原は後に武田信玄《たけだしんげん》と上杉謙信《うえすぎけんしん》が合戦する川中島《かわなかじま》とほぼ同位置である。城氏の攻撃をかわした義仲は越後国府に進み、北陸道に勢力を拡大した。

頼朝・義仲が反平氏を掲げて自立し、内乱状態となったのに対応するため、清盛は、治承四年十一月に都を京に戻し、十二月に後白河に院政の再開を求めて、政権の結束をはかり、年を越した治承五年正月には平宗盛《むねもり》を畿内近国九か国の惣官《そうかん》(軍事司令官)に、平盛俊《もりとし》を丹波《たんば》国諸荘《しょしょう》園《えん》の惣下司《そうげし》(土地管理官)に任命して軍事体制を構築した。しかしこの月の十四日に高倉上皇が亡くなり、清盛自身も閏《うるう》二月四日に亡くなった。

寿永二年(一一八三)四月、義仲による北陸道掠領に対応するため、平維盛を総大将とする追討軍が派遣された。義仲はこれを越中《えっちゅう》・加賀《かが》国境の砺波山《となみやま》において破り、追討軍は撤退、逆に義仲は京に向けて進軍し、諸勢力とともに京を包囲して、平家を追い落とすに至ったのである。

天下三分の形勢と寿永二年十月の宣旨

都を脱出した平家は、九州に入って勢力を挽回することをはかったが(図1-3)、在地の豪族の反抗により果たせず、閏十月頃、ようやく讃岐《さぬき》の屋島《やしま》(現、香川県高松市)に落ち着いた。屋島に入ったのは、阿波《あわ》の豪族で水軍を擁する粟田成良《あわたのしげよし》(『平家物語』では阿波民部《みんぶ》大夫の名で知られる)に迎えられたことによる。この後、平知盛《とももり》が長門《ながと》の彦島《ひこじま》に軍営を置き、九州の官兵を率いて門司関《もじのせき》を固めたので、平家は瀬戸内海を制して、自立した支配領域を持つことになった。東海・東山両道は頼朝の、北陸・山陰両道は義仲の支配下にあり、京都は四方を塞がれ孤立した状態におかれることになった。

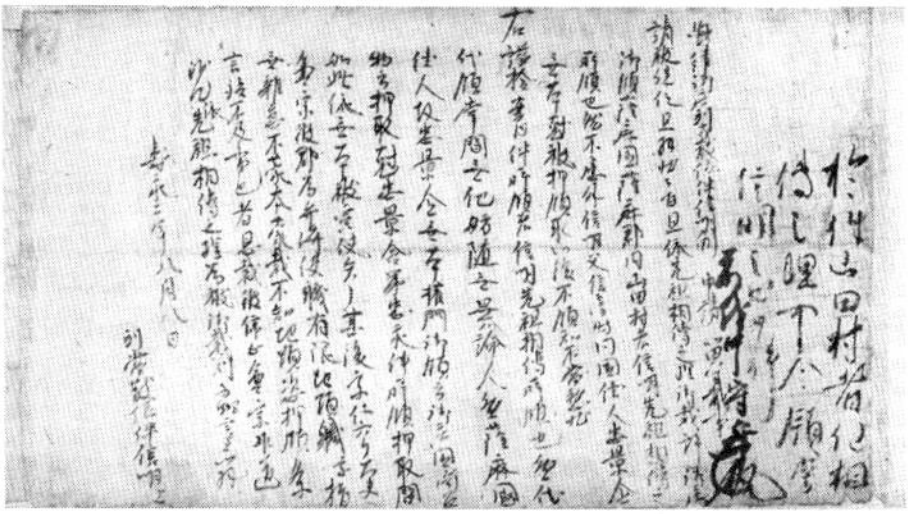

図1-3　平盛俊の外題のある文書(島津荘別当伴信明解状，寿永2年(1183)8月8日，入来院家文書，東京大学史料編纂所所蔵)
伴信明が薩摩国内の押領された所領を取り戻すことを訴えた文書の余白に，平盛俊がその訴えを認める文言を書き込んでいる．盛俊は薩摩守平忠度の目代であった．ただし忠度・盛俊ともに平家一門の都落ちに従っており，8月6日に解官されていた．

十月十四日、朝廷が宣旨《せんじ》により、東海・東山道諸国の年貢を復興し、神社・仏寺・王臣家領荘園が元のように領家に従うことを命じ、これに従わない者を頼朝に沙汰させることにしたのは、まさにこのような状況を打開するためであった。朝廷にとっての急務は諸国から京への年貢の運上を確保することであったが、諸国が三分されて軍事的に支配されている状況においては、諸国年貢と神社・仏寺・王臣家領の復興をただ命じるだけでは実効性を持たない。その領域を支配する者にそれが保証される必要がある。宣旨は論理の上では年貢と荘園の復興を命じた上で、それに従わない者を頼朝に沙汰させることとしているけれども、実際には頼朝が年貢と荘園の復興を保証したから、この宣旨の発給が可能になったのである。事実、この宣旨は頼朝の奏請《そうせい》によって出されている。この宣旨は頼朝の権力を朝廷が公認したものとして名高く、この宣旨により頼朝の権力は反逆者による非合法のものから公法的存在に転じたと評価されている。

宣旨を受けて頼朝は、その内容を実現するものとして供物を京都に運上するとともに、宣旨の内容を諸国に知らしめる、つまりは頼朝の権力が朝廷から公認されたことを諸国に知らしめる目的で、弟の義経《よしつね》を使節として派遣した。義経が表舞台に登場するのはこの時からである。

義仲の滅亡と一の谷の戦い

頼朝と義仲と平家とが天下を三分している形勢のもとで、京都をおさえているのは義仲であったが、頼朝との関係においては、頼朝が宣旨の獲得に成功することで遅れをとり、また平家との関係では、閏十月一日に備中水島《びっちゅうみずしま》（現、岡山県倉敷市）の戦いで敗れ、平家が挽回して福原まで迫ってくるのを許すことになった（四〜五頁、図1-2参照）。追い詰められた義仲は、十一月十九日に後白河の御所法住寺《ほうじゅうじ》殿を攻め、後白河を幽閉して朝廷の主導権を掌握した。

しかしそのことがかえって頼朝に義仲攻撃の名目を与えることになった。頼朝は弟の範頼《のりより》と義経に義仲攻撃を命じ、範頼・義経は、年を越した寿永三年（一一八四）正月二十日、宇治・瀬田の防衛線を突破して京に入った。義仲は北陸道に逃れる途上で討たれた。

義仲に替わって頼朝の使節が入京したことにより、朝廷は頼朝に対して平家の追討を命じ、範頼・義経は追討使として即日出陣した。二月七日、福原に進駐する平家を、大手《おおて》の範頼は東の生田《いくた》の森から、搦手《からめて》の義経は丹波路を迂回して西の一の谷から攻め（いずれも現、兵庫県神戸市）、これを破った。いわゆる一の谷の戦いである。平家は屋島に撤退した。

平家の滅亡

平家は都落ちの後、後鳥羽を戴く京都の朝廷から謀反人の扱いを受けているが、「先帝」（安徳）・女院・神器が平家の手にあったから、これらの還京が優先された。そのために屋島に撤退した平家はなお一年の間命脈を保つことになる。その間、頼朝は、戦乱により乱れた秩序を回復することに努める。また平家は謀反人としてその所領が没収されていたけれども、それらは恩賞として頼朝に与えられて、これが頼朝の権力を支える基盤の一つとなった。いわゆる「平家没官《もっかん》領」である。

平家追討の戦争は、一の谷の戦いの後いったん鎌倉に戻っていた範頼が、八月八日に鎌倉を出立することで再開した。範頼は二十七日に入洛し、二十九日に朝廷から追討使に任命され、九月一日に西海《さいかい》に下向した。範頼の作戦は、山陽道を進んで九州に入り、九州の武士を動員して四国の平家を攻めるというものであったが、進軍は困難を極めた。長門赤間関《あかまがせき》（現、山口県下関市）まで至ったものの渡海を果たせず（平知盛が門司関を固めていたことによるのであろう）、いったん周防《すおう》に戻り、周防から豊後《ぶんご》に海を渡り、筑前葦屋浦《ちくぜんあしやうら》（現、福岡県芦屋町）で平家方の原田種直《はらだたねなお》らを破ったが、すでに元暦《げんりゃく》二年（一一八五）二月一日になっていた。

一方、義経のほうは、一の谷の戦いの後も京にとどまっていたが、頼朝は義経ではなく範頼を平家追討戦に起用した。しかし範頼の作戦が功を奏さないので、元暦二年があけてついに義経が起用されることになった。義経は直接屋島を攻撃する作戦で、正月十日に京を立ち、二月十七日夜半、暴風の中を舟五艘百五十騎で摂津渡辺津《せっつわたなべのつ》（現、大阪府大阪市）から渡海した。ただし梶原景時《かじわらかげとき》率いる百四十余艘はこれに従わなかった。義経は阿波の椿浦《つばきうら》に着岸し、十九日朝に屋島に至り、平家を海上に追って、内裏《だいり》その他の舎屋を焼き払ったので、平家は知盛の守る長門の彦島に落ち延びた。義経は二十一日、八十騎で志度《しど》（現、香川県さぬき市）に籠る平家の残党を攻め、粟田成良の子息教良《のりよし》を帰伏させた。同じ日、伊予《いよ》の河野通信《こうのみちのぶ》が三十艘を率いて義経軍に加わった。二十二日には景時率いる百四十余艘が屋島に着き合流した。こうして水軍を結集した義経は、西走した平家を追った。三月二十四日、長門の壇ノ浦の海上で義経軍と平家軍が合戦し、敗れた平家一門は、もはや行き場を失って入水した。安徳天皇も女房に抱かれて海底に没した。三種の神器のうち神鏡を納めた内侍所《ないしどころ》は平時忠《ときただ》が守って義経軍に引き渡されたが、神璽《しんじ》・宝剣は安徳とともに海中に投じられ、神璽のほうは函とともに浮いたところを拾得されたけれども、宝剣は永遠に喪われた。

幕府の成立と鎌倉時代の始まり

鎌倉幕府がいつ成立したのかといえば、治承四年(一一八〇)に頼朝が挙兵し、鎌倉を拠点とした時点にさかのぼるといってよい。しかし鎌倉時代がいつ始まったかといえば、その三年後の寿永二年(一一八三)からと考えたい。この年に何が起きたかはすでに見てきた通りである。安徳天皇を擁する平家が都を落ち、安徳に替えて後鳥羽を戴いた朝廷が頼朝の権力を公認したところに時代の区切り目を見出すからである。

2　征夷大将軍

義経の栄光と没落

元暦二年(一一八五)三月の壇ノ浦の戦いで勝利を収めた義経は、平家の手から回収した神器と平宗盛らの身柄を伴い、四月二十五日に京に入った。五月七日、宗盛を鎌倉に護送するために京を立ち、十六日に鎌倉に到着した。六月九日、宗盛を連れて鎌倉を立ち、二十一日、近江《おうみ》の篠原《しのはら》宿(現、滋賀県野洲市)において宗盛らを処刑し、その首を伴って入京した。

この時、義経は鎌倉に入ることを許されず、鎌倉の西の境にあたる腰越《こしごえ》に留め置かれたので、義経は大江広元《おおえのひろもと》に託して自己の心情を頼朝に訴える書状をしたためたといわれ、「腰越状」と称されたその書状の写しが流布したが、これは後世の創作であると思われ、史実としては、義経はこの時は鎌倉に入っており、頼朝との対立もまだ決定的ではなかったと思われる。

八月十六日の除目《じもく》(官職を任命する儀式)において、頼朝の知行《ちぎょう》する六か国の受領《ずりょう》に源氏の諸将が任ぜられるが、そのうちの伊予守に頼朝は義経を推挙している。この時点で義経がまったく冷遇されているとはいえないが、源氏諸将の一員としての処遇であって、屋島・壇ノ浦の合戦において顕著な功績があったはずの義経を突出して厚遇しているともいえない。それが義経には不満であったかもしれない。

十月に入り、まず頼朝・義経の叔父にあたる行家が頼朝から離反する動きを示し、義経ははじめ行家を制止したけれども、それがかなわないと、かえって行家に同心して頼朝と敵対し、頼朝追討の宣旨を下されることを朝廷に願い出た。十七日の朝、後白河法皇の使として高階泰経《たかしなのやすつね》が右大臣九条兼実《くじょうかねざね》を訪ね、義経の要求を容れて頼朝追討の宣旨を発給することについての了承を求めた。兼実は原則論で応じる。

頼朝に罪があれば、宣旨を下されることに問題ないし、罪もないのに追討すべきだという意見は申し上げられない。平家の時と義仲の時の二度、叡慮にあらずして頼朝追討の宣旨が出されることがあったが、当面の難を逃れるためにその例に依るというのであれば、聖断により決せられるべきで、臣下として判断できることではない。

兼実は理不尽な宣旨発給に加担することを避けようとしているのであるが、泰経は、やむをえざる宣旨の発給に朝廷が一致して当たることを追求する。

頼朝に過怠《かたい》がまったくなく、追討の対象とすべきでないことは承知している。しかし義経は、宣旨が得られなければ、天皇・法皇以下を連れて鎮西《ちんぜい》（九州）に落ちることを計画している。もはや宣旨を出すしかないというのが内々のご意向であり、それをご了解いただきたいがために申し上げている。おっしゃる趣は追討を猶予するということで、頼朝を贔屓《ひいき》にしているように見える。頼朝は貴殿を引き立てようとしているが、貴殿もまたそれにこたえて追討を抑留しているというようなお疑いを招くのは不都合である。頼朝は平家・義仲二度の宣旨を怨みとしてはいないのであるから、今度も同じことだろう。宣旨の発給について、はっきり同意してほしい。

宣旨発給の責任を担うことを求める泰経に対して、兼実は原則論をまげずに折衷案を探る。

頼朝は義経に私刑を加えようとしているようであるが、義経の罪に疑いがなく科断すべきであれば、その身を召し下して行うべきである。義経の身を京都に置きながら、武士を差し上して誅するというのは朝章(朝廷の綱紀)を忘れた狼藉である。適切な成敗を行うべきことを頼朝に命じ、頼朝がその勅命に従わなかったならば、違勅の罪により頼朝追討の宣旨を下せばよい。このように罪科を定めずに宣旨を下すのは後悔を招くことである。

兼実の意見にもかかわらず、十八日、行家・義経に頼朝追討を命じる宣旨が出された。

しかし近国の武士たちはこれに従わず、行家・義経の計画は頓挫した。行家・義経は亡命の道を探り、宣旨を出した朝廷の関係者は頼朝への弁明を準備しはじめた。十一月三日、行家・

義経は京都を立ち、摂津大物浦《だいもつのうら》（現、兵庫県尼崎市）から西海に向けて出航した。しかし大風のために船の過半を喪い、行家・義経は行方をくらました。

行家・義経の離反に対して、頼朝は自ら大軍を率いて上洛して事にあたることに決し、十一月一日には駿河《するが》黄瀬《きせ》川（現、静岡県沼津市）に至ったが、行家・義経没落の報に接し、自らは八日に鎌倉に戻った。しかし十三日頃から関東勢は続々と入京し、二十四日（二十五日とする説もある）には北条時政《ほうじょうときまさ》が千騎を率いて入洛した。二十八日、時政は権中納言《ごんのちゅうなごん》吉田経房《よしだつねふさ》に謁し重事を示したが、その伝聞情報を日記『玉葉《ぎょくよう》』に書き留めた九条兼実は、時政以下の頼朝郎従《ろうじゅう》が五畿・山陰・山陽・南海・西海諸国を分かち賜り、荘園・公領の区別なく段別《たんべつ》五升の兵粮《ひょうろう》米を徴集し田地を知行する権限を付与されたという情報をも併せて記している。

諸国荘園地頭職の沙汰

時政以下に諸国荘公の兵粮米徴集と田地知行が認められたのは、行家・義経追討のための軍事体制を展開する用意であり、元来は臨時の措置であったと思われるが、後世には、この事件が、幕府の守護《しゅご》・地頭《じとう》設置を朝廷が勅許したことと解釈された。兼実が日記に記しているところでは、二十八日に時政が経房に示した「重事」の内容は不明だし、時政以下に諸国荘公に対する権限が付与されたのは、時政が経房に謁する以前の別の情報としている。しかし鎌倉幕府の関係者によって後に編纂されたと考えられている『吾妻鏡《あずまかがみ》』には、二十八日に時政が経房に謁して、諸国平均に守護・地頭を補任することを申し入れ、翌日その勅許が下ったと記されている。

『吾妻鏡』の記事は『玉葉』に基づき、その記事を後世の認識により解釈したものであるとするのが、現在の学界の主流である。しかし諸国荘園の地頭を平均に尋ね沙汰するという方針については、頼朝が十二月六日に兼実（正確にはその側近）に宛てた書状の中で明瞭に述べている。「平均に」というのは、特定の部分だけではなく全体について均等にという意味であるから、全国の地頭職を進退する権限を頼朝が掌握することを宣言したことになり、地頭制度成立の画期がこの時期にあったことは間違いない。ただし頼朝はこのような強権を握るのに、行家・義経が逃亡中であり、諸国の治安が乱れていることを理由としているから、この時点で時限を切っているわけではないが、やはり臨時の措置であると、少なくとも朝廷側は受け取ったと思われる。

十二月六日に兼実に書状を送った頼朝は「天下の草創」を謳《うた》って、朝廷政治を思い切って刷新することを意図しており、兼実宛ての書状のほかに、後白河法皇に奏上する折紙《おりがみ》を二通、吉田経房に送っている。折紙というのは料紙を横長に折って用いる様式で、正式の文書ではなく

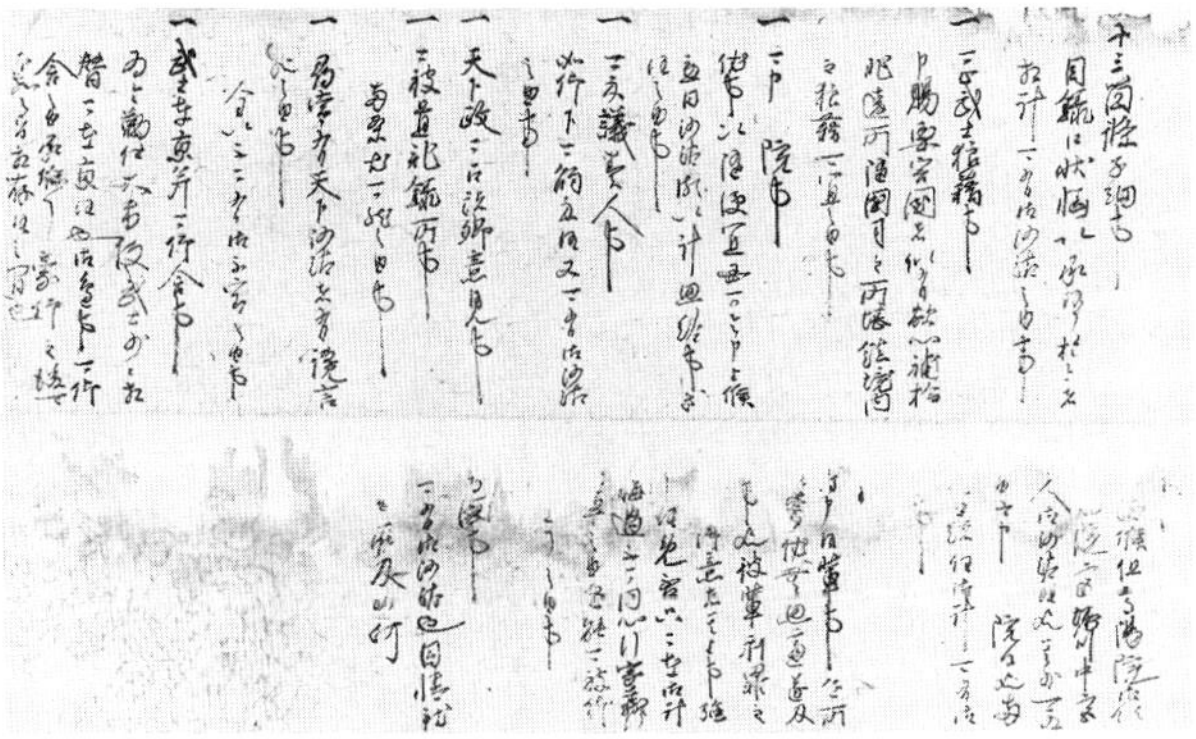

図1-4　頼朝による折紙の例(源頼朝事書)
文治2年(1186)5月のものと推定されている．下段の文字は上下逆転していたはずであるが，後に表装されたときに，折り目で切られ，下段の向きが上段に合わされたものと思われる．

略式のメモ書きという体裁であるが、重要事項ほどあえてメモ書きの様式で伝えられるものである(図1-4)。そのメモ書きの様式で、朝議に参画する公卿《くぎょう》(「議奏《ぎそう》公卿」)の指定や兼実に内覧《ないらん》(摂政《せっしょう》の実質上の職務)を命じるべきことなどが伝えられた。また行家・義経に同意したとみなされる廷臣の解官《げかん》が指示され、頼朝追討宣旨に職務上関与した蔵人頭《くろうどのとう》・左大史の更迭も指示されている。一方で、兼実に内覧を命じることを奏請し、兼実宛ての書状も特にしたためたのは、兼実が頼朝追討宣旨の発給に消極的であったことが頼朝に伝わっていたことによった。泰経の甘い見通しに反して、頼朝は追討宣旨を蒙ったことを相当に怒っていた。泰経自身は解官の上、流罪に処せられた。一方で、兼実は頼朝の信任を受け、兼実・頼朝を中軸とする朝幕関係がここに成立した。

諸国荘園の地頭職を「平均に」尋ね沙汰すると頼朝が宣言したことに対しては、しかし反発が強く、翌年三月にまず時政が自己の知行する七か国の地頭職成敗権を辞退し、さらに六月から七月にかけての朝廷と頼朝との間の交渉により、平家没官領・謀反人所帯跡以外の地頭職を停止することが合意された。その間の五月に行家が討たれ、義経の行方はいまだ不明であったものの、戦時体制を無期限に続けるわけにはいかないという事情によったのであろう。かくして地頭職は平家没官領・謀反人所帯跡に限って設置されるという原則が確立し、これが鎌倉時代を通じて有効であった。この原則は地頭職設置の範囲を限定するものではあるけれども、謀反人が発生すれば、地頭職を設置する理由になった。それゆえ、やがて承久《じょうきゅう》の乱により大量に地頭職が設置されることになる。

ところで地頭というのは、荘園の下地《したじ》を管理する荘官の一種であり、従来の下司《げし》に相当する。下司が平家方であったり、謀反に加担(義経や行家に与同したのはもちろん謀反であり、後には承久の乱で京方に与したのも謀反とみなされた)したりすれば、その下司は解任され、替わりに別の武士が地頭として下司の職務を受け継ぐ。下司自体には平家方なり謀反人与同の罪がないけれども、本所(荘園領主)にその罪があった場合には、本所はもちろん改替されるが、下司が権益を維持するためには、頼朝に忠誠を誓って、頼朝により地頭に補任されなければならない。下司から地頭に替わるのである。

下司と地頭と何が違うかといえば、その任免権を誰が持つかである。下司の任免権は本所に帰属しているけれども、地頭の任免権は頼朝（とその権力を継承した者）が掌握する。地頭もまた下司と同じく荘園の現地を管理し、本所に対する義務を負うのであるが、下司が本所に従わなければ、本所はその下司を解任して別の人物を充てればいいけれども、地頭についてはそうはいかない。本所にとって地頭はきわめてやっかいな存在であり、逆に荘園の下地を管理する在地領主にとっては、地頭職に補任されることは、本所から自立して領主支配を拡大する足がかりになることであった。

奥州合戦

没落した義経は奥州平泉《おうしゅうひらいずみ》の藤原秀衡《ふじわらのひでひら》を頼った。秀衡も平泉の自立のために義経を戴き、子息国衡《くにひら》・泰衡《やすひら》が義経に臣従すべきことを遺言して、文治《ぶんじ》三年（一一八七）十月二十九日に亡くなった。義経はかつて受理した頼朝追討の宣旨を名目として、奥州の住人を味方に集めた。

朝廷は頼朝追討命令の毀破と義経の追討を改めて宣言した。文治四年は頼朝には重厄にあたることから殺生を禁断しており、かつ亡母供養のために五重塔婆《とうば》を造営していたことから、軍事行動を控えたが、文治五年があけると、頼朝は義経を容隠する泰衡を追討することを朝廷に奏請し、一方で奥州侵攻のために全国の武士を動員した。二月十九日付けの鎮西島津荘地頭島《しま》津忠久《ただひさ》宛ての下文《くだしぶみ》は、荘官のうちで「武器」(戦闘能力)を備える者が七月十日以前に関東に参着すべきことを命じている。七月以降に奥州に侵攻することを計画し、そのために半年前から武士を動員し、動員の対象には南九州の者まで含まれていたのである。

このような頼朝の動きに対して、泰衡はその機先を制して、自ら義経を討ち、その首を頼朝に届けた。しかし頼朝はなお泰衡追討の宣旨を下すことを朝廷に要求し、朝廷はすでに義経が誅殺されていることから、この上なお奥州を攻めることに消極的であったが、頼朝は宣旨を待たず、七月十九日、自ら大手軍を率いて鎌倉を立ち、国衡の守る阿津賀志山《あつかしやま》(現、福島県国見町)を破り、八月二十二日に平泉に入った。泰衡は平泉を脱出し蝦夷《えぞ》に逃れようとしたが、九月三日比内《ひない》郡贄柵《にえのさく》(現、秋田県大館市)において重代の郎従河田次郎《かわだじろう》のために討たれた。翌日、頼朝は志波《しわ》郡陣岡《じんがおか》に至り、ここで北陸道追討使比企能員《ひきよしかず》・宇佐美実政《うさみさねまさ》が合流して、関東勢は諸人郎従を加えて二十八万四千騎にふくれあがる。この地に六日、河田次郎は泰衡の首級を持参し、また九日には七月十九日付けで発給された泰衡追討を命じる宣旨が届けられた。その後頼朝は、厨川柵《くりやがわのさく》まで北上してから帰路につき、十月二十四日に鎌倉に帰着した(図1-5)。

頼朝が自ら合戦の陣頭に立ったのは、治承四年(一一八〇)の石橋山以来であるが、頼朝が陣頭に立たなければ勝てなかったというわけではなく、逆に絶対に勝てる合戦であったから頼朝自ら陣頭に立ったといえる。頼朝がこの合戦を、先祖頼義《よりよし》の前九年の役における故実を再現するように演出したことについては、川合康氏が詳細に分析している。川合氏は、「奥州合戦は、すでに内乱の終息を前提とし、内乱期の主従制を清算・再編して、これを鎌倉殿のもとに明確化するという意義をもった戦争であった。つまり、平時の御家人《ごけにん》体制を構築していく政治が、戦争の形態をとってここで始められていたわけである」(『鎌倉幕府成立史の研究』)

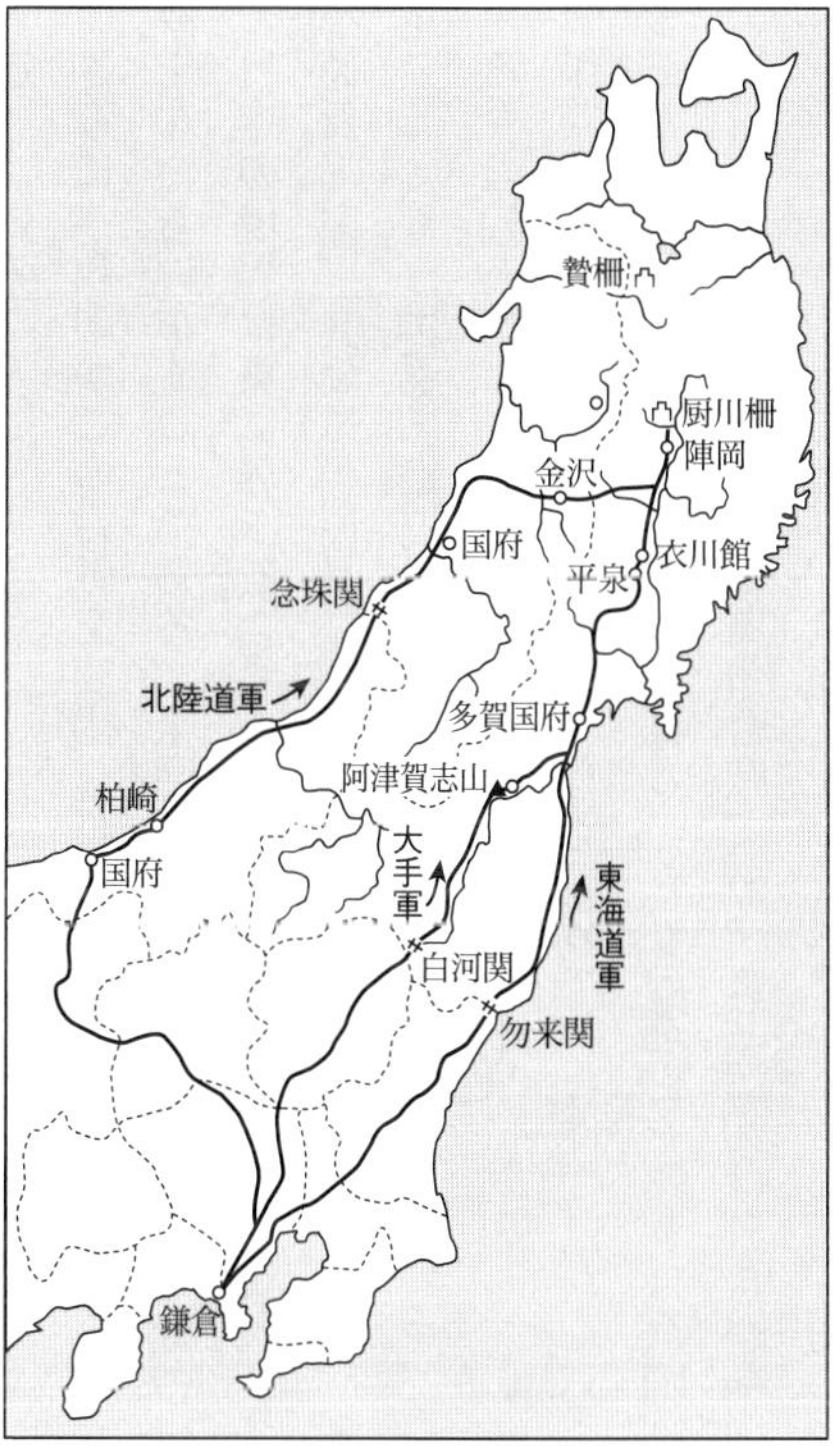

図1-5　奥州地図

と述べている。

さらに、頼朝がこの合戦を演出したのには、もう一つの目的があった。それは全国支配の達成をかたちに示すことである。全国の武士を動員して日本国の東の境界まで軍を進めた。当時の日本の境界は東は外ヶ浜《そとはま》(現、青森県外ヶ浜町)、南は鬼界島《きかいがしま》(現、鹿児島県奄美大島近辺)、西は小値賀島《おぢかじま》(現、長崎県小値賀町)、北が佐渡島《さどがしま》と考えられていた。南の鬼界島については、文治四年(一一八八)に宇都宮信房《うつのみやのぶふさ》・天野遠景《あまのとおかげ》が渡海し制圧している。これは義経与党の追討を名目とするものであったが、すでにその頃、義経が平泉に隠居していることは露顕していたから、この作戦は義経を追い詰めるために有効であったわけではなく、むしろ日本の南の境界を制圧すること自体が目的だったと思われる。義経の逃亡を頼朝は全国制覇のために利用し、その最後の舞台として演出したのが奥州合戦であった。頼朝は自らが全国動員した大軍を率いて東の境界を制圧することにより、全国支配の達成をかたちに示したのである。

奥州合戦に明け暮れた文治五年の末、治承四年以来の戦乱で没した数万の怨霊を宥める目的で永福寺《ようふくじ》の作事が始まった。その本堂は中尊寺《ちゅうそんじ》の大長寿院を模して二階建ての建築で、二階堂《にかいどう》と号される。やがて永福寺近辺の地もその名で呼ばれるようになり、その地に居住した政所執事《まんどころしつじ》藤原氏も二階堂氏を称することになる。

頼朝の上洛

奥州合戦をもって内乱が終結し、頼朝の覇権が全国に及ぶことが示されたが、その翌年の建久《けんきゅう》元年（一一九〇）、頼朝は平治の乱により伊豆に流されてから実に三十年ぶりに上洛した。十一月七日、頼朝は京に入り、九日、後白河法皇、後鳥羽天皇に謁し、摂政九条兼実と会談した。頼朝は、この日権大納言に任ぜられ、二十四日さらに右近衛大将を兼ねることになった。

頼朝は平治の乱の最中の平治元年（一一五九）十二月十四日に従五位下に叙せられ右兵衛権佐《うひょうえごんのすけ》に任ぜられたが、乱に敗れてわずか十四日で官位を剥奪された。寿永二年（一一八三）十月九日に本位（従五位下）に復したのは、平家とともに都落ちした安徳に代わって即位した後鳥羽の朝廷が頼朝を復権させたことを意味するが、この五日後、後鳥羽の（実際は後白河法皇のというべきであるが）朝廷は頼朝に東海・東山両道の支配権を委ねる有名な宣旨を発することになる（七頁参照）。そして木曽義仲を追討した功績により寿永三年（一一八四）三月二十七日に正四位下に上がり、平宗盛を召し捕えた功績により元暦二年（一一八五）四月二十七日にいきなり従二位に上げられ、公卿に列せられることになる。文治五年（一一八九）正月五日には正二位に達するけれども、この間、官職のほうは無官のままなのは、その身が相模国に在って洛中にないからである。現任の公卿は洛中に在るのが原則であった。頼朝が三十年ぶりに上洛したことにより、これを権大納言・右大将に任じることが可能になったのである。

しかし頼朝は、十二月一日に右大将に任ぜられた拝賀(御礼の挨拶)を行ったあと、四日に権大納言・右大将の両官を辞し、十四日に京を発ち鎌倉に帰ってしまう(二十九日着)。頼朝は鎌倉に戻って、朝廷の外に権力を維持する姿勢を示したのであるが、朝廷のほうは頼朝の権力を取り込もうとした。翌建久二年(一一九一)三月二十二日の新制において、朝廷は海陸盗賊ならびに放火の輩を搦め進めることを、前右近衛大将源朝臣ならびに京畿内諸国所部官司等に命じた。「前右近衛大将源朝臣」とはすなわち頼朝のことであり、朝廷は頼朝を治安維持体制の一角に組み込もうとしたのである。

征夷大将軍

朝廷は頼朝の権力を治安維持のために利用しようとしたが、逆に頼朝もまた朝廷の委任により国家の治安維持に任じることを主従制の拡大のために利用した。諸国の武士を上洛させて内裏の諸門を警固させる大番役《おおばんやく》は院政期にすでに成立していたが、保《ほう》元《げん》・平治の乱後にはそれを統括する権限を平家が一手に握ることになった。仁安二年(一一六七)に権大納言 平 重盛《たいらのしげもり》に東山・東海・山陽・南海道の賊徒追討が命じられたことは、国家の治安維持を総括する権限を重盛が受け継ぐことを意味していたけれども、建久二年の新制により頼朝に認められたのは、仁安二年に重盛に認められたこの権限に相当するものであった。

建久三年(一一九二)六月、頼朝は美濃国家人《みののけにん》を宛所として下文を発し、当国荘園の地頭で頼朝の家人となる者は大内惟義《おおうちこれよし》の指令に従うことと、洛中の強盗を禁圧するために上洛して大番役を勤めることを命じた。美濃国内の頼朝家人に指令する立場を認められた惟義は当国の守護ということになる。頼朝の家人たる者は守護の指令に従い大番役を勤めるべきことが命じられたのである。一方で、頼朝の家人とならない者については、そのことを報告せよと付記されているので、家人とならない選択肢もあるにはあり、頼朝の家人になるかならないかは地頭の選択に委ねられていた。しかし大番役は院政期以来、国衙《こくが》(国司の役所)に結集する武士身分の象徴ともいうべき所役であった。その大番役を従来通りに勤めるのであれば、頼朝と無関係にということは許されず、頼朝の家人として勤めなければならないというのが、下文の意味するところである。『吾妻鏡』に収録されて伝わるこの下文は美濃に宛てられたものであるが、同様のものは諸国に出されたと思われる。そして国衙に結集する国内武士の大番役を統率する守護について、これを支配する権限も頼朝に一元的に掌握された。

守護を通して諸国の武士を統率する地位を表象するものとして、頼朝は「大将軍」の称号を求めた。朝廷では「大将軍」に相当する官職は複数あるけれども、坂上田村麻呂《さかのうえのたむらまろ》の征夷《せいい》大将軍が吉例であるとして、頼朝をこれに補することを決し、七月十二日にそのための小除目が行わ

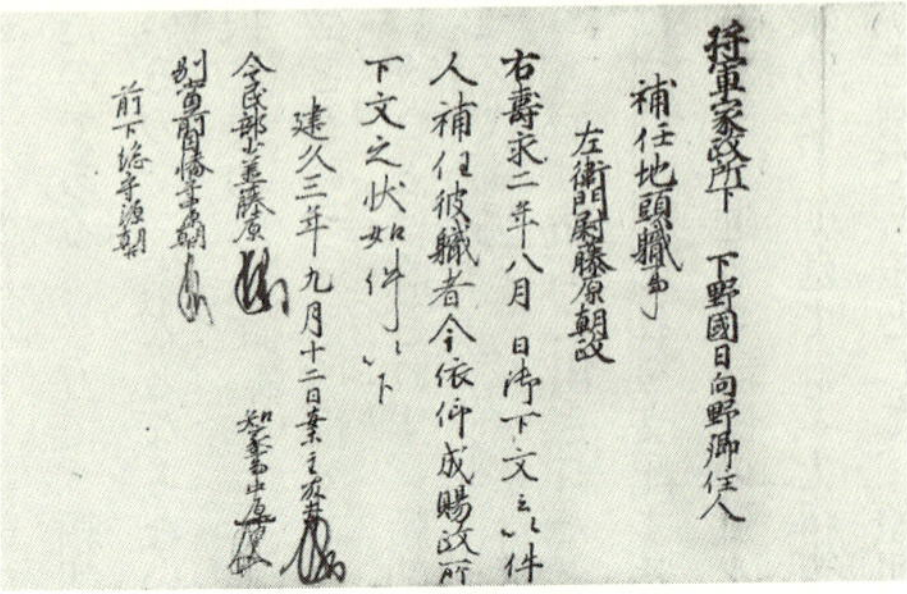
将軍家政所下　下野國日向野郷住人
補任地頭職事
左衛門尉藤原朝政
右壽永二年八月 日御下文云々件人補任彼職者今依仰成賜政所下文之状如件以下
建久三年九月十二日案主藤井
知家事中原
令民部少丞藤原
別当前因幡守中原朝臣
前下総守源朝臣

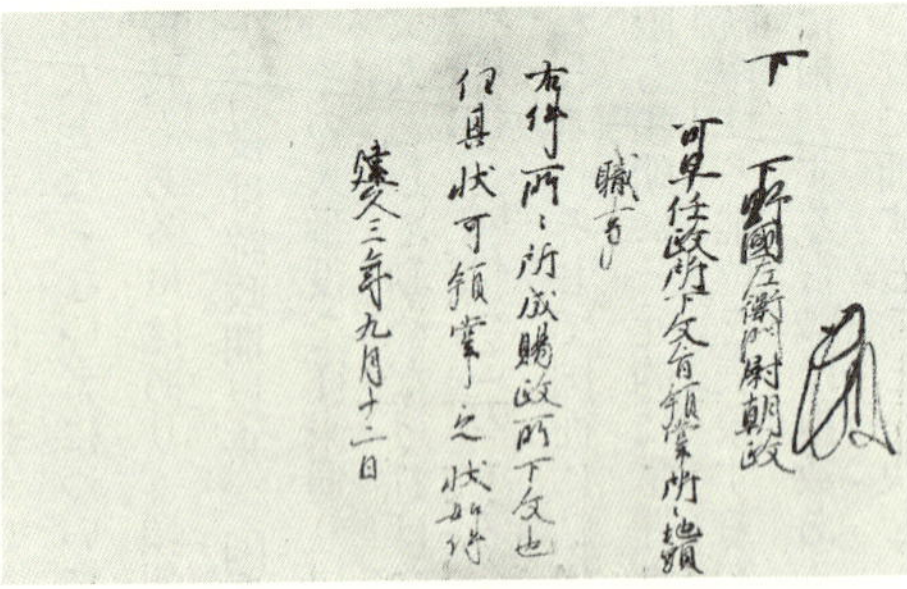
下　下野國左衛門尉朝政
可早任政所下文領掌所々地頭職事
右件所々所成賜政所下文也
仍其状可領掌之状如件
建久三年九月十二日

図 1-6　将軍家政所下文(上)と袖判下文(下)
(ともに建久 3 年(1192)9 月 12 日, (下)は神奈川県立歴史博物館所蔵)
ともに小山朝政に与えられたもの. 寿永 2 年(1183)8 月の下文が召し返され, 将軍家政所下文の形式に改められた. しかし頼朝の花押の据えられていないこの形式に満足しない朝政のために, さらに袖判下文が発給された.

れ、除書は勅使により二十六日鎌倉にもたらされた。これにより頼朝は、これまで「前右大将家政所下」と書き出していた下文の様式を「将軍家政所下」と書き出す様式に改めた(図1-6)。「征夷大将軍」は慶応《けいおう》三年(一八六七)に徳川慶喜《とくがわよしのぶ》がその職を辞するまで、幕府の首長を指す称号として用いられることになるが、そうなるまでにはもう少し紆余曲折があった。頼朝は建久五年(一一九四)十月に征夷大将軍を辞したようで、それ以後の下文の様式は「前右大将家政所下」と書き出す様式にもどる。また建久十年正月に頼朝が亡くなったことによりその長子頼家《よりいえ》が後継となった時も、ただちに征夷大将軍に就任したわけではなく、

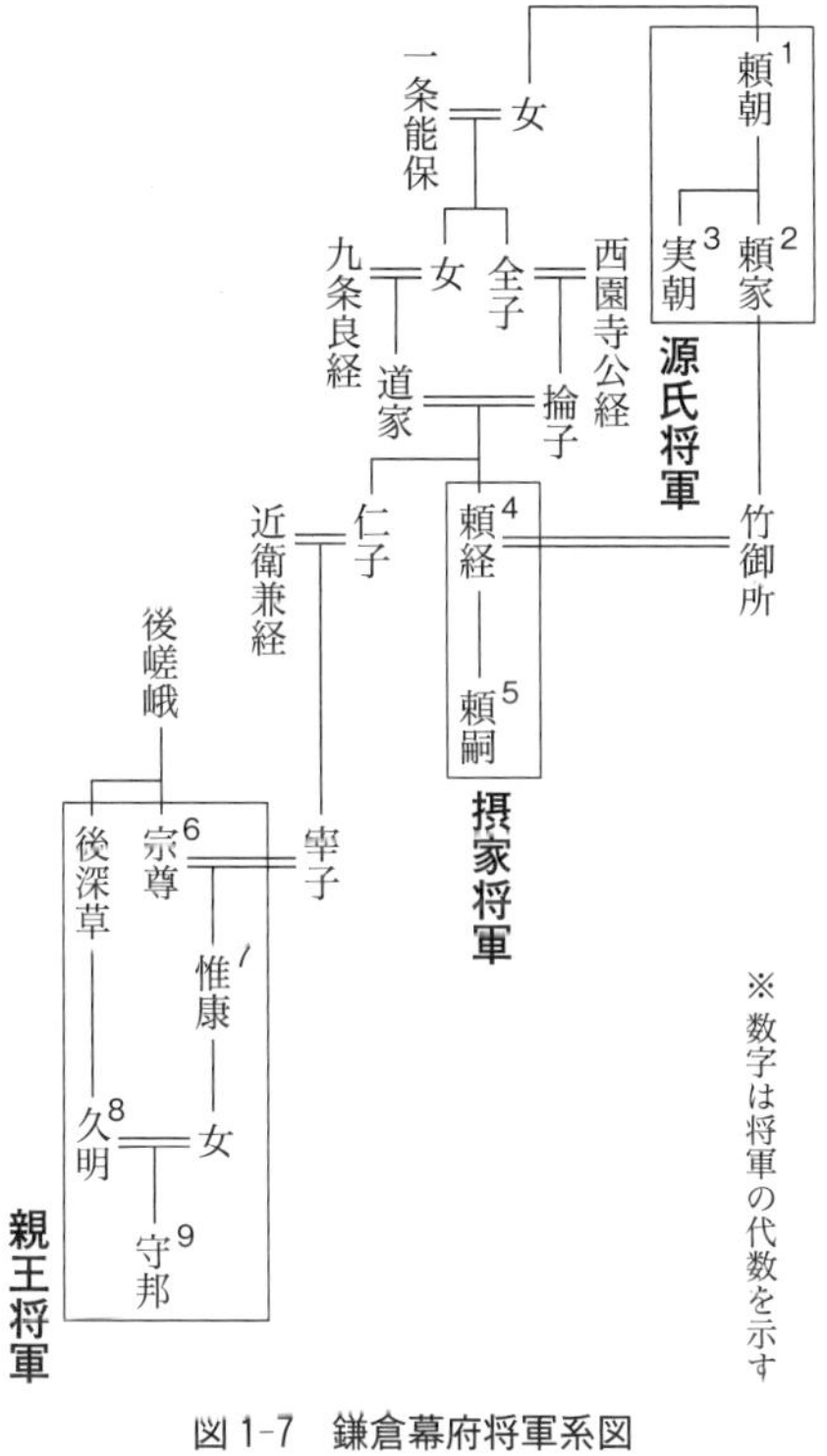

図 1-7　鎌倉幕府将軍系図

朝廷からこの職に補せられたのは建仁《けんにん》二年(一二〇二)七月である。頼家は翌年九月にその地位を追われ、替わりに弟の実朝《さねとも》が推戴《すいたい》されるが、頼家から実朝への首長の交替を表象するために用いられたのが、朝廷が実朝を征夷大将軍に補するという儀礼であった。征夷大将軍に補せられることが

幕府の首長に就任することを意味するようになったのは、これ以後のことである(図1-7)。

3 承久の乱

北条氏の台頭

頼朝の死後、梶原景時、畠山重忠《はたけやましげただ》、和田義盛《わだよしもり》等、幕府創業の功臣が相次いで滅亡し、頼朝の妻政子《まさこ》を出した北条氏が台頭した。

北条氏台頭のきっかけは建仁三年(一二〇三)の将軍交替であった。廃された二代頼家も新たに立てられた三代実朝もともに政子の所生であり北条時政の孫であった。しかし頼家の時代はその妻の父比企能員が権勢を振るい、時政は能員を倒すのに、頼家の嗣子一幡《いちまん》を巻き添えにし、さらに頼家をも将軍の地位から追って伊豆の修禅寺《しゅぜんじ》に幽閉した。時政は新たな将軍に実朝を立てたけれども、実朝の署判による下文の発給をとどめて、自らの署判により文書を発給した。「鎌倉殿仰せに依り、下知くだんの如し」という書止《かきとめ》文言を持つので、たてまえは鎌倉殿の意向を受けたかたちではあるが、鎌倉殿ではなくその代理人の署判により発給されるのが、時政以後のこの様式の重要なところである。書止文言に「下知」の語を含む文書はこれ以前からあったが、この時以後、「下知」の語により下《げ》知状《ちじょう》と呼ばれるこの様式は鎌倉殿の代理人の署判により発給される様式として、鎌倉幕府発給文書のなかで重要な役割を果たしていくことになる(図1-8)。

時政が下知状に署判を加えることができる形式上の根拠は、彼が大江広元と並んで政所の別《べつ》当《とう》に就任したことであったと思われる。政所の別当というのは一人に限るものではなく、家の権勢を誇るほど、別当の員数を増すものであるが、それら複数の別当のうちで代表して職務を行使する者のことを「執《しっ》権《けん》」と称していた。だからたとえば院庁《いんのちょう》においても執権と呼ばれる役職が存在し、院政において(あるいは院政を行わない上皇の家政においても)重要な役割を果たしているのである。時政は執権別当として下知状に署判を加えたのであるが、後にはそれが逆転して、下知状に署判を加える役職が執権であり、執権は必ず政所別当に加わるものと認識されることになる。

後世から見れば、下知状に署判を加える執権の地位を世襲したことが北条氏の権力基盤となったように見えるが、下知

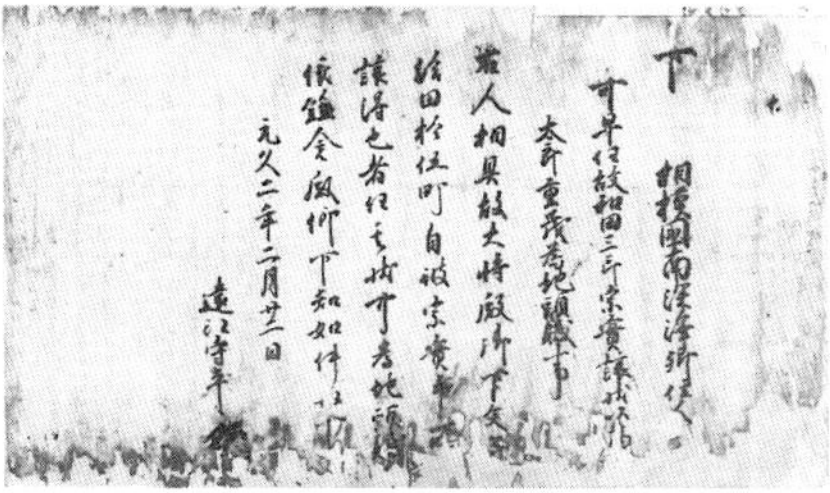

図1-8　北条時政の奉じた下知状(関東下知状，元久2年(1205)2月22日，中条家文書，山形大学小白川図書館所蔵)

状に署判を加える地位が初代の時政からその子義時《よしとき》に順調に引き継がれたわけではない。そもそも時政は義時によって追放されたのであった。元久《げんきゅう》二年(一二〇五)、畠山重忠を滅ぼした事件をめぐって時政は政子・義時らと対立し、時政とその後妻牧氏《まきし》は伊豆に追放され、牧氏所生の女子の夫で京都守護の任にあった平賀《ひらが》朝雅《ともまさ》は鎌倉からの指令をうけた在京武士により討たれたのである。

時政が追放された後の下知状は、義時の署判ではなく、政所職員五人の連署により発給された。下知状に連署する五人は官僚であって政治の実権を掌握しているわけではない。幕府のなかでの最有力者といえば、政子を別格とすれば、やはり義時であったであろうし、建暦《けんりゃく》三年(一二一三)に和田義盛を滅ぼした後は、その優位はますます確実になったと思われる。しかし形式上のことでいえば、義時が幕府の文書発給に加わるのは、承元《じょうげん》三年(一二〇九)に実朝が従三位に叙せられて政所開設資格を得て、政所下文《まんどころくだしぶみ》が発給されるようになってからである。当初の政所別当は五人であり、義時はその一人として署判を加えたのである。

建保《けんぽう》七年(一二一九)正月二十七日、実朝は右大臣に任ぜられた拝賀を鶴岡八幡宮《つるがおかはちまんぐう》(現、神奈川県鎌倉市)で行った直後に暗殺された。実朝の後嗣には左大臣九条道家《みちいえ》の子三寅《みとら》(後の頼経《よりつね》)が頼朝の妹の血筋を引くことから迎えられた。七月十九日に三寅が鎌倉に着くと、ただちに政所始《はじめ》が行われ、政子が簾中《れんちゅう》において政務を聴き、政子の仰せを義時が奉行《ぶぎょう》することとなった。政所始は行われたけれども政所下文は発給されず、その替わりに下知状が義時の署判により発給された。下知状に署判を加える地位を義時が獲得したのは実朝の横死によるのであり、時政の地位をそのまま継承したわけではないのである。

後鳥羽院政

少し時代が戻るが、建久三年(一一九二)三月に後白河法皇が亡くなって院政の幕が引かれ、後鳥羽天皇の親政となった(図1-9)。前年十二月に九条兼実は摂政を辞し、改めて関白《かんぱく》に任ぜられ、かつ摂政に准じることとされた。少々ややこしいが、すでに十二歳に達していた後鳥羽の統治能力を認めて摂政を関白に替えた上で、その職にある兼実の立場を尊重して准摂政の処遇を与えたということであろう。後鳥羽の中宮《ちゅうぐう》には兼実の娘任子《にんし》が立てられており、摂関を外戚とする皇子の誕生が待たれたが、建久六年(一一九五)八月に任子が出産したのは皇女であり、しかも同じ年の十一月には源在子《ざいし》が後鳥羽の皇子を出産した。在子は後鳥羽の乳母高倉範子《はんし》の娘であり、母が再嫁した源通親《みちちか》の養女として

図1-9　後鳥羽天皇(『天子摂関御影』より，宮内庁三の丸尚蔵館所蔵)

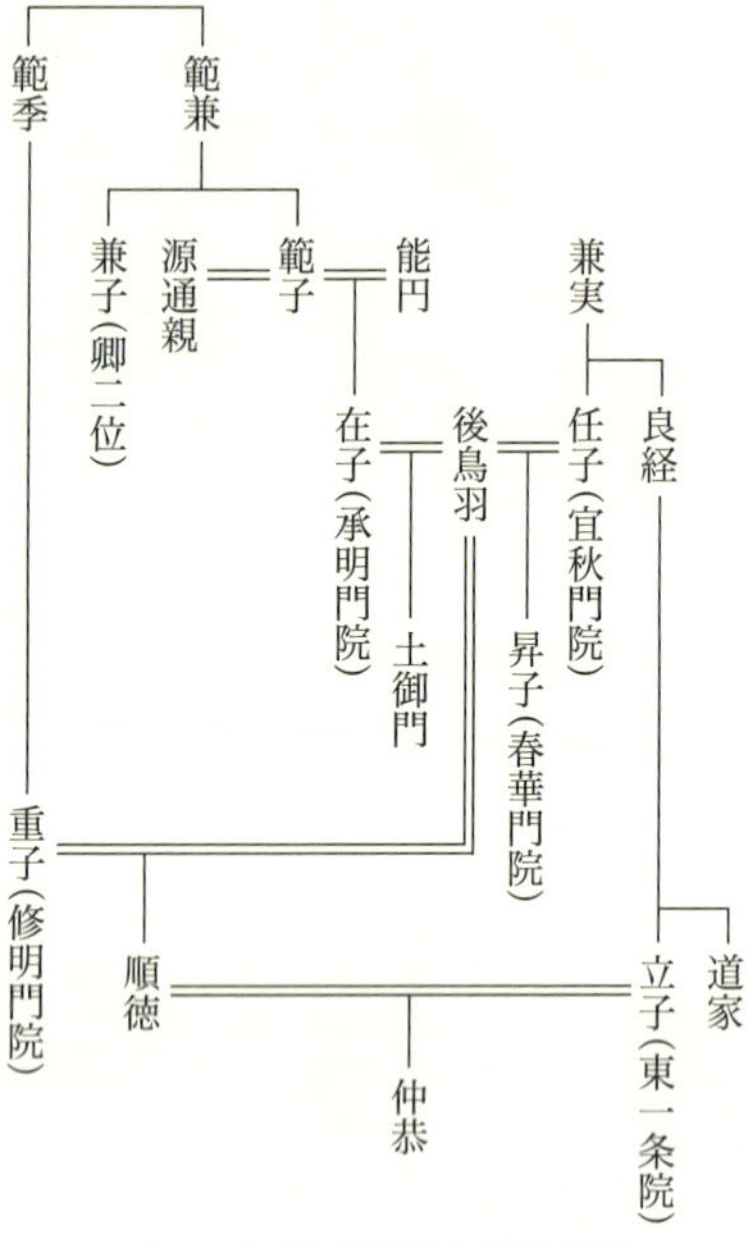

図1-10　後鳥羽天皇関係系図

入内《じゅだい》していた。皇女の外祖父となった兼実は皇子の外祖父となった通親との政争に敗れ、建久七年十一月に兼実一門は失脚し、通親の後押しにより在子所生の皇子が建久九年正月に皇位についた。土御《つちみ》門《かど》天皇である（図1-10）。

　後鳥羽は土御門に譲位した時点でまだ十九歳であったが、むしろ譲位してから、帝王として本領を発揮することになる。後鳥羽がその配偶者のうちで最も愛した高倉重子《じゅうし》は建久八年にすでに皇子を出産していたので、その皇子ではなく土御門に譲位したのは、もちろん通親の圧力によるが、正治《しょうじ》二年（一二〇〇）に重子所生の皇子が皇太子に立てられ、承元四年（一二一〇）に土御門から譲位された。順徳《じゅんとく》天皇である。

　順徳が皇太子に立てられた時点で土御門はまだ六歳、譲位の時点でも十六歳であるから、順徳が皇位に即けられたのは、土御門に皇子が生まれる可能性があきらめられたからではない。後鳥羽が土御門ではなく順徳に皇位を伝えることを望んだのである。院政の主が決定権を掌握しているのが、院政が行われている時代の皇位継承のルールであった。というよりむしろ、皇位継承の決定権を握るために院政が行われたと言ったほうがいいかもしれない。

　建仁二年（一二〇二）に通親が亡くなると、九条兼実の嗣子良経《よしつね》が摂政に就任し、九条一門が復権を遂げた。良経は元久三年（一二〇六）に亡くなったが、その娘立子《りゅうし》は順徳天皇の中宮となり、建保六年（一二一八）に皇子を産んだ。承久三年（一二二一）四月二十日、順徳天皇は立子所生の皇子に譲位し、九条良経の嗣子道家が新帝仲恭《ちゅうきょう》天皇の外叔父として摂政に就任した。摂関家の女子が中宮に立ち、皇子を産み、その皇子が皇位に即いたのは、長元《ちょうげん》九年（一〇三六）の後《ご》朱雀《すざく》天皇以来一八五年ぶりである。ここに摂関政治の理想が再現された。

承久の乱

　実朝が暗殺されたことは、朝幕関係を変化させた。そもそも「実朝」という名前は後鳥羽が自ら命名したものであり、実朝の妻は後鳥羽の母の姪（つまり従妹）であり、また歌人としてのつながりもあったから、後鳥羽は実朝に対して親近感を抱いていたと思われるのであるが、その実朝が暗殺され、義時が実権を掌握したことを後鳥羽は快く思わなかったであろう。

承久三年(一二二一)五月十五日、後鳥羽は京都守護伊賀光季《いがみつすえ》を討つとともに、義時の追討を五畿七道に対して命じる宣旨を出させた。いわゆる「承久の乱」のはじまりである。宣旨が命じているのは義時の追討であって、倒幕ではない。倒幕が目的であれば、追討の対象は将軍のはずである。実朝の後嗣三寅は元服前だしまだ征夷大将軍に任ぜられていないけれども、宣旨のなかでは「将軍の名を帯す」と認められている。三寅は「将軍の名を帯す」るけれどもまだ幼齢であり、それをいいことに義時が専権を振るっていることが謀反と断じられて、義時の追討が命じられているのである。三寅は追討の対象ではない。

しかも義時追討に立ち上がることが求められているのは諸国の守護人、荘園の地頭である。そもそも諸国の守護人が国衙に結集する武士を動員して王朝を警固する体制は、鎌倉幕府成立以前にさかのぼるものであり、鎌倉幕府はその体制を一元的に掌握することにより御家人体制を構築したのであるが、後鳥羽はその諸国守護人とさらには地頭に対して直接呼びかけ、自己のもとに直接再編成しようとしているのである。

守護・地頭がこの呼びかけに応えて義時追討に立ち上がると後鳥羽が期待したのを、決して荒唐無稽な夢想とすることはできない。事実、京都守護の一人大江親広《ちかひろ》は京方についたし、播磨《はりま》守護後藤基清《ごとうもときよ》、淡路《あわじ》守護佐々木経高《ささきつねたか》も国内御家人を率いて京方に加わった。もう一人の京都守護伊賀光季は開戦の血祭に上げられたけれども、それは光季が勅喚に応じなかったからであって、後鳥羽の側はまず光季にも着到を命じているのである。また義時追討の宣旨は鎌倉にも届けられたが、それには関東御家人の交名《きょうみょう》が添えられており、彼らの間に回覧させることが意図されている。後鳥羽の計画では、鎌倉在住の御家人が後鳥羽の命令に応じて、義時追討に立ち上がることが期待されていたのである。

しかし後鳥羽の期待通りにはいかなかった。大江親広の父広元も、また京都にあって後鳥羽方の武士の中心にあった三浦胤義《みうらたねよし》の兄義村《よしむら》も、後鳥羽の命令には応じず、義時と行動を共にした。義時の姉政子は、簾下に御家人を集め、安達景盛《あだちかげもり》を介して言葉を伝えたが、その言葉は、義時の蒙った「逆臣」の汚名を御家人全体が蒙ったことにすり替え、「名を惜しむのやから」に団結して反撃することを呼びかけるものであった。幕府は東海・東山・北陸三道から進撃した。東海道軍を指揮したのが義時の嫡子泰時《やすとき》と、義時の弟時房《ときふさ》であった。後藤基綱《もとつな》は京方についた基清の子であるが、幕府軍の軍奉行を務めた。六月十四日、幕府軍は宇治川を渡り、翌日入洛した。後鳥羽は六条河原の幕府軍に使節を送り、義時追討の宣旨を撤回し、以後幕府の指示に従うことを伝えた。

幕府軍を指揮する泰時と時房は、六条河原で後鳥羽の院宣《いんぜん》を受け取った後に六波羅《ろくはら》に入った。

六波羅は賀茂《かも》川以東で平安京の外部であるが、平家以来の武家の地であり、平家没落後は没官領として頼朝に与えられ、頼朝も上洛時には六波羅の宿所を用いていた。泰時・時房は六波羅を拠点として戦後経営を行ったが、その後幕府の最期に至るまで、北条一族の者一人ないしは二人が順次派遣されて六波羅に常駐し、朝廷との折衝にあたり、また裁判権も認められるようになる。泰時・時房から継承されたこの地位を六波羅探題《たんだい》と呼んでいる(八八頁、図2-9参照)。

治天の交替

幕府軍勝利の報は六月二十三日に鎌倉に届いた。鎌倉ではまず、乱に加担した廷臣の処分が決められ、幕府の決定を朝廷に伝える使節は二十四日に鎌倉を出発して二十九日に京に入り、七月一日、朝廷は幕府の決定通りに廷臣の処分を宣下した。

七月七日、幕府の使節として二階堂行盛《にかいどうゆきもり》が入洛し、治世等に関する幕府の意向を伝えた。これにより後鳥羽の兄にあたる入道行助親王《にゅうどうぎょうじょ》が院政を行うことになり、九日、行助の王子が皇位についた。後堀河《ごほりかわ》天皇である。摂政については、前日の八日に九条道家から近衛家実《このえいえざね》に交替した。行助には、八月十六日、太上《だいじょう》天皇の尊号がたてまつられ、また貞応《じょうおう》二年(一二二三)に亡くなった後に後高倉《ごたかくら》院の追号が贈られた。

後高倉は後鳥羽の兄であり、母も後鳥羽と同じ七条院であるが、寿永二年(一一八三)に平家と安徳天皇が京都を脱出して西海に逃れた際、後高倉は安徳の後嗣としてこれに伴われ、京都に残った後鳥羽が京都の朝廷によって天皇に立てられた。平家の滅亡後、京都にもどった後高倉は後白河法皇の姉上西門《じょうさいもん》院に養われたが、やがて持明院基家《じみょういんもといえ》の娘陳子《ちんし》と結婚し、基家の邸宅持明院殿を御所とするようになった。

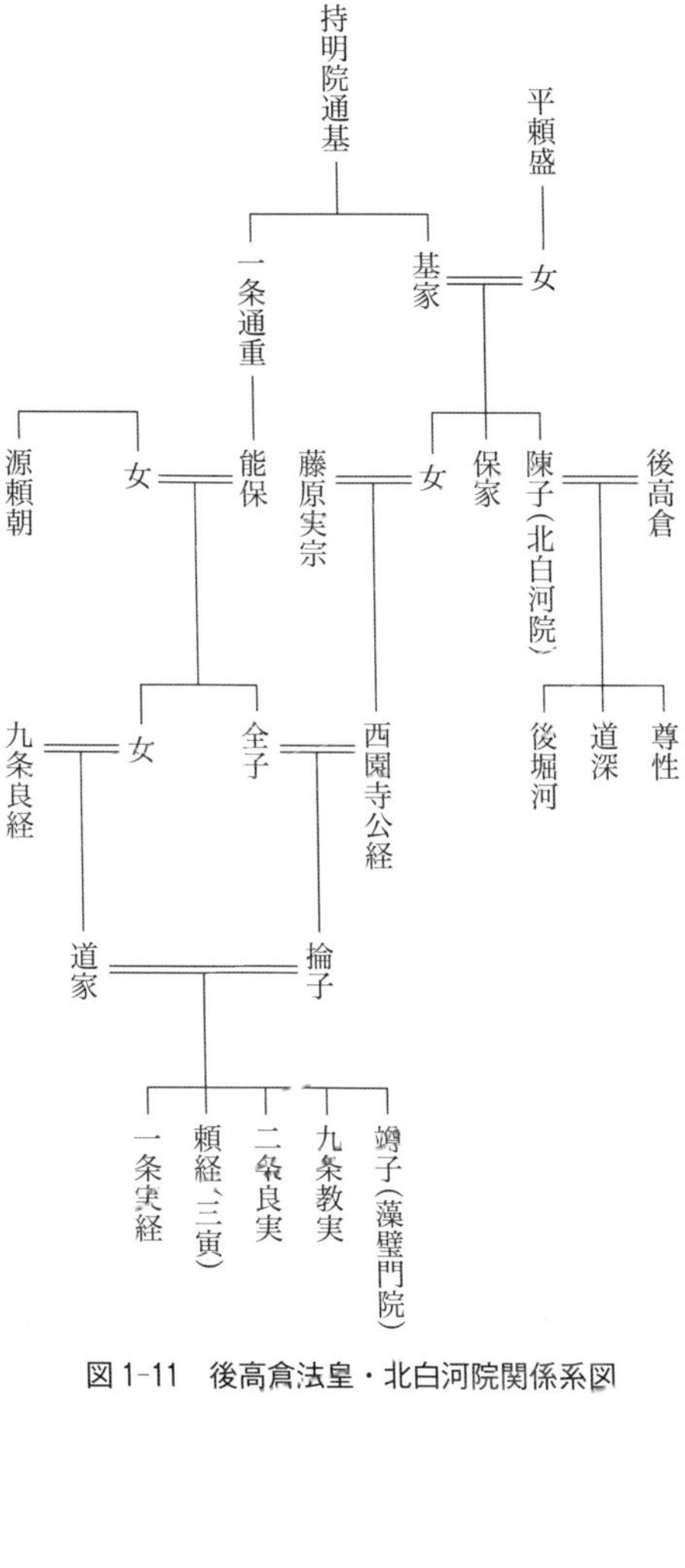

図 1-11　後高倉法皇・北白河院関係系図

持明院基家の母が上西門院の乳母であったことが、後高倉と基家とを結ぶきっかけになったと思われるが、一方で、基家の妻は平頼盛《よりもり》の娘である。頼盛は清盛の異母弟であるけれども、頼盛の母が平治の乱に敗れた頼朝の助命にかかわっていたことから、頼朝は頼盛を厚遇していた。その頼盛の娘が基家との間にもうけた女子の一人が後高倉の妃となった陳子であるが、もう一人は西園寺《さいおんじ》公経《きんつね》の母となった。また基家の甥にあたる一条能保《いちじょうよしやす》は頼朝の妹を妻にしたが、この能保夫妻がもうけた女子の一人が九条良経の、もう一人が西園寺公経の妻となり、良経夫妻の子息道家と公経夫妻の女子とが結婚した。道家夫妻のもうけた子の一人が実朝の後嗣として鎌倉に下った三寅である。一条能保、西園寺公経、基家の子息で陳子の兄にあたる持明院保家《やすいえ》が、当時朝廷における親幕派として知られていた。後高倉はまさに京における親幕派の人間関係のなかにいたのである(図1-11)。

後高倉は、皇位継承を競う者として危険視されることを避けるため、自身も出家し、二人の王子も出家させ、三人目の後堀河も出家させる予定であった。承久の乱に際して、西園寺公経は後鳥羽により拘禁された。しかしそのためにかえって、乱後の朝廷においては公経が主導権を握り、後鳥羽にかわる治天《ちてん》の君として後高倉が注目されることになった。そして後高倉に院政を行わせるために、後高倉の王子のうちまだ出家していなかった後堀河を皇位につけたのである。

後高倉は皇位を経験していない。皇位を経験せずに院政を行ったのは後高倉が唯一の例であるが、ここに院政とは何かが示されている。つまり院政とは天皇の直系尊属にあたる者が政治を主宰することなのである。もちろん天皇の直系尊属にあたる者は皇位を経験している場合が多いのであるが、皇位を経験していることが院政を行う要件ではない。

後高倉に院政を行わせるためには、その子である後堀河が皇位に在る必要があり、そのために仲恭天皇は廃された。在位七十八日にして廃された四歳の天皇は、自身が承久の乱の責任を問われたわけではない。乱後の仲恭は母立子とともに九条家に庇護され、女子も一人もうけた。その女子は後に院号を宣下され、和《わ》徳門《とくもん》院となっている。ただし、仲恭が歴代に加えられ、仲恭天皇という諡号《しごう》が贈られたのは、明治三年(一八七〇)のことである。

一方で、乱の責任を負わされたのは、後鳥羽・順徳両上皇であった。後鳥羽は隠岐《おき》に、順徳は佐渡に流される。土御門上皇は自ら遠所に赴くことを希望して、土佐に遷された(後に阿波に遷された)。

新補地頭

六月十五日に、六条河原の幕府軍に後鳥羽が使節を送り、義時追討の宣旨を撤回し、以後幕府の指示に従うことを伝えた時点で、官軍と賊軍は立場を替えた。これまで官軍に加わっていた者は謀反人としてその所領は没収された。謀反人所領のうち、従来地頭が設置されていなかったものについては新たに設置された。もとから設置されていた地頭に対して新たに設置された地頭を新補《しんぽ》地頭というが、承久の乱により大量に新たな地頭が設置されることになったので、新補地頭といえば、もっぱら承久没収地に新たに設置された地頭を指すようになった。貞応二年(一二二三)、地頭得分に関して先例が明らかでない場合に適用すべき率法が決められ、宣旨のかたちで公布された。これを新補率法と呼んでいる。

第二章　執権政治の時代

1　執権泰時と御成敗式目

貞応三年(一二二四)六月、執権北条義時が急死し、承久の乱以来六波羅に駐在していた子息泰時はただちに鎌倉に下向し、執権に就任した。

四代将軍の推戴

泰時の母は義時の正妻ではない。阿波局《あわのつぼね》と呼ばれる官女であったが、その出自は知られない。義時には前後二人の正妻がいた。はじめの正妻は比企朝宗《ひきともむね》の娘で姫前《ひめのまえ》と称する官女であったが、義時の懸想に容易になびかず、頼朝が義時から「決して離別することはない」という起請文《きしょうもん》をとり、姫前に義時との結婚を命じたのであった。二人の間に朝時《ともとき》・重時《しげとき》が生まれたが、建仁三年(一二〇三)に北条時政が比企能員《よしかず》を滅ぼしたことにより、二人は離別した。義時は間もなく伊賀朝光《いがともみつ》の娘と再婚し、政村《まさむら》・実泰《さねやす》をもうけた。義時室の兄弟の一人光季《みつすえ》は京都守護として上洛中に承久の乱に遭遇してその血祭りにあげられたが、もう一人の光宗《みつむね》は政所執事として執権義時を支えていた(図2-1)。

義時の死後、一条実雅《いちじょうさねまさ》を将軍に戴き、政村を執権とする動きがあった。一条実雅は能保の子息であるが、建保六年(一二一八)に実朝が左大将に任ぜられた拝賀を鶴岡八幡宮において行うのに供奉するために、京都から鎌倉に下向し、その後、義時と伊賀氏との間の娘と結婚し、義時の大倉邸の一郭に居住していた。伊賀氏の娘婿を将軍に立て、実子を執権とする計画であった。

しかし尼将軍政子はこの計画を粉砕し、三浦義村が政村を支持するのを牽制して、泰時を強力に支持した。政子が三寅を抱いて泰時邸に入り、重臣たちをそこに召し寄せることによって、事は決した。一条実雅は京に送り返され、伊賀光宗は政所執事の任を解かれ、所領五十一か所を召し放たれ、信濃国に配流となった。伊賀氏も伊豆国北条郡に下向し籠居することとなった。その後実雅は越前《えちぜん》に配流となり、四年後に配所において亡くなったが、実雅の妻は実雅が亡くなる以前に唐橋《からはし》通時《みちとき》と再婚し、伊賀光宗も許されて鎌倉に戻る。ちょうど三寅が元服し征夷大将軍に補せられる時

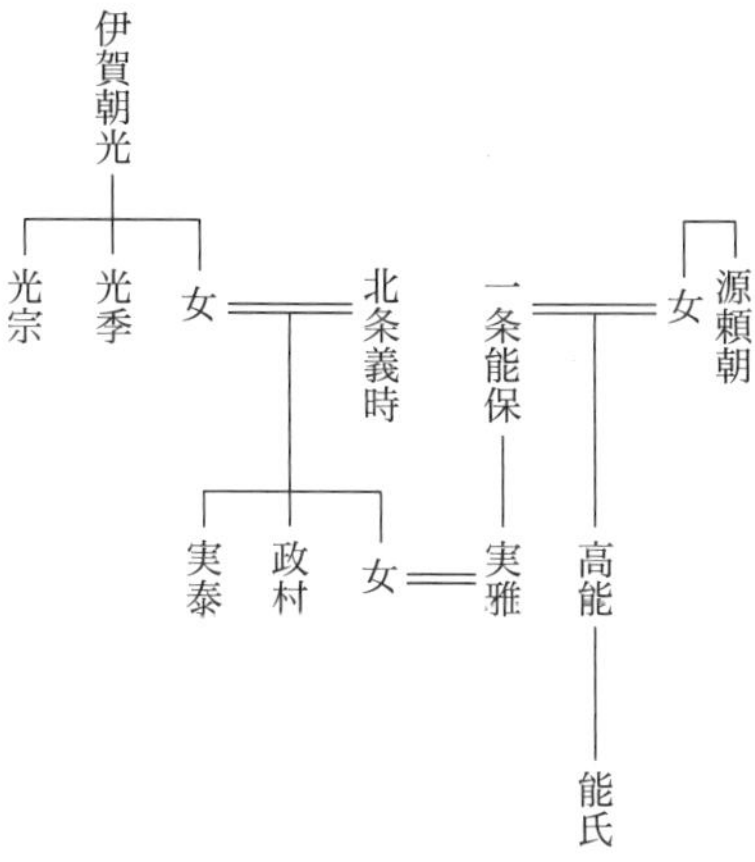

図2-1　一条家と北条家の関係系図

期であるので、その慶事により恩赦が行われたのであろう。嘉禄《かろく》三年（一二二七）二月には義時と伊賀氏との間のもう一人の娘が西園寺実有《さいおんじさねあり》と結婚したが、伊賀氏はおそらくはこれに関係して前年末に入洛している。

泰時の執権就任を強力に支持した政子は、しかしその一年後の嘉禄元年（一二二五）七月に享年六十九で亡くなった。政子とともに泰時を支持した大江広元も政子に一月先んじて七十八歳で卒していた。政子の危篤により六波羅から時房が東下していたが、泰時はその帰洛をとどめて、執権の職務を補佐させることとした。執権泰時を補佐する時房の役職は、下知状に執権と並んで署判を加えることから「連署《れんしょ》」と呼ばれるようになるが、執権と連署は基本的には同格であり、両者を合わせて「両執権」と呼ぶこともある。

泰時・時房は幕府の求心力を高めるために、実朝の後継者として鎌倉に招いていた三寅を正式に鎌倉殿として推戴《すいたい》することを企図した。六年前に二歳で鎌倉に下向した三寅は、八歳になっていた。

十二月、鎌倉の宇津宮辻子《うつのみやずし》に新造された御所に三寅は移り、新御所において評定を始めるとともに、遠江《とおとうみ》以下十五か国の御家人を十二か月に結番《けちばん》し、諸門を警固させる鎌倉大番の制を設けた。これは京都大番を模して、京都の朝廷に並ぶ鎌倉の幕府の威儀を高めるものであった。

十二月二十九日に新御所において三寅の元服の儀が行われ、名字を頼経《よりつね》と定められた。年が明けて嘉禄二年(一二二六)正月十一日、頼経の任官と征夷大将軍宣下を朝廷に申請するための使節として佐々木信綱《のぶつな》が鎌倉を立った。信綱は二月十三日に鎌倉に戻り、正月二十七日の除目下名《おりな》において頼経が正五位下・右近衛少将に叙任され、征夷大将軍に補せられたことを伝えた。

下知状と執権の自立

頼経が元服し、征夷大将軍に補せられたことにより、頼経が署判を加えて下文が発給されることになった(図2-2)。下知状は本来、下文を発給することのできない場合にその代用とされた文書であるから、下文を発給する条件が整えば、下知状も、そしてまた下知状に署名する執権の地位も用済みのはずである。しかしそうはならなかった。頼経の署判による下文が発給されるのに並行して、時房・泰時の連署(官位が先任である時房のほうが上位に署名している)による下知状も発給されつづける。もはや下知状は下文の単なる代用物ではなく、下文から自立した文書である。その下知状に署判を加える執権の地位もまた将軍の地位から自立して確立したことになる。

しかも下文は、復活はしたけれども、その用途を限定されることになった。訴訟の裁許には下文は用いられず、もっぱら下知状が用いられることになった。そのために「御下知《おんげち》」といえば裁許状(判決書)を指すようになった。

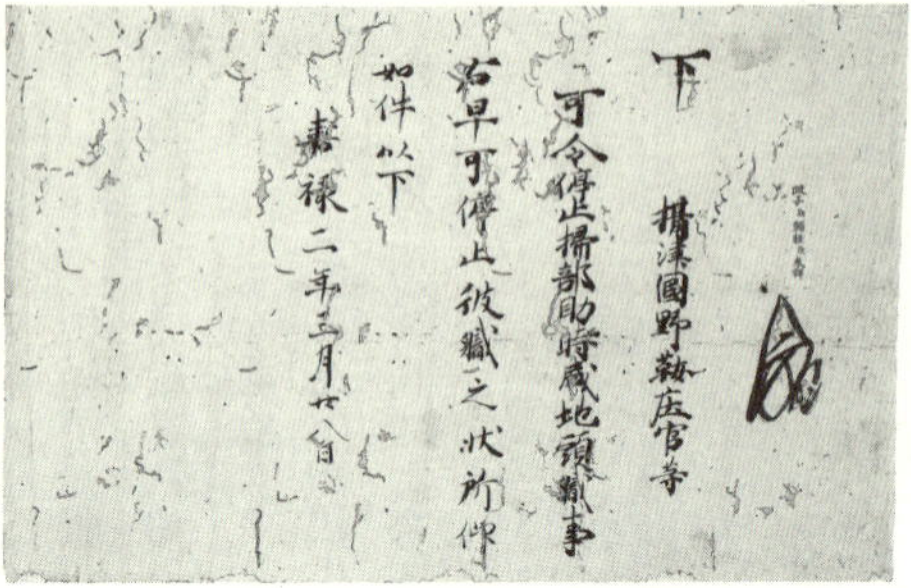

図 2-2　九条頼経下文（嘉禄 2 年（1226）3 月 28 日，国立歴史民俗博物館所蔵）

中世には、原告のことを訴人《そにん》、被告のことを論人《ろんにん》といい、訴人と論人がそれぞれの主張の理非をめぐって争うことを相論《そうろん》といった。後には「争論」の字が用いられるようになるが、この時代は「相論」と書くのがふつうである。その訴人と論人との相論に対して理非の判断を下す裁許状に下知状の様式が用いられることになった。

なぜ、裁許状の様式として下文が排除され、下知状がもっぱら用いられるようになったのか。言い換えれば、なぜ、裁許権者として将軍が排除され、執権がもっぱらこれに当たるようになったのか。これにはもちろん、執権の地位と下知状を手がかりとして北条氏が勢力を伸ばそうとしたという直接的な政治的要因もあるけれども、そのような北条氏の動きを許容するような、より本質的な構造的要因も存在した。それは当たり前のことであるが、鎌倉幕府が主従制によって構成されていたということである。

将軍と御家人は主従関係にある。御家人は将軍に対して忠誠を尽くす義務を有するが、それに対して将軍もまた御家人を保護する義務を有している。御家人が所領相論（土地をめぐる紛争、二〇三頁参照）に苦しんでいれば、何が何でもその御家人の味方をするのが、主人としての将軍の義務である。「何が何でも」というのは、たとえその御家人の主張に理がなく非であってもという意味である。逆に御家人の相論する相手次第では、たとえば御家人が地頭として本所と相論しているような場合であれば、将軍はたとえ御家人の方に理があってもあえて相手方の言い分を受け入れることもあった。御家人が身内であるのに対して、御家人の相論している相手は他人として交渉しなければならない存在であるからである。その場合、将軍は身内である御家人の言い分を抑えるかわりに、何らかの代償措置により御家人を満足させることが期待された。いずれにせよ、将軍は御家人を一方当事者とする相論の理非を第三者として公平に判断する立場にない。

一方で、執権は御家人との主従関係に拘束されない。執権自身が御家人なのであって、他の御家人を保護する義務を有さないから、御家人を一方当事者とする相論の理非を第三者として公平に判断することが可能である。もちろん裁許状は当事者をそれに服せしめる権威が必要であるから、形式上は将軍の命令として発給される。下知状は「鎌倉殿仰せに依り、下知くだんの如し」という文言で書き止められる。執権による理非の判断を鎌倉殿の仰せに依るものとして発給するというかたちで、第三者による理非の判断がぎりぎりのところで実現されたのである。

寛喜の飢饉

寛喜《かんぎ》二年(一二三〇)は六月に雪が降り、七月に霜が降りるという異常気象に襲われた。太陽暦でいえば七月・八月に相当するから、異常な冷夏ということになる。そのためこの年は潰滅的な凶作となり、飢饉《ききん》に見舞われることになった。この年の冬は逆に異常に暖かく、十一月に麦が穂を出し、桜が咲き、筍《たけのこ》が生えるという状況であったが、この気象も翌年夏の麦の収穫には打撃を与えることになった。寛喜三年の夏は炎旱の日が続き、東国には豊作をもたらしたけれども、西国は旱魃《かんばつ》の被害を蒙った。

飢饉の発生は再生産システムを破壊し、飢饉を長期化させる。再生産に用いるべき種子が食料に回され、また耕作に従事する者も減少するので、作付《さくづけ》が減少するからである。飢えた人間が生き延びる手段として最後に選ぶのが人身売買であった。延応《えんおう》元年(一二三九)に至って幕府は人身売買の再禁止を発令するが、その法文において、従来、飢饉から妻子眷属《けんぞく》の身命を助けるためにその身を沽却《こきゃく》することを容認してきたことを認めている。逆にいえば、人身売買の再禁止の発令は、飢饉の終息を宣言するものであった。

御成敗式目の制定

御成敗式目《ごせいばいしきもく》はまさにその寛喜の飢饉の最中に制定された。自然災害もまた政治に責任があり、攘災《じょうさい》のためには徳政が行われるべきと考えられていた。

寛喜三年(一二三一)十一月三日、朝廷は四十二か条からなる新制を制定した。新制は、諸社祭礼年中神事・恒例臨時の仏事の興行や過差の禁止など、弛緩した秩序の回復をはかるための方針を示すものであった。院政期の新制に荘園整理に関する条項が設けられることがあったのは、荘園の存在もまた本来の秩序からの逸脱を示すものであったからである。新制にはまた治安維持に関する条項も設けられた。建久二年(一一九一)の新制に、海陸盗賊ならびに放火の輩を搦め進めることを頼朝に命じることが規定されたことは、朝廷が頼朝の権力を公認し、治安維持の体制に組み込もうとしたことを示していた(二四頁参照)。寛喜三年の新制では、海陸盗賊を追討することが「諸国司ならびに左近衛中将藤原頼経朝臣郎従等」に命じられ、京中諸保の夜行の催勤《さいきん》と京中強盗の停止《ちょうじ》を、「左近衛中将藤原朝臣」に仰せて在京の郎従を諸保に分居させることにより実行することが命じられた。「左近衛中将藤原頼経朝臣」とは四代将軍頼経のことであり、建久二年の新制において頼朝に認められた地位・職能が寛喜三年の新制において頼経について再確認されたことになる。

寛喜四年二月二十七日、将軍頼経は従三位に叙せられて公卿に列し、政所開設資格を得た。

頼経はこれまで、「下」の一字で書き出し、袖（右端）に自身の花押《かおう》を加える袖判《そではん》下文を発給していたが、政所開設資格を得たことにより、今後は、「将軍家政所下」と書き出し、料紙の奥（左端）上に令《れい》・別当、奥下に知家事《ちけじ》、日下（年月日の真下）に案主《あんじゅ》が署判を加える政所下文に切り替えることになった（五五頁、図2-3参照）。ただし令・知家事・案主については位署書《いしょがき》のみで花押が加えられず、別当についても当初は連署時房と執権泰時のみであった。

四月二日、朝廷は飢饉の終息を願って、年号を貞永《じょうえい》と改めた。

そして五月十四日から幕府において御成敗式目の編纂が始まった。七月十日、評定衆《ひょうじょうしゅう》十一名が評定における理非決断を公正に行うことを誓約する起請文を作成し、執権泰時・連署時房が「理非決断職」としてこれに加判した。八月十日、式目の編纂が完了し、九月十一日に六波羅に送達された。

式目の性格

御成敗式目は五十一か条がまとめて制定されたものであり（ただし当初の条文は今日に伝わるものとは異なるという学説もあり、また条数についても当初は五十か条であったとする学説もある）、一定の体系性を有している。第一条が神社の修理と祭祀の興行、第二条が寺塔の修造と仏事の勤行《ごんぎょう》について規定しているのも、前年の朝廷の新制に対応している。しかし古代の律令《りつりょう》が国家において必要と認められる法を網羅的に規定しようとしたものであるのに対して、御成敗式目にはそういう網羅性は認められない。きわめて重要な法理についてそ、の法理そのものについての規定はどこにもなく、その法理の応用であったり例外であったりが規定されているように見受けられる。

たとえば式目の第十八条から第二十七条には所領譲与に関する規定がまとめられているのであるが、この時代の譲与に関する原則としてもっとも重要な「悔返《くいかえし》」の法理についてはどこにも規定されていない。規定されているのはこの法理の応用と例外である。「悔返」というのは親は子に譲った財産をいつでも取り返して別の子に譲ることが可能であるというものである。一度譲ったことを悔いて取り返すという意味で「悔返」という。「悔返」が認められるのは親子間（敷衍して直系の尊属・卑属間）に限られ、他人間では認められない。親子間においては認め、他人間においては認めないというのが「悔返」の法理の表裏の両側面である。そもそも他人間の財産移転は「譲与」とはいわず「和与《わよ》」という。したがって、「悔返」の法理の他人間に関する側面は「他人和与、悔い返すべからず」という法諺《ほうげん》であらわされる。

さて、式目の第十八条は女子に譲った所領の悔返を認めるが、これは男子に譲った所領の悔返が認められることを前提として、女子にもこの法理を適用したものである。第十九条は本主に眷養《けんよう》された者が本主の子孫に違背《いはい》した場合には、本主から譲られた所領を本主の子孫に付すことを規定するが、本主に眷養された者を本主の子に准じて悔返の法理を応用している。

第二十条は譲状《ゆずりじょう》を得た子が父母に先んじて死去した場合にも悔返を認めたもの。

第二十一条は妻妾が夫の譲りを得た後に離別した場合について規定したものであり、妻に重科があって棄捐《きえん》された場合には旧夫の所領を知行することは認められず、妻には過がなく夫の恣意《しい》(「新を賞して旧を棄つ」)により離別された場合には旧夫による悔返は認められない。後者は、夫婦関係が親子関係よりは他人関係に准じて扱われることを示す。兄弟関係もまた同様である。

夫婦関係を他人関係に准じるのであれば、悔返の法理によれば夫は妻から悔い返せないはずであるが、離別された妻に重科がある場合にはその法理が適用されない。つまりこれは法理を適用しない例外ということになる。第二十四条が夫から譲りを得た妻が夫の死後に改嫁した場合に、亡夫から妻に譲られていた所領を亡夫の子息に知行させるのも、悔返の法理(「他人和与、悔い返すべからず」のほうの側面)を適用しない例外を規定したものといえよう。

第二十六条は、所領の譲りを得た子が安堵《あんど》御下文を賜わった後に、父母がその所領を悔い返すことができるかどうかを規定し、たとえ安堵御下文が発給されたものであっても悔返は可能とする。したがって、対象物件の重なる譲状が日付を前後して複数ある場合には、後の日付のものを有効とする。

以上に見た式目の条文は「悔返」に関係するものであるが、「悔返」それ自体は規定されていない。「悔返」の法理は御成敗式目に規定されるまでもなく、自明の前提とされているのである。それでは御成敗式目以前に「悔返」の法理を規定した法令が存在したかというと、そうではない。法は人が制定するものではなく、元から存在するのであり、元から存在する法を、人は発見するに過ぎないと考えられているのである。

逆に、該当する条文が御成敗式目に存在するとしても、その法は、式目に条文として載せられたがゆえにはじめて効力を発生させたわけではない。たとえば式目第二十六条の譲状の前後どちらを優先するかについての法理は、鎌倉時代の遺跡《ゆいせき》相論（遺産相続をめぐる紛争、二〇四頁参照）において頻繁に適用された。しかし当事者たちはそれが式目第二十六条に規定されていることを必ずしも強く意識していない。式目に載せられていようがいまいが、この法理は存在するると共通に了解されているのである。

とすると、御成敗式目五十一か条というのは確かに一定の体系性を備えた法典ではあるのだが、この法典によって新しい法が規定されたわけではなく、すでに存在すると認識されていた法についての当時の幕府当局者の最大公約数的理解をまとめたものといえよう。

将軍と執権

嘉禎《かてい》四年(一二三八)、将軍頼経は執権泰時・連署時房以下幕府首脳部を引き連れて上洛し、約八か月の間、京に滞在した。その間、頼経は四条天皇に拝謁し、実父の九条道家や外祖父の西園寺公経《きんつね》とも会談した。また権中納言に還任して右衛門督を兼ね、検非違使《けびいし》別当に補せられたが、在任四十二日で権大納言に移り、これも在任四十一日で辞した。

かつて頼朝も建久元年(一一九〇)に上洛した間に権大納言に二十五日間在任した。公卿は在京するのが原則であったから、将軍の在京は公卿として昇進する機会である。将軍が公卿として実際に朝廷の議定に加わるわけではないし、また在任するのもごく短期間に過ぎなかったが、将軍を在京の機会に公卿として昇進させることは、将軍の地位を引き上げたい武家の側からも、またその将軍を取り込みたい公家の側からも求められたことであった。

また京都市中の行政・警察に責任を有する検非違使別当は在京でなければ務まらない職であるが、寛喜三年(一二三一)の公家新制により京中諸保の夜行を催勤することと京中強盗を停止することが仰せられた頼経にふさわしい職として、在任は短期間であっても、在京の機会に補せられたのであろう。

延応二年(一二四〇)正月に連署時房が亡くなり、仁治《にんじ》三年(一二四二)六月に執権泰時が亡くなった。泰時の嫡子時氏《ときうじ》は寛喜二年(一二三〇)に六波羅を離任して鎌倉に戻った直後に二十八歳で亡くなっていたので、泰時の後継の執権には時氏の子の経時《つねとき》が十九歳で就任した(七八〜七九頁、図2-7参照)。将軍頼経はこの時二十五歳であるから、泰時よりは三十五歳年少であるが、経時よりは六歳年長である。この年齢差が将軍の権威を押し上げた。

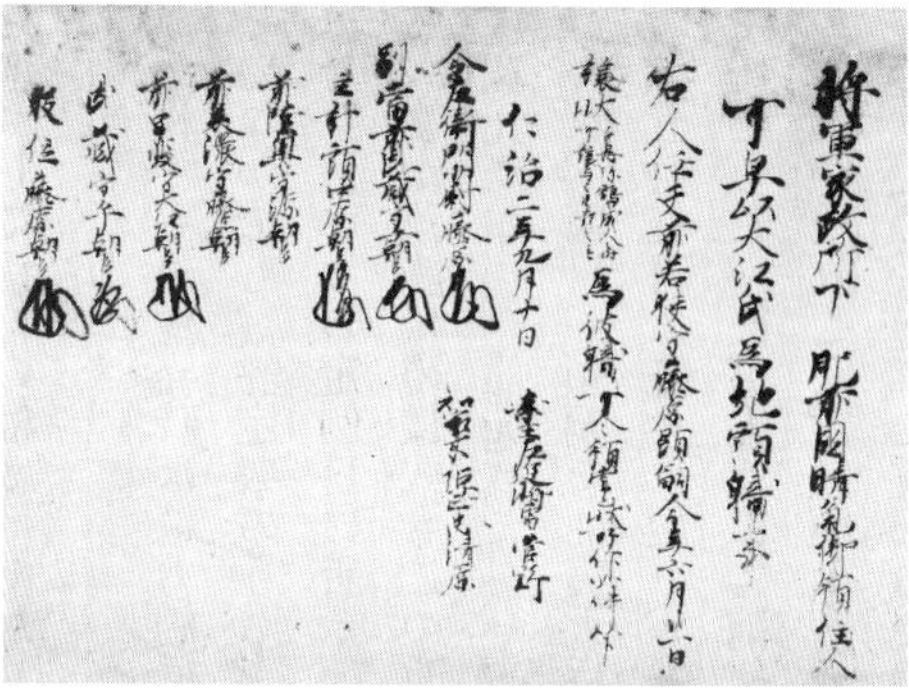

図2-3　別当らが署判をつらねた将軍家政所下文(仁治2年(1241)9月10日，宗像大社所蔵)
上段左から7人目が泰時の署判.

寛喜四年(一二三二)に頼経が従三位に叙せられてからは政所下文が発給されたが、政所下文に別当として署名したのは、当初は連署時房と執権泰時の両名のみであり、時房が亡くなった後は泰時一人になったが、その後、中原師員《なかはらもろかず》・藤原親実《ちかざね》・足利義氏《あしかがよしうじ》・長井泰秀《やすひで》・大仏朝直《おさらぎともなお》・安達義景《あだちよしかげ》の六名が別当に加わる。実例によれば仁治元年十二月七日の下文までが泰時単独署判で、仁治二年五月一日の下文から七名連署である(図2-3)。泰時が亡くなると、足利義氏も別当を退き、泰時の替わりに経時が加わって、別当は六名となるが、経時は執権であるけれども、別当としての序列は六名中の第五位である。別当の数を増やして将軍の権威は上がり、その別当のなかでの序列において、若き執権の地位は前執権に比して下がった。

それでも執権経時は精力的に執政した。寛元《かんげん》元年(一二四三)には訴訟制度の改革を進めたが、そのなかでも、評定衆のうちから十三名を三番に結番し、各番が重ならないように定められた毎月五日ずつの定例日に訴訟の審理を行うこととしたのは、後の引付《ひきつけ》設置につながる改革である。また裁許状の様式もこの改革のなかで確立した。

寛元二年(一二四四)四月二十一日、将軍頼経の子息頼嗣《よりつぐ》の元服の儀が経時を烏帽子《えぼし》親として行われ、同日、頼嗣を征夷大将軍に任ずることを求める使節として平盛時《もりとき》が京に向かった。盛時は五月五日に鎌倉に戻り、去る二十八日に臨時の除目が行われ、頼嗣が従五位上右近衛少将に任ぜられ、征夷大将軍に補せられたことを伝えた。翌年七月、将軍頼嗣と経時の妹檜皮《ひわだ》姫との婚姻が成立した。頼嗣は七歳、檜皮姫は十六歳である。

こうして行われた将軍の交替は経時に主導されたものと思われるが、頼経は将軍を退任した後も新将軍の父として権勢を保った。上皇が天皇の父として院政を行うのや、ちょうど同じ時期に京都で頼経の父道家が摂政・関白の父として政治を主導したのと同じ構造である。貴顕の家で家督の父として実権を掌握する者を大殿《おおとの》と呼ぶが、この時期、京都では道家が摂関家の大殿であり、鎌倉では頼経が将軍家の大殿であった。

大殿頼経の周囲には執権に不満を持つ勢力が集まるようになった。もちろん頼経本人もそうであるし、本来ならば北条氏をはるかにしのぐ雄族である三浦氏が、北条氏の台頭を喜んだとは思われない。また北条氏自身も一門が分立し、泰時の孫が執権を継承しているけれども、泰時が兄弟のなかで傑出した存在というわけではなく、義時の先の正妻腹の朝時や後の正妻腹の政村とその子たちが泰時の孫を見る眼差しは必ずしも従順ではなかった。特に朝時の一門は、朝時が祖父時政の名越《なごえ》邸を継承したことで、時政嫡流の意識を持っている。朝時自身は自重していたように思われるが、寛元三年四月に朝時が亡くなると、朝時の子たちは泰時の孫に対する不満を膨らませていく。そしてこれら諸勢力の経時に従いえない気持は頼経に対する忠誠心に昇華されることになる。

経時は寛元三年ころから体調を崩したが、翌年三月に重篤に陥り、執権職を弟の時頼《ときより》に譲った。そして閏四月一日に経時が亡くなると、新執権時頼は反対派を粛清する。五月二十四日、時頼は鎌倉中を戒厳したが、翌日、朝時の嫡子名越光時《みつとき》が謀反の嫌疑を受けて出家した。六月一日、光時の弟時幸《ときゆき》が自害し、七日、評定衆後藤基綱、藤原為佐《ためすけ》、千葉秀胤《ひでたね》、三善康持《みよしやすもち》が解任され、康持は問注所《もんちゅうじょ》執事の職も解かれた。十三日、光時は伊豆に流され、秀胤は上総《かずさ》に追われた。そして大殿頼経も京に送還されることになり、二十七日佐介谷《さすけがやつ》の北条時盛《ときもり》邸に入り、七月十一日、そこから京に出立した。

翌宝治《ほうじ》元年(一二四七)、時頼は外祖父安達景盛に鼓舞され、従弟安達泰盛《やすもり》とともに三浦泰村《やすむら》と千葉秀胤を討った(宝治合戦)。これにより開幕以来の有力豪族を制して北条氏が優勢を確立し、その北条氏嫡流との姻戚関係により安達氏も浮上した。両者の橋渡しになったのが、北条泰時の子息時氏と結婚して経時・時頼を産んだ松下禅尼《まつしたぜんに》(景盛の娘、一三七頁、図4-1参照)である。時頼はさらに、それまで六波羅探題を務めてきた大叔父重時を連署に迎えた。

建長元年(一二四九)十二月、引付が設置された。

2 乱後の朝廷

後堀河天皇の三人の中宮

承久の乱後に即位した後堀河天皇の中宮には、はじめ三条公房《きんふさ》の娘有子《ゆうし》が立てられたが、三年で皇后に移され、その替わりに関白近衛家実《いえざね》の娘長子《ちょうし》が立てられた。中宮と皇后はもともと同じ地位について二通りの呼び方をしたものであるが、皇后のほうは院政期以来、天皇と配偶関係のない皇女を遇するのに用いられるようになっていた。有子は皇后に移される前に内裏を退出しており、その後に長子が内裏に入っていたのである。中宮有子が内裏を退き、皇后に移されたのは、長子を新たに中宮に立てるためであった。天皇の外戚の立場を得た者が朝廷を制するという構造は摂関政治以来変わっていないが、中宮に娘を立てるのは、時の実力者の特権である。家実は現職の関白であり、その権勢により、有子を押しのけて、長子が中宮に立てられたのである。

近衛家実は、承久の乱により仲恭天皇の摂政であった九条道家の職が止められたのに替わって後堀河天皇の摂政に就任し、後に関白に移ったのであった。しかし道家の子息頼経は鎌倉に在って嘉禄二年（一二二六）には将軍に就任したし、道家の岳父西園寺公経は承久の乱の際にも親幕府の立場を貫き、それゆえに乱後の朝廷において実力者となっていたから、道家はその援助によって復活を遂げる。安貞《あんてい》二年（一二二八）十二月、家実に替わり道家が関白に就任した。

かつて関白家実の娘として有子を追って中宮に立った長子が、今度は道家の娘竴子《しゅんし》に追われることになった。寛喜元年（一二二九）四月、長子に鷹司院《たかつかさいん》の院号が宣下され、翌年二月、竴子が中宮に立てられた。

寛喜三年二月に中宮竴子が皇子を出産すると、皇子は同年十月に皇太子に立てられ、貞永元年（一二三二）十月に二歳で皇位に即いた。四条天皇である。仁治三年（一二四二）正月、十一歳に

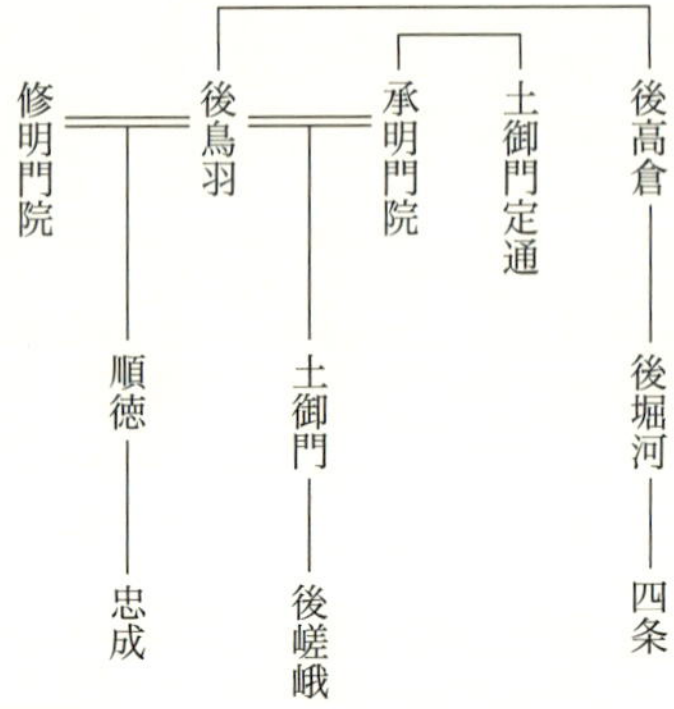

図2-4　天皇家系図

達した四条は元服し、同年十二月十七日に故摂政九条教実《のりざね》の娘彦子《げんし》が叔父二条良実《よしざね》の猶子《ゆうし》として入内した。教実・良実は道家の子息で、四条の母竴子（藻璧門院《そうへきもんいん》）の弟であるので、四条と彦子は従姉弟の関係である。彦子はやがて中宮に立てられる予定であった。

皇統の断絶

九条彦子が入内してわずか二十二日で運命は暗転する。仁治三年正月九日、四条天皇が急死した。弘御所《ひろごしょ》の板敷に滑石の粉を塗り、近習《きんじゅ》や女房を倒して笑わせようとしたところが、誤って自分が転倒したのが原因であるといわれる。四条にまだ子がなかったのはもちろん、後高倉の皇統にほかに皇子はいなかったので、故土御門天皇の皇子（後嵯峨《ごさが》）と順徳上皇の皇子（忠成《ただなり》）が皇位継承の候補者に擬せられた（図2-4）。

土御門の皇子は土御門の母承明門院《しょうめいもんいん》の御所土御門殿で養育され、順徳の皇子は順徳の母修明門院《しゅめいもんいん》の御所四辻殿で養育されていた。土御門の皇子は二十三歳、順徳の皇子は二十一歳であったが、まだ元服を遂げていなかった。

大人になるというのはその人の生き方を決めるということであるから、皇族の場合には皇位継承候補者に残されるのでなければ、皇族を離脱して源氏を称するか、出家の道を選ぶかを決めなければならない。

実際に後高倉の子孫の男系が絶えたわけだから、後高倉以外の系統で皇位を継承しうる者を用意しておく必要があったわけだが、現に皇位にある後高倉の系統からは当然疎まれる。現皇統が途絶えることを待っているようなものだからである。皇位をうかがう者として危険視されることを避けるためには、思い切って出家しておいたほうがよい。実際、土御門の皇子には母を同じくする兄がいたがすでに出家していた。さかのぼれば、後高倉とその二人の王子も出家しており、三人目の後堀河も出家する予定であったところが、出家する前に皇位がめぐってきたのである。

土御門の皇子が二十三歳まで、順徳の皇子が二十一歳まで元服せずにきたのは、現皇統に疎まれても、ぎりぎりまで皇位継承の可能性を残しておきたかったからであり、それを望んだのは本人というより、本人を庇護する有力者であった。土御門の皇子を庇護したのは承明門院と土御門家である。土御門家は承明門院の養父源通親《みちちか》の子孫で土御門殿を拠点とする家であるが、この当時は承明門院の異父弟にあたる土御門定通《さだみち》が前内大臣として活躍していた。一方、順徳の皇子を庇護したのは修明門院であるが、修明門院は安貞二年(一二二八)に亡くなった七条院の遺志と遺領を継承していた。七条院は後高倉・後鳥羽兄弟の母であるが、承久の乱後、後高倉の系統が皇位にあるにもかかわらず、むしろ乱に敗れた後鳥羽の系統を庇護してきたのである。

十二日間の空位

当時、朝廷を主導していたのは、入道前摂政九条道家であった。現摂政は近衛兼経《かねつね》で、兼経は家実の子息であるが、嘉禎三年(一二三七)に兼経と道家の娘仁子《じんし》との婚姻が成立したことにより、近衛家と九条家の対立は解消し、兼経は岳父道家を尊重して行動していた。のみならず、関東の将軍頼経も道家の子息であり、道家は朝廷と幕府との公式の連絡を独占していた。

道家にとっては、修明門院の庇護する皇子のほうがはるかに親昵《しんじつ》であり、この皇子が皇位を継ぐことを期待していたが、幕府に飛脚を送り、皇嗣について諮問した。皇嗣について幕府に諮問したことに対して、回答を待つ間に空位が生じることを否とする意見や、幕府を「東夷《とうい》」「異域蛮類《ばんるい》」と呼び、これに皇嗣が決定されることを非とする意見も、朝廷にはあった。にもかかわらず、道家が幕府に諮問したのは、実子が将軍であるところの幕府は、道家が希望する通りに回答すると確信していたからであろう。しかし道家の期待ははずれた。幕府の使節として正月十九日に入洛した安達義景は、土御門の皇子を皇嗣とすべきことを伝えたのである。

　土御門の皇子を庇護していた土御門定通の妻は泰時・重時の姉妹であるので、定通が幕府に工作したと噂された。定通の妻は義時と姉前の間に生まれた娘で竹殿《たけどの》と呼ばれ、はじめ大江親《ちか》広《ひろ》の妻であったが、親広が承久の乱後に行方をくらましたのちに、定通と再婚し、翌年にその子を産んでいる。親広は源通親の猶子として一時は源姓を称していたから、定通とは義理の兄弟になる。竹殿は前夫が出奔した後、前夫の義理の兄弟を後夫としたのである。

　しかし、幕府が、というより執権泰時が土御門の皇子を指名したのは、定通との縁により贔屓《ひいき》したとばかりはいえない。泰時には順徳の皇子を支持しない理由があった。順徳の皇子を皇位につけたならば、順徳を配流地から戻して院政を行わせようとする声が出てくることが予想される。実際、かつて道家が後鳥羽・順徳の還京を計画したことがあった。しかし泰時はこれを断固として拒否した。泰時の言葉は「家人等一同しかるべからざる由を申す」というものであったと伝えられている。承久の乱を大将として戦い、六波羅に駐在して戦後処理にあたった泰時には、順徳の復権は容認できなかったのである。

　二十日、土御門の皇子は承明門院御所土御門殿において元服の儀を遂げた後、冷泉万里小路《れいぜいまでのこうじ》殿《どの》に遷り、この御所において剣璽《けんじ》を受け、皇位を継承した。後嵯峨天皇である。

後嵯峨院政と院評定

皇嗣の選定について西園寺公経は女婿道家に同調していたが、幕府の決定が伝えられると、公経とその子息実氏《さねうじ》はすばやく態度を変えた。後嵯峨の元服や即位の儀礼のために公経は積極的に援助し、登位の年の六月に実氏の娘姞子《きっし》が入内し、八月には中宮に立てられたのである。翌年六月に姞子が産んだ皇子は八月には皇太子に立てられた。そして、皇太子が四歳になった寛元四年(一二四六)正月、後嵯峨天皇は譲位した。新帝は後深草《ごふかくさ》天皇である。

譲位した後嵯峨は院政を開始した。後嵯峨が皇位継承した時点で、後嵯峨の直系尊属はすでに無かったから、院政は行われなかった。しかし後嵯峨は、中宮所生の皇子に恵まれたため、その皇子をただちに皇太子に立て、譲位を急いだのである。譲位してからがむしろ帝王としての本舞台であった。

後嵯峨天皇の譲位を機に、道家は次男良実に関白をやめさせて四男一条実経《いちじょうさねつね》を摂政とするとともに、関東申次《もうしつぎ》という朝廷と幕府との連絡にあたる役を道家と実経の二人で務めることについて幕府の了解を得た。幕府からの返書をしたためたのは前将軍頼経であるが、頼経は道家の子で実経の兄であるから、京・鎌倉間で九条家が連携して政局の主導権を握ろうとする動きであったといえる。鎌倉で頼経と対立する執権経時が病にたおれた間隙を突くものであった。

しかし経時が辞して時頼が執権に就任すると、事態は一変した。六月、幕府内の頼経派が粛清され、頼経自身も京に送還されることになり、七月二十八日、頼経は入洛し、六波羅の重時邸に入った（五七〜五八頁参照）。八月二十七日、重時は院司《いんじ》葉室定嗣《はむろさだつぐ》を招いて事態を説明し、朝廷において徳政を行うことを求めるとともに関東申次の更迭を予告した。これにより道家は九月四日、西山に籠居した。そして十月十三日、時頼の使者が入洛し、関東申次に西園寺実氏を指名するとともに、徳政を行うことを改めて求めた。

ここでいう「徳政」とは売買・質流れ地の取り戻しを命じるいわゆる「徳政令」の意味ではなく、言葉の本来の意味での「徳政」つまり徳のある政治の意味である。頼朝以来、幕府は機会あるごとに朝廷に徳政を行うことを申し入れてきた。朝廷において徳政の内容として第一に重視されたのは、叙位除目を公正に行うことであったが、それとは別に訴訟の裁断を迅速に行うことが課題として認識されるようになった。

朝廷の政治は下からの上申を上が裁可する形で行われるので、一般の訴訟もその枠組みで処理されるが、一般の私的紛争に関する訴訟は「雑訴《ざっそ》」といって重要度の劣るものに位置づけられた。その価値観は一貫して変わらないけれども、雑訴が激増してそれを迅速に処理しなければならないという課題は認識されるようになった。幕府からの徳政申し入れにこたえて、十一月三日より院御所において定例の評定が開催されることになった。これを「院評定《いんのひょうじょう》」と呼んでいる。朝廷における議定としては従来より陣定《じんのさだめ》があったが、これが現任公卿による議定であるのに対して、院評定は現任・前任を問わず治天の君に指名された者（もちろん、実際に誰が実質的に決めるかは時の政治情勢による）を構成員とするものであり、発足時の構成員は、前太政大臣西園寺実氏、前内大臣土御門定通、大納言兼右大将徳大寺《とくだいじ》実基《さねもと》、中納言吉田為経《ためつね》、参議葉室定嗣であった。為経と定嗣は伝奏《てんそう》という上皇に奏事を取り次ぐ職務を務めていた。院評定は毎月六回開催されることになった。

関東申次とは

西園寺実氏が関東申次に指名されたことにより、これ以後この役職は、実氏の子孫が幕府の承認のもとに世襲することとなった。この役職は頼朝の時代には頼朝の信任により吉田経房《つねふさ》が務め、その後実朝の妻の父である坊門信清《ぼうもんのぶきよ》が務めた。実氏の父公経も承久の乱以前からこの役を務め、道家は岳父にあたる公経から引き継ぐとともに、将軍の実父であるという立場によってこの役を務めたものと思われる。つまり道家までの関東申次は将軍個人との縁故によりこの役職を務めてきた面があるのであるが、実氏以後の関東申次は将軍個人との縁故には必ずしもよらず、朝廷の一員として幕府と交渉する公的な役職としてこれを務めることになるのである。

しかし朝廷におけるこの職の位置付けについては、これ以前の公経の時代にもう一つの変化があった。経房の場合には、経房自身が院宣を奉じて、頼朝を直接の宛所として発給したのであるが、公経の場合には、公経が院宣を奉じるというのではなく、公経はむしろ院宣を受け取る立場にあり、院宣を受け取るとそれを幕府に施行しているのである。経房は院庁の内側にあって院宣を差し出す立場であるが、公経は院庁の外側にあって院宣を受け取る立場である。

院宣の宛所のほうに注目するならば、経房の奉じる院宣の宛所が頼朝であるのに対して、公経は自身に宛てられた院宣を幕府に対して施行する。ちょうど東大寺や東寺に命令を伝える院宣・綸旨《りんじ》の直接の宛所が東大寺別当や御室《おむろ》であって、寺家には別当や御室・東寺長者から施行されるのと同様の構造である。この場合、宮廷社会に属するのが東大寺別当や御室のみで、東大寺や東寺は宮廷社会の外にあることになる。経房が奉じる院宣が頼朝を直接の宛所とした場合には、頼朝が宮廷社会の一角に位置づけられていたことになるが、公経を宛所とする院宣が幕府に施行されるようになると、宮廷社会の内側にいるのは公経であって、幕府はその外側の存在ということになる。朝廷と幕府とを仲介する公経の地位が関東申次として継承されていくことになった。

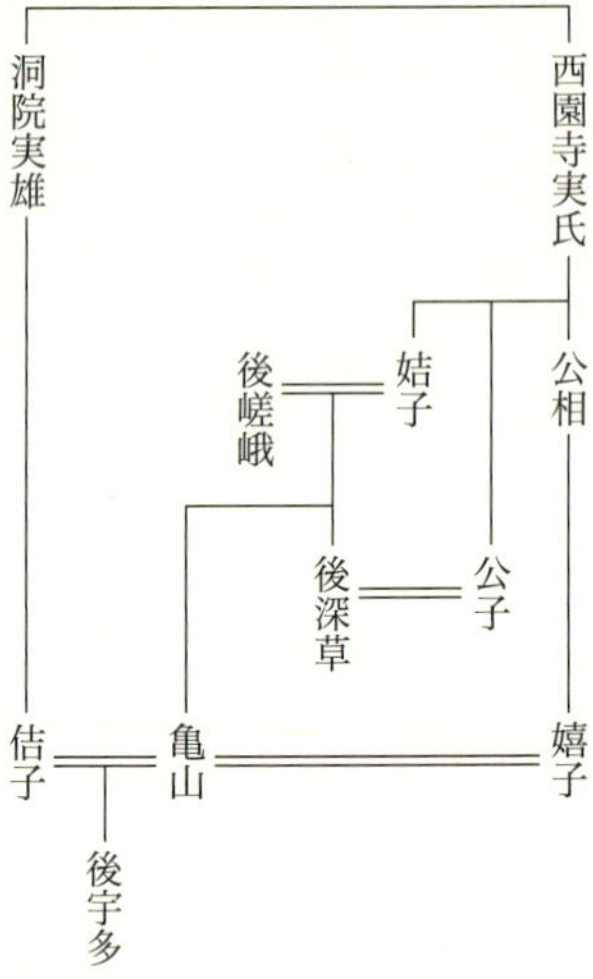

図2-5　西園寺家と天皇家の関係系図

西園寺氏の栄華

後嵯峨院政開始直後の政変により、九条家が逼塞し、替わって西園寺氏が台頭した。天皇の外戚という立場と幕府との公式の連絡にあたる関東申次という立場が二つながら九条家から西園寺氏に移ったのである。

しかし外戚の立場により権勢を勝ち得た者は、その権勢を維持しつづけるために、外戚関係を再生産しつづけなければならない。康元《こうげん》二年（一二五七）、後深草天皇の中宮に西園寺実氏の娘公子《こうし》が立てられた（図2-5）。公子は後深草の母姞子の同母妹であるから甥と叔母との結婚になる。後深草十五歳、公子二十六歳であった。

後嵯峨の中宮姞子は、後嵯峨の譲位後には大宮《おおみや》院と称されたが、建長《けんちょう》元年（一二四九）に皇子を産んだ。この皇子は正嘉《しょうか》二年（一二五八）に皇太子に立てられ、翌年、後深草天皇から皇位を譲られた。亀山《かめやま》天皇である。

そして二年後の文応《ぶんおう》二年（一二六一）二月、亀山はまだ十三歳であったが、洞院実雄《とういんさねお》の娘佶子《きっし》が中宮に立てられた。洞院実雄は西園寺実氏の弟である。ところが同年八月、佶子は皇后に移され、西園寺公相《きんすけ》の娘嬉子《きし》が新たに中宮に立てられた。後堀河天皇の中宮三条有子がそうであったように、中宮が皇后に移されることは、天皇との配偶関係を否定されることを意味する。新中宮嬉子の父公相は西園寺実氏の嫡子であり、洞院実雄の甥にあたる。実雄が外戚工作において先んじたのに対して、公相が巻き返したのであった。

ところが佶子は皇后に移された後に亀山の皇子を出産した。文永《ぶんえい》二年（一二六五）に最初の皇子が生まれたが同四年八月に夭折した。しかし同年十二月に生まれた二番目の皇子は、翌年八月に皇太子に立てられた。後の後宇多《ごうだ》天皇である。嬉子のほうは、後宇多誕生の直前に父公相が亡くなり、その服喪《ふくも》により宮中を退下した後、再度の入内がかなわず、後宇多立太子の年の末に今出《いまで》河《がわ》院の院号を宣下された。かつて後堀河天皇の二番目の中宮長子が天皇在位中に院号を宣下されたのに相似する。長子も嬉子も前中宮を追って立てられた二番目の中宮であった点も同じである。有子を追った長子は竴子に追われたのであったが、佶子を追った嬉子は第三の誰かに追われたわけではない。嬉子に院号が宣下された後に新たな中宮は立てられていない。おそらく呼称を皇后に変えられ、院政期以来の慣例によれば天皇との配偶関係の存しないはずの佶子が、亀山の正妻として扱われることになったのであろう。佶子は亀山より四歳年長、嬉子は三歳年少であるが、亀山の「情愛」は佶子に対するものが嬉子に対するものを上回った。ただし天皇の「情愛」は単に個人の資質だけでは決まらず、個人の背後にあって個人を庇護する者の権勢に大きく左右される。皇后佶子は文永九年八月九日に二十八歳で亡くなり、その日に京極《きょうごく》院の院号が宣下された。

後嵯峨法皇の終焉

文永五年(一二六八)、後嵯峨上皇は四十九歳になり、翌年五十歳を迎える賀の準備が年明けから始まったが、モンゴルの国書が届いたことにより、賀節は中止された。

そのかわりに十月五日、後嵯峨は亀山殿において出家した。八月に亀山の皇子を皇太子に立てたことで皇位の将来を見定め、現世での行跡に満足し、来世での冥福を期するための出家であった。出家の道場に選んだ亀山殿は洛西の離宮で、洞院実雄が讃岐を料国として造営した。讃岐国は材木を産出するため、院政期以来しばしば造営料国にあてられ、帝王の御願による造営を請け負う権力者の知行するところであった。実雄はまさに後嵯峨の意にかなう権力者だったのである。

亀山殿のうちには四《し》天王《てんのう》寺の金堂を移して多《た》宝《ほう》院が建てられ、文永八年十一月六日に四天王寺別当円助《えんじょ》法親王を導師として供養が行われた。円助は後嵯峨の皇子であるが、後嵯峨の元服以前、十七歳の時の出生であった。後嵯峨の登位後に生まれた皇子が先に親王に立てられ、円助は建長元年（一二四九）に園城《おんじょう》寺の円満院に入り、仁助《にんじょ》法親王の弟子として出家した後に法親王の宣下を受けた。仁助は後嵯峨の同母の兄であり、円満院円浄《えんじょう》の弟子として出家したが、弟が皇位に登ったことにより、法親王宣下を受けた。後嵯峨親政・院政下においてしばしば内裏・御所を訪い、政務の機密に関与している。四天王寺別当職は延暦寺と園城寺との間で争奪が繰り返され、仁治三年（一二四二）からは空席となったが、建長元年に仁助がこれに補せられ、弘長《こうちょう》二年（一二六二）に仁助が亡くなると、円助がそのあとに補せられた。延暦寺は当然これに抗議しつづけていたが、後嵯峨は仁助・円助との所縁により園城寺に肩入れし、延暦寺の抗議を抑圧した。

　多宝院供養を終えた後、後嵯峨は体調を崩し、年が明けると終焉を覚悟するようになった。正月十五日、後嵯峨は遺領に関する処分状を作成し、十七日、かねて終焉の地に定めていた亀山殿に移った。亀山殿には終焉を迎える場所として寿量院《じゅりょう》が設けられていたが、後嵯峨は二月七日に寿量院に入り、十七日卯刻に亡くなった。後事は大宮院と円助が洞院実雄と相談しながら行うことになり、中陰《ちゅういん》が明けた四月七日、大宮院御所において後嵯峨の処分状が開かれ、洞院実雄が執筆して、遺領の宛先ごとに譲状を書き分けた。処分状の本文は後嵯峨の自筆ではなかったが、「六勝寺《りくしょう》と鳥羽殿などは治天の者が知行せよ」という追記が自筆で加えられていた。

摂政・関白の地位は藤原道長《みちなが》以後その子孫に独占された。道長の時代には天皇の外戚となることによって摂政・関白の職に補せられたが、道長の子孫は天皇の外戚となるように努力をしつづけたものの、必ずしもそれに成功してきていない。一方で、道長の子孫でなくとも天皇の外戚になることはあったが、天皇の外戚ではあっても道長の子孫以外の者が摂政・関白に補せられることはなくなった。摂政・関白に補せられるのは道長の子孫に限られ、道長の子孫はたとえ天皇の外戚でなくとも摂政・関白に補せられうるということになった時、摂関家という家格が成立したことになる。

五摂家の分立

九条道家は仲恭天皇の外叔父、四条天皇の外祖父であり、さらに四条天皇に孫娘を入内させ外戚の立場を次世代に継承することを期したが、四条天皇の夭折により挫折した。道家の期待に反して後嵯峨天皇が即位すると、西園寺実氏の娘がその中宮に立てられ、これ以後、天皇の外戚の地位をめぐる競争では西園寺氏が優位に立ち、摂関家はその競争から脱落した。にもかかわらず、摂政・関白の職に外戚である西園寺氏が就任することはなく、この職は道長の子孫の独占するところであり、この職を経験した者の子を有資格者として継承された。言い換えれば、道長の子孫であっても、摂政・関白に就任しなかった者の子孫は、この職に就任する資格を喪失した。こうして摂政・関白に就任する資格を有する家が淘汰され、やがて五つの家に固定された。近衛・九条・二条・一条・鷹司の各家である。これを五摂家と呼んでいる（図2-6）。

九条道家は寛喜三年（一二三一）に嫡子教実に関白を譲ったが、教実は四年後に二十五歳で早世した。その間に天皇も後堀河から四条に交替し、四条は幼帝であったので、教実は関白から摂政に替わっていた。教実の早世により、摂政にはいったん道家が復帰したが、道家は近衛家実の子兼経を娘婿に迎え、兼経に摂政を譲った。九条家と近衛家とはこれまでは対抗関係にあったが、兼経は道家の身内に取り込まれることになった。兼経は謙虚・実直な性格で、道家の実子良実が道家から疎まれたのと逆に、兼経は生涯、岳父道家を尊重した。

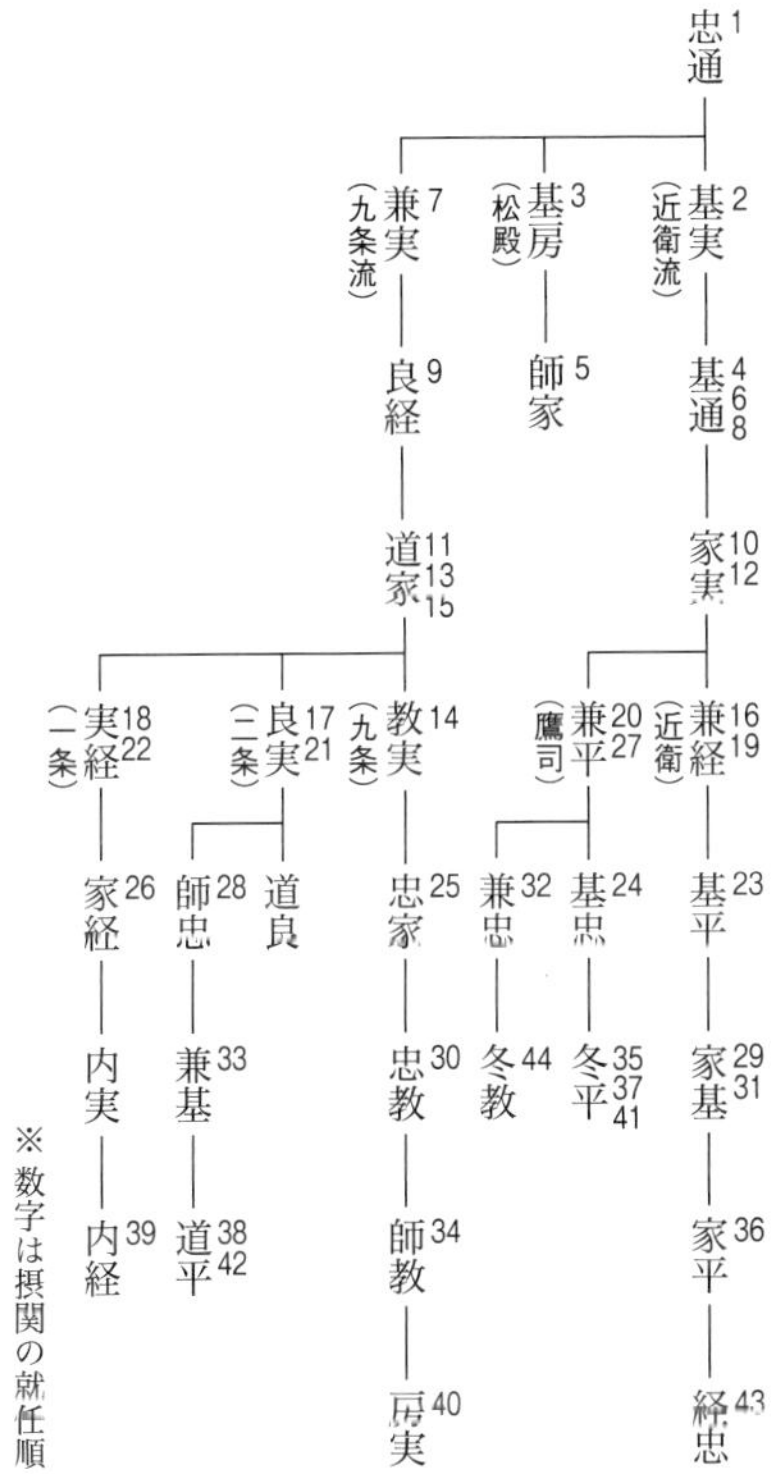

図2-6　五摂家系図

近衛兼経は在職五年で、後嵯峨天皇の即位

を機に、二条良実と交替し、良実は新帝の関白に就任した。そして先に見たように、後嵯峨天皇が在位四年で譲位するのに合わせて、道家の意向により、良実は更迭されて、実弟の一条実経が後深草天皇の摂政に就任した。しかし実経の実兄の前将軍頼経が失脚し京に送還されてきたことにより、父道家も籠居することになり、実経も在職一年で近衛兼経と交替することになった。兼経はすでに左大臣に達していた弟の鷹司兼平《かねひら》に摂政を譲ることを希望し、幕府にもその意向を伝えていたが、建長四年(一二五二)に至り、ようやく実現した。兼平の摂政就任により、後の五摂家の祖がすべて摂政・関白の職を経験したことになる。

九条家の危機

しかし一方で、九条家の正嫡忠家《ただいえ》に摂政・関白に就任できない危機が訪れていた。七歳で父教実を喪った忠家は、祖父道家の猶子として立身し、寛元四年(一二四六)の政変で道家・実経が失脚した際には、忠家は処分を免れ、その年の十二月には内大臣から右大臣に上がったのであるが、建長四年に至って、右大臣の職を止められた。前年末に九条家にゆかりのある僧了行《りょうぎょう》を張本の一人とする謀反が鎌倉で摘発され、九条家一門の僧俗が勅勘《ちょっかん》を蒙ることになったからである(七七頁参照)。九条家一門のなかで二条良実父子のみがそれを免れたという。九条道家は建長四年二月二十一日に亡くなった。『吾妻鏡』はその知らせが鎌倉に達した二十七日の条にこのことを載せ、「説等有り。武家籌策《ちゅうさく》有るべきの期なり」と記している。道家の死をめぐって諸説があり(つまり、自然死ではないと疑う人々がいた)、幕府としてその動揺をしずめる対策が必要であるという議論があったというのである。

忠家が逼塞している間に、摂政・関白の職は、鷹司兼平が十年在職して二条良実に譲り、良実は四年在職して一条実経に譲った。実経は寛元四年の政変で失脚したが、弘長三年(一二六三)に左大臣に復していた。関白に補せられる二年前である。実経は復権を果したのに、忠家はなお逼塞したままである。忠家の逼塞がさらに続くなか、摂政・関白の職は実経から近衛基平《もとひら》へ、そして基平から鷹司基忠《もとただ》へと交替した。つまり近衛・鷹司・二条・一条・近衛・鷹司と、九条家をはずして一巡したことになる。近衛基平は忠家よりも十七歳年少、鷹司基忠は忠家よりも十八歳年少であり、官歴ももちろん、二人とも忠家より後輩である。このまま九条家をはずして摂関の交替が続けられていけば、九条家は摂関家から脱落してしまう危機にあった。

文永十年(一二七三)、忠家は四十五歳にしてようやく関白に補せられた。忠家は在職一年で交替するけれども、たとえ一年であっても在職したことによって、子孫に就任資格を遺すことができた。忠家が関白に補せられるのを可能にしたのは、前年に後嵯峨法皇が亡くなったことであったと思われる。つまり忠家の摂関就任を妨げていたのは後嵯峨法皇その人であったようである。後嵯峨は幕府の指名により皇位に登る僥倖に恵まれた。建長三年の陰謀に忠家が直接関与していたわけではないけれども、後嵯峨は事件の背後に九条家の姿を見た。幕府に遠慮するがゆえに、幕府以上に、九条家を忌避する感情を持つようになったと思われる。

近衛・九条・二条・一条・鷹司という家名はそれぞれの邸宅の名称によっている。しかしこの時代、父と息子が必ずしも同じ邸宅を用いるわけではない。夫が妻のもとに通う婿入り婚が行われていたからであろうが、居所に用いる邸宅（というのは、当時の貴族は複数の邸宅を用いるのが通例だったからである）が父から婿に継承される場合がしばしば認められる。たとえば一条能保の邸宅である一条殿は能保からその婿の西園寺公経に継承され、公経からその婿の九条道家に継承された。公経も道家も当時はその居所によって「一条殿」と呼ばれている。彼らが当時、西園寺公経・九条道家と呼ばれたことはなく、この呼称はあくまで後世の便宜的なものなのである。ただし一条殿は道家から実経に譲られ、その後実経の子孫に継承された。このあたりで婚姻のかたちが婿入り婚から嫁入り婚に変わりつつあったのである。一条殿が男系で継承されることになって、その名が家名として固定することになった。もちろん一条家がずっと一条殿に住み続けていたわけではないけれども、一条家が一条殿を離れた後も家名のほうは固定したのである。

3　得宗家の成立

時宗の誕生

建長三年（一二五一）五月十五日、執権時頼の嫡子として時宗《ときむね》が誕生した。母は連署重時の娘である。時頼は宝治二年（一二四八）に別の女性との間に時輔《ときすけ》をもうけていたが、正室腹の時宗が嫡子とされた。また時頼の兄経時にも二人の男子がいたが、二人ながら出家している。その兄弟のうち弟のほうが、仁和寺法助《ほうじょ》の弟子となり、鶴岡別当・東寺長者・東大寺別当を務め、時宗より長命で、永仁《えいにん》四年（一二九六）五十二歳で寂した頼助《らいじょ》である。

時頼が兄経時より継承した北条氏の家督は時宗の子孫に継承されることになった。経時・時頼の父時氏は早世したために執権には就任していないが北条氏の家督には数え、時政・義時・泰時・時氏・経時・時頼・時宗・貞時《さだとき》・高時《たかとき》の九人を歴代の家督とし、得宗《とくそう》と呼んでいる（図2-7）。

北条時宗が誕生した建長三年の末に僧了行・矢作常氏《やはぎつねうじ》・長久連《ちょうひさつら》が謀反の嫌疑で捕縛され、処刑ないしは配流に処せられた。了行は千葉氏の出身で、前々年に焼亡した閑院《かんいん》内裏の造営に関係していたが、この年、閑院内裏完成後に了行が勧進《かんじん》と称して行った廻文が実は謀反を結構するものと疑われたのである。了行が行った勧進が何を名目とするものであったかは不明である

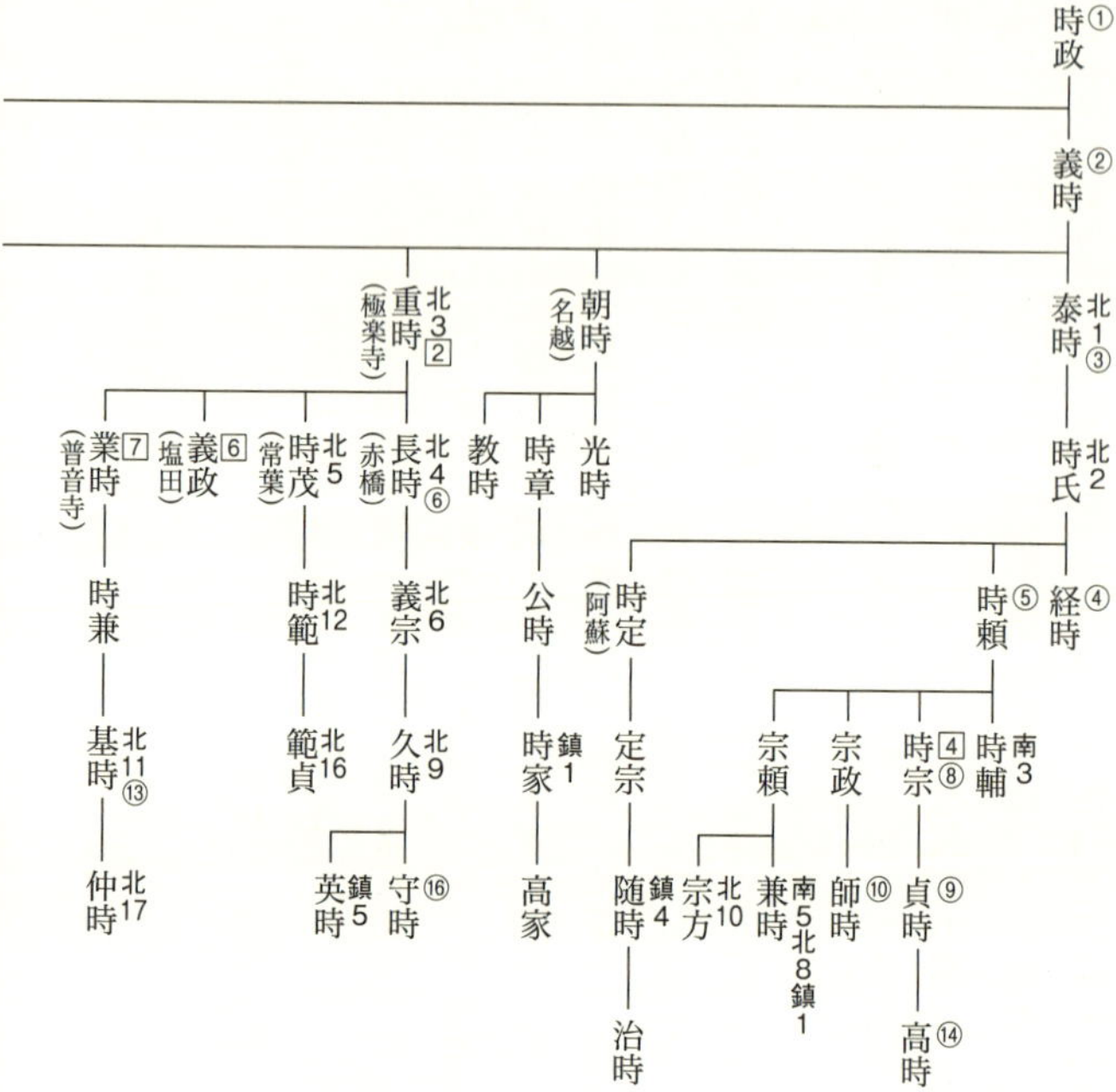

図2-7　北条氏系図

が、了行は九条家とも関係の深い人物であったから、あるいは九条道家が嘉禎二年（一二三六）に発願し、なお進行中であった東福寺の造営に関わるものであったのかもしれない。ちょうど鎌倉では時頼の発願になる建長《けんちょう》寺の造営が始まったところであった。了行の勧進が東福《とうふく》寺の造営に対抗心をもつ時頼の逆鱗に触れたというのが事の真相かもしれない。この事件により九条家一門の僧俗が勅勘を蒙り、右大臣忠家は翌年その職を辞した。「勅勘」は後嵯峨上皇の過剰反

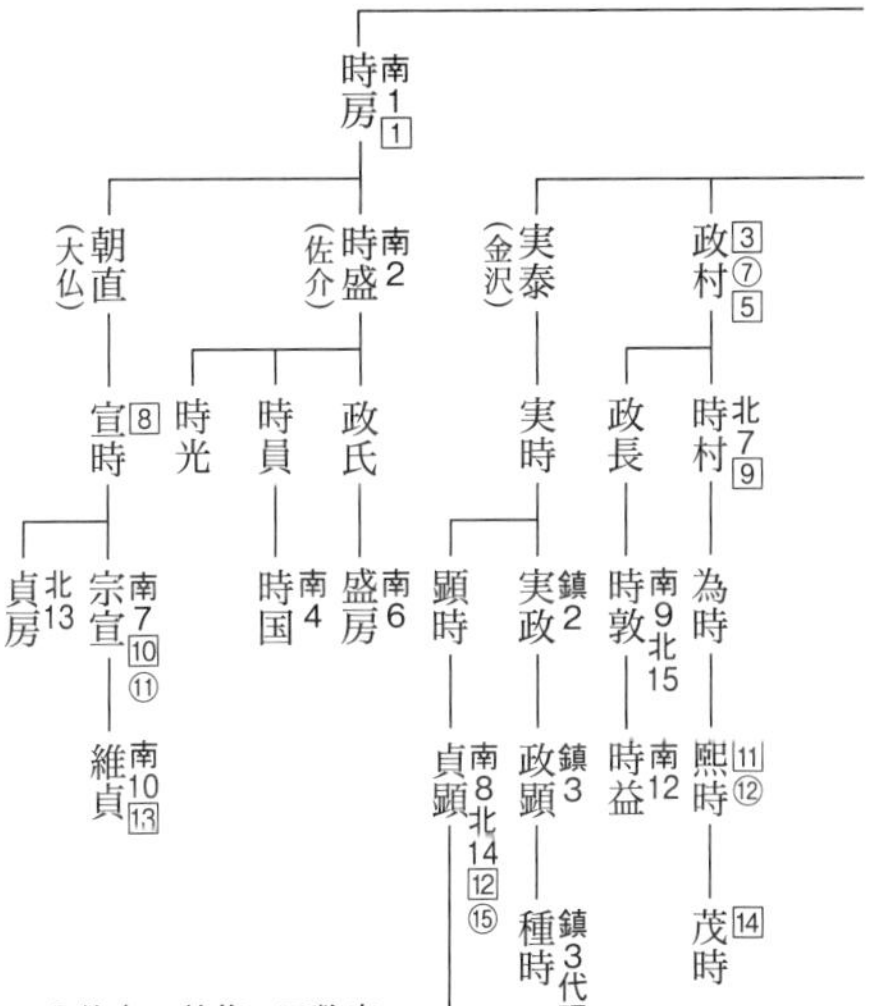

※○数字は執権，□数字は連署，北・南は六波羅探題北方・南方，鎮は鎮西探題の就任順

応であったかもしれないが、九条家の事件への関与を疑う憶測が事の真偽にかかわりなく流れてしまったようである。

建長四年二月、幕府の使節として二階堂行方《ゆきかた》と武藤《むとう》景頼《かげより》が上洛し、頼嗣が将軍を辞職する意向であることを伝え、後嵯峨上皇の皇子のうち一宮ないし三宮を次の将軍として下向させることを奏請した。一宮は宗尊《むねたか》親王、三宮は後の亀山天皇である。後嵯峨には宗尊より年長の円助がいたが、円助を一宮に数えず、宗尊を一宮としている。ちなみに二宮は後深草天皇にあたる。幕府の奏請を受けた後嵯峨は改めて幕府の希望を問い、幕府は一宮の下向を希望したので、後嵯峨はその希望通りに一宮宗尊親王を下向させることを決めた。

親王将軍宗尊

宗尊は仁治三年(一二四二)十一月二十二日に蔵人木工頭《もくのかみ》平《たいらの》棟基《むねもと》の娘棟子《とうし》を母として誕生した。父後嵯峨が皇位に登ったのが、同年の正月二十日であり、そもそも後嵯峨は皇位に登るその日に元服したのであったが、棟子はその頃に懐妊したものであろう。しかし同年の六月三日に西園寺実氏の娘姞子が入内し、八月九日には中宮に立てられ、翌年六月十日には皇子を産む。つまり宗尊が生まれた頃には、中宮の懐妊がすでに明らかであったはずである。中宮所生の皇子が間もなく皇太子に立てられ、四歳で皇位を継承した(後深草天皇)から宗尊には皇位継承の望みがなかった。一宮宗尊とならんで次期将軍候補にあげられた三宮は後に亀山天皇となるが、二宮と同じく姞子の所生である(ただし姞子は二宮を産んだときには中宮であったが、三宮を産んだときにはすでに大宮院の院号宣下を受けていた)。宗尊の母棟子はその身分が二宮・三宮の母姞子のそれに及ばなかったために、所生の皇子を天皇にすることができなかったが、後嵯峨には大事にされ、准后(皇后・皇太后・太皇太后に准じるという意味)の待遇を与えられている。後嵯峨が亡くなった後には、百日目の仏事を主宰した。

建長四年(一二五二)三月十九日に京を発った宗尊は、四月一日に鎌倉に入ったが、ちょうどその日に京では宗尊を征夷大将軍に補する宣旨が発給された。もちろん宗尊の東下の行程があらかじめ定められており、それに合わせて宣下が行われたものであろう。あるいは宣下の日取りに合わせて東下の行程が考えられたのかもしれないが。将軍補任の宣旨については、まず六波羅の飛脚が案文（謄本）を持参して五日に到着し、正文（原本）は官使が十一日に届ける予定であることを伝えた。一方、前将軍頼嗣は、三月二十二日に御所を出て、四月三日、母と弟とともに京に旅立った。

宗尊が新将軍として鎌倉に入ったこの四月、引付が三方から五方に改められ、引付衆が増やされたが、そのうちにかつて反時頼派と目されて評定衆を解任された後藤基綱、三善康持も含まれていた。翌年には藤原為佐も加えられる。反時頼派の結集軸となった前将軍頼経を追い、さらに頼経の子頼嗣に換えて宗尊を新将軍に迎えた時頼は、みずからの主導権のもとで、旧反対派との融和をはかったのであろう。ただし基綱・為佐・康持は引付衆止まりで評定衆にまで復することはなかったし、かつて康持が務めた問注所執事の職は、康持が罷免された後、その叔父の康連《やすつら》が任ぜられ、この後は康連の子孫に継承されていく。康連は父康信《やすのぶ》より備後国《びんご》太田《おおた》荘の地頭職を譲られていたので、康連の子孫は太田を称する。一方で康持の子孫は町野《まちの》を称し、時に六波羅評定衆の中にその名を見出すものの、鎌倉時代のうちは問注所執事に任ぜられる者は出なかった。

この年八月十七日、鎌倉の深沢で金銅八丈の釈迦如来像の鋳造が始められた。この地には以

図2-8　鎌倉大仏

前、浄光《じょうこう》の勧進により造立された木造大仏があったが、改めて金銅大仏が鋳造されたのである。これが今日の鎌倉大仏であると考えられている（図2-8。ただし現在の大仏の像容は阿弥陀如来を示している）。また翌年十一月二十五日に落慶供養が行われる建長寺もまさにこのころ造営中であった。鎌倉の建長寺は京都の延暦寺に、鎌倉の大仏は東大寺の大仏に対比されるものであった。

時頼の出家

宗尊親王を将軍に迎えてから四年が経った建長八年（一二五六）、幕府では執権・連署を含む首脳部が交替した。まず三月十一日に連署重時が辞職して出家し、その後任として北条政村が三十日に就任した。政村は一番引付頭人《とうにん》であったので、二番・三番の頭人を順に移し、三番の頭人に新たに金沢実時《かねさわさねとき》を任じる人事が四月二十九日に行われた。また重時の嫡子長時《ながとき》は、重時が連署に就任した際に、交替して六波羅に赴任していたが、重時の辞職・出家を受けて鎌倉に戻り、六波羅には長時の弟時茂《ときもち》が赴任した。長時は六月二十三日に引付衆を経ずに評定衆に任ぜられ、七月二十日には武蔵守の官途を得た。そして十一月二十二日、執権時頼が職を長時に譲り、翌日、山内の最明《さいみょう》寺において出家した。

この年は赤斑瘡(はしか)が大流行し、京都では後深草・亀山の同母の弟にあたる雅尊《まさたか》親王や前将軍頼嗣がこの病気のために亡くなった。前々将軍頼経も、この病気のためと断定はできないものの、この年に亡くなっている。疫病の退散を期して、十月五日に年号が康元と改められた。

鎌倉では、将軍宗尊、執権時頼、時頼の二歳の娘、長時の四歳の嫡男、金沢実時の妻もこの病にかかり、時頼の娘は十月十三日に亡くなった。また問注所執事太田康連は九月三十日に「病痾危急」により職を辞して、子息康宗《やすむね》がその替わりに補せられ、康連は十月三日に亡くなった。また十一月二十八日には後藤基綱が亡くなった。基綱は七十六歳の高齢ではあったが、この年七月十七日の将軍宗尊の最明寺参詣には参候しているので、その後に発病したものであろう。

時頼は九月頃発病し、いったん回復したものの、十一月に入って赤痢に苦しんだ。執権職を辞譲した二十二日には小康状態であったようであるが、この病による死者が続出していたさなかであるから、時頼自身も死を覚悟していたと思われる。しかし一方で、時頼の出家の志は年来のもので、宗尊が七月に最明寺に参詣したのは、時頼の出家の志に配慮してのものだったという。時頼の後任の執権となった長時があらかじめ六波羅から呼び戻され、評定衆に加えられ、武蔵守に任ぜられたのは、時頼引退の準備であったようにも見える。武蔵守は泰時や経時が任ぜられた官途で、幕府の御家人においては、相模守とならぶ最上級の官途である。もっとも、長時は重時の嫡子であり、重時の引退により鎌倉に戻ったのであるから、長時には引付頭人を経験させた上で、政村に替えて連署に就任させる予定であったのかもしれない。時頼が出家の予定を早めてしまったために、連署ではなく執権に就任することになってしまったとも考えられるが、もちろん想像の域を出るものではない。

いずれにせよ、長時は時頼から執権と武蔵国務、それに鎌倉邸を譲られたのであるが、いずれも家督幼稚の間の眼代《がんだい》(代理人)として預けられたものであった。つまりこれらの職は時頼の帯する「家督」に付随するものなのであるが、長時は時頼からその「家督」を譲り受けたわけではない。「家督」を時頼から譲られるのは時宗であるが、時宗は当時六歳であるから、時宗の成長を待つ間、「家督」ではなく「家督」に付随する職務のほうを長時に預けるというのである。長時は預かる立場であるから、時宗が成人したならば、預かった職務を返却することが予定されていたことになる。

時頼は出家してから七年後の弘長三年(一二六三)十一月二十二日に亡くなった。まだ三十七歳であったから決して長命とはいえないが、執権を辞し出家した後、なお七年間在世したことになる。この後の幕府政治においては、得宗が執権の職に在ると無いとにかかわらず実権を掌握するようになるが、そのような政治形態の原型は辞職・出家後の時頼に一応求められる。ただし時頼は一般政務の一々に介入したというわけではない。一般政務は執権・連署を中心に運営されており、ただ時頼の子息時宗が任ぜられている小侍所《こさむらいどころ》別当の職務に関して、父ないしは家督として指示を加えてはいる。それよりも時頼は、公職を辞し、出家しているにもかかわらず、御家人筆頭の地位にありつづけた。それは前連署重時についても同様である。

それを示すのが、将軍に食事を献じる垸飯《おうばん》という役である。年頭に行われるこの役は、御家人のうちで上位の者三人が元日・二日・三日の役をそれぞれ務めた。時頼・重時が執権・連署の現職であった時は、元日は必ず時頼が、二日・三日は一方を重時が、他方を足利義氏が務めた。時頼・重時は執権・連署を辞した後もこの役をやめない。重時に替わって連署に就任した政村は、垸飯の役については重時の替わりということではなくて、建長六年(一二五四)に亡くなった足利義氏の替わりとして、正嘉二年(一二五八)から役を務めるようになる(その間の二年間は足利頼氏《よりうじ》・北条時定《ときさだ》が務めている)が、時頼に替わって執権に就任した長時が役を務めるようになるのは、弘長元年(一二六一)に重時が亡くなった後である。また弘長三年に時頼が亡くなった後には、その替わりを時宗が務めるようになる。長時・時宗がこの役を務めたのは執権・連署の地位についたからではなく、重時・時頼の家督を継承したからなのである。時頼・重時は引退・出家した後も御家人社会における権威を終生保ちつづけた。そのことはただちに得宗が執権の公職を離れても実権を掌握する得宗専制政治の出現を意味するわけではないが、それが成立する土台にはなったと思われる。

得宗の世代交替

宗尊親王は実朝とならぶ歌人将軍で、『続古今和歌集』には最多の六十七首が入集している。宗尊の歌道師範を務めた藤原光俊《みつとし》（真観）はしばしば鎌倉に下向し、鎌倉との所縁を権威として『続古今集』の撰者に加わった。宗尊の入集が最多であるのは光俊の意向によるものと思われ、「『続古今集』での宗尊親王の扱いは、実際に撰集下命したのは後嵯峨院であるものの、ほとんど下命者に近いほどに重い」とも言われる（田渕句美子「鎌倉時代の歌壇と文芸」）。

四代将軍頼経は在任中の嘉禎四年（一二三八）に上洛し、実父の九条道家や外祖父の西園寺公経と会談して東西の協調を誇示したが、六代将軍宗尊にも、正嘉二年（一二五八）と弘長三年（一二六三）の二度上洛計画があった。治天の後嵯峨上皇は宗尊の父であり、宗尊の母に対する後嵯峨の寵愛も深かったから、宗尊の上洛が実現すれば、ふたたび東西の協調が誇示されたはずである。しかし上洛の計画は二度とも、諸国の損亡に配慮して中止された。

時頼・重時は、宗尊を将軍に迎えた当事者であるから、宗尊を大切に扱った。しかし、重時は弘長元年に、時頼は同三年に亡くなった。文永元年（一二六四）執権長時が三十五歳で亡くなったので、連署政村が執権に移り、時宗が連署に就任した。時宗をただちに執権にしなかったのは、二十三歳の将軍宗尊が十四歳の時宗を抑えて権力を振るうことを警戒し、六十歳の政村が執権になることで牽制しようとしたものであろう。四代将軍頼経が三十五歳年長の執権泰時には大事にされたけれども、泰時の死により、自分よりも六歳年少の経時が執権に就任すると、疎まれる存在に転じたのと同じように、時頼の死により家督を継承した時宗が幕府を主導していくためには、九歳年長の将軍宗尊は疎ましい存在となった。

時宗が連署に就任したこの年の十月、時宗の庶兄時輔が六波羅南方に赴任したのも、時宗を中心とする政権を構築していくための布石であった。六波羅探題ははじめ泰時・時房の両名が務め、泰時のあとを時氏、時房のあとを時盛が引き継いだ。泰時・時氏の宿所と時房・時盛の宿所は六条坊門小路を東に延長した小路をはさんで北南に相対したので、北の宿所を用いる探題を北方、南の宿所を用いる探題を南方と称した（図２-９）。北方の時氏が寛喜二年（一二三〇）に鎌倉に下った際にはそれに先んじて重時が上洛して交替したが、仁治三年（一二四二）に南方

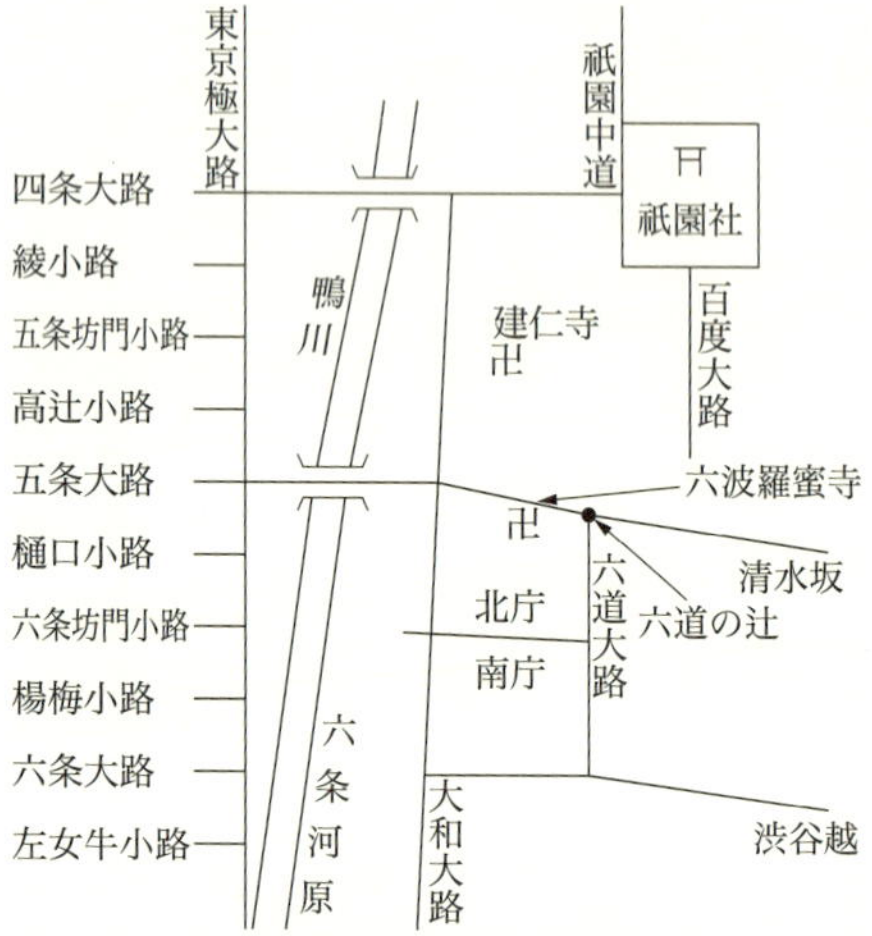

図 2-9　六波羅周辺の概念図

の時盛が出家した後に東下すると、その替わりは置かれず、北方の重時が単独で執務した。二十二年ぶりの南方に時輔が任命されたのは、時輔の処遇のためであったと思われる。六波羅探題はもちろん要職であるけれども、時輔は南方として北方時茂の下位にあり、これまで単独で執務してきた時茂がその権限の半分を時輔に譲渡するようなことはなかったであろう。時輔の南方は、建前は要職でも実際には閑職であったと思われる。時輔を六波羅に派遣したのは、六波羅の執務にそれが求められたからではなく、時輔を鎌倉から遠ざけ、時宗と競合することを避けるためであったと考えられる。

　ついでにいえば、政村が時宗を支える立場で執権に就任したのは、隔世の感がある。政村といえば、かつて義時死後の執権の地位をめぐって泰時と争った人物である。政村と泰時との関係は時宗と時輔との関係に対比される。時宗が時輔よりも後に生まれたにもかかわらず正室腹であることにより嫡子に立てられたが、同じ原理が泰時と政村との関係にも適用されていれば、政村が義時の家督を継承して執権に就任していてもよかった。あの時、政村が執権になっていれば、政村の子孫が得宗家になったのであり、泰時の子孫は傍流に転じていたはずである。早くに父を亡くしていた経時・時頼は世に出ることがなかったかもしれない。時がめぐり、政村は六十歳で執権に就任したけれども、得宗を継承したわけではない。得宗はあくまでも時宗であり、政村はあくまで、時宗が執権に就任するまでの中継ぎであった。

将軍宗尊の失意

文永三年（一二六六）に将軍宗尊が京に送還されることになったのは、御息所《みやすんどころ》の密通事件がきっかけだった。宗尊の御息所は前摂政近衛兼経の娘宰子《さいし》であるが、母は九条道家の娘仁子である。仁子は四代将軍頼経と父母を同じくする。宰子は正元《しょうげん》二年（一二六〇）に関東に下り、時頼の猶子として宗尊と結婚した。婚姻の儀も時頼の最明寺邸において行われている。そして文永元年（一二六四）に若宮惟康《これやす》が誕生した。宰子の密通の相手とされた松殿《まつどの》僧正良基《りょうき》は松殿基房《もとふさ》の孫である。基房は近衛基実《もとざね》・九条兼実の兄弟にあたり（七三頁、図2-6参照）、基実の死後、摂政・関白の職を継いだが、木曽義仲と結んだために義仲の没落とともに失脚し、松殿家は摂関家から脱落した。良基は貞応二年（一二二三）にはすでに鎌倉に姿をみせており、その頃から幕府において護持僧の役割を務めていたものと思われる。

文永三年三月六日、宗尊は側近の木工権頭藤原親家《ちかいえ》を内々の使として上洛させた。六月五日に鎌倉に戻った親家は、後嵯峨上皇の内々の諷詞《ふうし》を伝えたが、御息所に関するものであったという。この後、鎌倉中が騒動となり、宗尊が謀反の嫌疑により京に送還されることになる。どうしてそういうことになったのかがわかりにくいが、想像するに、宗尊は、御息所を離縁するような強硬な措置をとろうとして父の後嵯峨上皇に相談したのであるが、上皇はそれを好まなかったのではないか。幕府のほうからしても、宗尊の行動は執権・連署等との相談なしの独走であり、宗尊は孤立してしまったのではないか。

宗尊の使を務めた親家が鎌倉に戻った後の六月二十日、時宗邸に執権政村、金沢実時、安達泰盛が集まり秘密の会合を持ったが、この席で、宗尊を京に送還し、三歳になる若宮惟康を次の将軍に戴くことが決められたのであろう。宗尊は七月二十日に入洛したが、翌二十一日、幕府からの使節として二階堂行忠《ゆきただ》と安達時盛《ときもり》が京に入り、二十二日関東申次西園寺実氏に面会して、惟康を将軍とすることを申し入れた。惟康は二十四日の小除目により征夷大将軍に補せられた。

二月騒動

文永五年（一二六八）、モンゴルからの国書到来により防備体制を固めることを期した幕府では、執権政村が連署に下がり、連署時宗を執権に上げた。時宗はすでに十八歳、政村はもう六十四歳になっていた。

その四年後の文永九年二月十一日、名越時章《なごえときあき》・教時《のりとき》兄弟が討たれ、その後に時章に罪はなかったとして、討手を務めた大蔵次郎左衛門尉以下五名が処刑された。教時に対する討手については、賞罰ともに行われなかった。時章に対する追討は誤りだったとされたわけで、その上で、今後については、追討されるべき者に対してであっても、追討使が命令を受けて向かう前に、ほかの者が先んじて向かったならば重罰に処すべきことを御家人に周知すべきことが発令された。

この命令は、本来ならば両執権が連署すべき様式の文書に政村が単独で署名し、時宗を宛所として伝えられている。執権は侍所別当を兼ねているから、侍所別当としての時宗に御家人統制を厳正に行うことが求められたことになる。政村は大蔵次郎左衛門尉らが正式の追討使であることを認めた上で、この正式な追討使が向かう以前にほかの者が向かったことを問題にしたと解釈するのがふつうであろうが、ひょっとすると、正式な追討使が向かう以前に向かったほかの者と政村が言うのは大蔵次郎左衛門尉らであったのかもしれない。つまり大蔵次郎左衛門尉らに時章を討つことを命じたのは時宗その人であったのかもしれない。とすると、政村の時宗宛て文書は、本当のところは時章を討ったこと自体をたしなめるものであったが、得宗であり執権でもある時宗に疵をつけないために、表向きは侍所別当としての時宗に御家人統制を厳正に行うことを求めるというかたちにしたのではないか。

名越時章は朝時の子息で光時の弟、時幸の兄であるが、寛元四年(一二四六)に時幸が自害し、光時が流罪になった時も、時章は野心を持たないことを弁明して許された。その後評定衆に加わり、三番、二番、一番と担当引付を順に繰り上げて頭人を務めた。時頼が亡くなった時には出家している。名越家は得宗家と競合する家とみなされていたが、時章自身は時頼・時宗に実直に仕えていたといってよい。ただし弟の教時のほうは、将軍宗尊が京に送還される際に、甲冑を着した数十騎の軍兵を率いて薬師堂谷の本邸を出て塔辻の宿所に入るという行動をとって時宗に制されるということがあった。実直な時章に比べれば血気盛んなところがあったのであろう。それでも文永九年二月に教時に謀反の動きがあったというわけではない。

鎌倉で名越時章・教時が討たれてから四日後の十五日、京都で六波羅南方の北条時輔が北方の北条義宗《よしむね》に討たれた。京・鎌倉間の連絡は最短で四日であるから、おそらく時章・教時に対する討手が命じられるのと同時に、六波羅北方の義宗に対しても時輔を討つことが指令されたのだと思われる。十五日の早暁に鎌倉からの早馬が着き、間もなく合戦となり、火がかけられ、多くの者が討死し、あるいは焼死した。ただし時輔は追討を逃れて吉野の奥に姿を隠したという説が当時からある。その頃、後嵯峨法皇は終焉を迎えようとして、すでに亀山殿の寿量院に入っていたが、六波羅の合戦は洛西のこの地にも報ぜられ、六波羅の火災による煙を遠望できたらしい。

六波羅では北方の時茂が文永七年正月に亡くなった後、ただちには後任が決められず、南方の時輔が単独で執務したが、文永八年十二月に義宗が着任した（鎌倉を発ったのは前月末）。義宗は故執権長時の嫡子であるが、六波羅着任時には十九歳で時輔よりも五歳年少であった。二十四歳で血気盛んな時輔が二年近く単独で執務した後に十九歳の義宗を上位にいただくことになって、面白くはなかったであろう。時輔が面白く思わなかった以上に、時輔が面白く思わないであろうと、鎌倉の幕閣が思ったのかもしれない。文永八年十一月の人事自体が、時輔の執務をとどめる意図に

図 2-10　高野山の町石（百五十九町）

よるものであったが、さらに三か月後、時輔の命までとることが指令されたのである。

この頃、高野山では参道に一町ごとの道標(これを「町石《ちょういし》」と呼んでいる)を建立する勧進が行われていたが、時宗の妻の兄にあたり、当時五番引付頭人を務めていた安達泰盛は、この勧進にこたえて、この年六月五日付けで、百五十八町・百五十九町の町石を建立している。その旨趣として、この年二月十一日・十五日の関東・洛陽の交戦の場で夭死した者たちの菩提《ぼだい》を弔うためであることが刻印されている(図2-10)。

文永九年二月十一日・十五日の事件は「二月騒動」と呼ばれるが、この事件は現実に時章・教時・時輔らによる謀反の計画があったというよりも、謀反の幻影におびえた時宗らによってひきおこされたとみるべきだと思われる。時宗が幻影におびえたのは、直接には三十年を超えて朝廷に君臨してきた後嵯峨法皇が終焉を迎えていた不安によったであろうが、さらには文永五年の国書到来以来のモンゴルの脅威にもよったと思われる。

第三章　モンゴル戦争

1　鎌倉時代の対外関係

入宋する僧、渡来する僧

鎌倉文化の代表例として、建築でいえば東大寺南大門、彫刻でいえば同門の金剛力士像をあげることに異論はないと思われるが、いずれも治承・寿永の乱により焼失した東大寺の再建事業によって産み出されたものである。「再建」であるのに新しい時代の文化が産み出されたというのは、つまり「再建」というのが、以前あって喪われたものを元通りに忠実に復元することではなく、時代の流行に合わせた様式で作り直すことであったからである。

建築については大仏様《よう》とも称される新様式は大陸の影響を受けたもので、対外的文化交流の産物であるが、実際、東大寺再建事業を勧進上人《かんじんしょうにん》として主導した重源《ちょうげん》は三度入宋《にっそう》したと称していたし、重源の次の勧進上人として東大寺再建事業を引き継いだ栄西《えいさい》も二度の入宋経験を有した。そもそも重源と栄西は四明《しめい》(現在の寧波《ニンボー》の近郊)で出会ったのであった。栄西は臨済《りんざい》宗と喫茶の習慣を宋から伝えたことでも知られ、博多に聖福《しょうふく》寺を建立し、鎌倉では寿福《じゅふく》寺の住持を務め、さらに二代将軍頼家の外護《げご》により京に建仁《けんにん》寺を創建した。

そのほか、栄西のあと東大寺の勧進上人となった退耕行勇《たいこうぎょうゆう》が元暦《げんりゃく》元年（一一八四）から文治《ぶんじ》四年（一一八八）の間、北京律《ほっきょうりつ》をおこし泉涌《せんにゅう》寺を再興した俊芿《しゅんじょう》が正治《しょうじ》元年（一一九九）から建暦《けんりゃく》元年（一二一一）の間、曹洞《そうとう》宗を伝え永平《えいへい》寺を開いた道元《どうげん》が貞応《じょうおう》二年（一二二三）から安貞《あんてい》二年（一二二八）の間、博多承天《じょうてん》寺と京都東福《とうふく》寺の開山となった円爾《えんに》が嘉禎《かてい》元年（一二三五）から仁治《にんじ》二年（一二四一）の間、紀伊国由良《ゆら》の興国《こうこく》寺の開山となった心地覚心《しんちかくしん》が建長《けんちょう》元年（一二四九）から同六年の間、入宋している。一方、宋僧蘭渓道隆《らんけいどうりゅう》は日本に禅を広めることを自ら志し、寛元《かんげん》四年（一二四六）に渡来した。のちに執権時頼の建立した建長寺の住持に招かれ、弘安《こうあん》元年（一二七八）同寺において示寂《じじゃく》した。榎本渉氏は南宋・元代中国（一一二七年～一三六八年正月）と日本を往来した僧侶（入宋・入元の日本僧と来日した外国僧）の伝記を網羅的にまとめているが、その数は百七人にのぼる（『南宋・元代日中渡航僧伝記集成』）。

博多の海商

一昔前の入唐僧であれば遣唐使に随行して渡海したのであるが、この時代の入宋僧・渡来僧の渡海の便は、東シナ海上を往反する海商《かいしょう》たちによっていた。その通交圏の一端に位置する博多には、海外から来た海商も多く居住していた。明末に寧波に創設された私設図書館である天一閣《てんいっかく》に蒐集された石碑のうちに、乾道《けんどう》三年（一一六七）の年号を持つ一

図3-1　博多宋人刻石のうちの1枚．張公意のもの

枚の石碑がある（図3-1）。これらはある寺院（おそらく寧波近在の）の参道を舗装するために十貫文を寄進することを記したものであるが、寄進者の名は「日本国《にほんこく》太宰府《だざいふ》博多津《はかたのつ》居住《きょじゅう》弟子《でし》丁淵《ていえん》」「日本国太宰府居住弟子張寧《ちょうねい》」「建州《けんしゅう》普城県《ふじょうけん》寄《き》日本国孝《こう》男《だん》張公意《ちょうこうい》」である。三番目の張公意は建州普城県を本貫として日本に一時滞在の形をとっているのであろうが、一番目の丁淵と二番目の張寧はすでに博多を本拠地としていたように思われる。

重源のもとで東大寺大仏の鋳造にあたった陳和卿《ちんなけい》はそうした海商の一人であった。鋳造・造船・建築等に関する技術を有し、たびたび日本を訪れていた陳和卿は、たまたま船が破損して帰れなくなっていたところを重源に見出され、大仏の鋳造に起用されたのである。後には鎌倉に下って将軍実朝に会い、実朝に医王《いおう》山（寧波近在の阿育王《あいくおう》寺、図3-2）参拝を発願させ、渡海のための唐船を建造した。もっとも唐船の建造された由比浦《ゆいのうら》（二四九頁、図6-8参照）は遠浅の浜で、唐船を浮かべることに失敗し、実朝の渡海も立ち消えになったのであったが。陳和卿は伊賀国山田郡有丸《ありまる》・広瀬・阿波杣山《そまやま》（現、三重県伊賀市）、播磨国大部荘《おおべのしょう》（現、兵庫県小野市）、周防国宮野荘《みやののしょう》（現、山口県山口市）等を知行している。

また円爾のために承天寺を建造し、また円爾の要請にこたえて径山《きんざん》寺復興のために材木一千板を送った謝国明《しゃこくめい》も博多を本拠とする海商であった。謝国明は宗像《むなかた》社領筑前《ちくぜん》国小呂島《おろのしま》（現、福岡県福岡市）の地頭職の知行を主張している。

図 3-2　寧波の阿育王寺舎利殿

建保六年（一二一八）頃、博多で、筥崎宮《はこざきぐう》（現、福岡市）の留守相模《さがみ》寺主行遍《ぎょうへん》とその子息左近将《さこんのしょう》監《げん》光助《みつすけ》によって宋商張光安《ちょうこうあん》が殺害される事件が起きた。張光安は伯耆《ほうき》大山《だいせん》寺の神人《じにん》として通事・船頭を務めていたので、大山寺の本山である延暦寺は、石清水《いわしみず》権別当で筥崎宮検校《けんぎょう》を兼ねる宗清《そうせい》を召し賜り、殺害の地である博多津と筥崎宮を山門領となすことを朝廷に訴えた。朝廷は下手人の禁獄には応じたものの、宗清の科罪と博多・筥崎宮の山門領化は拒否したので、山門衆徒は同年九月二十一日、日吉・祇園・北野の神輿《しんよ》を頂戴して入洛し、三塔諸堂、日吉・祇園・北野以下末寺末社の門を閉ざし、嗷訴《ごうそ》に及んだ。騒動は月をまたぎ、十月十二日に天台座主が登山して衆徒を宥め、ようやく鎮静した。

この事件の本質は、貿易港である博多津の支配をめぐって山門延暦寺と石清水八幡宮が争ったことであり、権門寺院が貿易になみなみならぬ関心を寄せていたことを示している。山門は宋商を末寺大山寺の神人に組織していたが、伯耆大山寺もまた対外交流の環境のなかにあった。栄西は二十七歳の時に大山寺の基好《きこう》上人のもとで修行したが、たまたまそこで唐本法華経《とうほんほけきょう》に出会ったことで入宋の志をいだいたのであった。栄西の著『興禅護国論《こうぜんごこくろん》』に付された「未来記」は、杭州霊隠寺《れいいんじ》の仏海禅師慧遠《えおん》が自身の入滅二十年後に禅が日本に伝わることを予言したのが、栄西の帰国に相当するとし、栄西も自身の入滅五十年後に禅宗の興隆することを予言したものである。栄西の予言の前提となる慧遠の予言は、建久八年(一一九七)八月二十三日に博多津の張国安《ちょうこくあん》なる者が栄西に伝えたものであった。張国安は、あるいは後に筥崎宮留守に殺害される張光安の関係者かもしれない。

初期倭寇

一二二七年、高麗国全羅州道按察使《こうらいこくぜんらしゅうどうあんさつし》は日本国惣官大宰府に牒状《ちょうじょう》を送り、前年六月に対馬島人が金海府《きんかいふ》(金州)に侵寇《しんこう》したことを伝え、進奉《しんぽう》礼制が守られず、多くの船が常に往来し、悪事を働いている状況についての回答を求めた。進奉礼制とは高麗が倭人の来航を規制するもので、年に一度、船は二艘までという規定であったが、その制限を超えて倭人が来航し、高麗から見て不法とみなされる行為もあった。牒状のなかには「金海府は対馬人もと住依するところの処」とも記されているので、博多に外国の海商が寄住しているのと同様に、朝鮮半島海辺の港津に倭人の海商が寄住することもあったのであろう。彼らの不法行為が「倭《わ》寇《こう》」と認識されるようになった。

高麗からの牒状を受け取った大宰府守護人武《む》藤資頼《とうすけより》は悪徒九十人を捕え、使節の面前で斬首し、賊船の侵寇を謝し修好互市《ごし》を請う書を高麗に送った。資頼は前年大宰少弐《しように》に任ぜられていたし、この後資頼の子孫は代々この官職に任ぜられ、やがて少弐を家名とするようになっていくけれども、資頼が高麗からの牒状に対応したのは、律令官制上の大宰少弐であったからではなく、幕府職制上の大宰府守護人であったからである。幕府は、国ごとに守護人を置いて国衙を掌握したのと同様、大宰府にも守護人を置き、大友氏とならんで鎮西奉行の職にある武藤氏がこの職掌を管轄した。武藤氏が代々大宰少弐に任ぜられることになるのは大宰府守護人の表象としてであるけれども、大宰府を掌握する武藤氏の権原は、あくまでも守護人たることにある。

資頼は高麗からの牒状に独断で対応した後に、牒状の正文を幕府に、案文を朝廷に送った。朝廷では、大宰府の府官（朝廷の認識では資頼はこうとらえられる）が独断で牒状を開封し返牒したことを奇怪とし、牒状の内容は無礼であり、その牒状に返牒したことを「我朝の恥」とする意見があった。異国からの牒状にどう対応するかについて、当時から南北朝期までずっと議論されているが、大宰少弐(大宰府守護人を朝廷はこう認識する)が武将の命を受けて返牒を遣わす例や少弐が私に遣わす例があげられていて、朝廷ないしは幕府が正式に対応することは忌避されている。言い換えれば、朝廷・幕府が外国との正式な国交を避けている間隙をついて、外国と接触する最前線にいる武藤氏が私的に交渉し、修好互市を求めているのである。

2 文永・弘安の役

モンゴルの日本招諭

一二〇六年にチンギス・カンが即位したモンゴル帝国は、一二一一年から金《きん》に侵攻した。金は一二一四年に南遷したが、一二三四年に滅亡した。モンゴルはまた一二三一年から高麗に侵攻した。高麗は国王が開京《かいきょう》(ケギョン)から江華島《こうかとう》(カンファド)に移って抵抗したが、一二五八年に屈服し、翌年太子をモンゴルに入朝させた。一二六〇年に帰国した太子は国王に即位した。元宗《げんそう》である。

モンゴルの南宋に対する侵攻は金が滅亡した翌年の一二三五年にはじまるが、一二五九年第四代皇帝モンケが親征中に急逝した。モンケの後継をめぐって内紛が五年つづいたが、第五代皇帝クビライはその内紛を制すると、日本に対して通交親睦を求める国書を送った。

至元《しげん》三年(一二六六)八月の日付を持つモンゴルの国書が大宰府にもたらされたのは文永《ぶんえい》五年(一二六八)正月のことだった。国書が届くのに一年半もかかったのは、国信使に任ぜられたヒズル(黒的《こくてき》)らが最初、朝鮮半島南岸の巨済島《きょさいとう》(コジェド)まで行きながら渡海せず引き返したからである。クビライ帝はヒズルらに改めて使命の遂行を命じたが、ヒズルらは高麗まで赴いてそこにとどまり、モンゴルの国書は高麗の国書を添えて、高麗使潘阜《はんぷ》が日本に届けることになった。潘阜が渡海してモンゴル・高麗の国書を大宰府に届けたのが文永五年正月なのである。

モンゴル・高麗の国書は、大宰府守護人武藤資能《すけよし》によって鎌倉に届けられた。資能は資頼の子である。幕府は国書を朝廷に送ったが、結局返牒は作成されなかった。

潘阜は使命を果たせないまま七月に帰国したが、高麗国王は潘阜をモンゴルに送って顚末を報告させた。報告を受けたクビライ帝はただちに三度目の遣使を命じたので、ヒズル・潘阜らは一二六九年三月対馬に渡った。対馬では国書は受理されず、紛争となったので、モンゴル・高麗の使節は島民二人を捕えて帰国した。

『元史』に塔二郎・弥二郎という名を記録されている島民二人はクビライ帝のもとに送られ

たが、クビライ帝はこれを歓待し、宮殿等を見学させたのちに送還した。

対馬島民を送還するためにモンゴルはウルダイを使として派遣し、大蒙古国《だいもうここく》皇帝洪福裏中書《こうふくりちゅうしょ》省牒《しょうちょう》を持たせた。モンゴルの使節と文書を迎えた高麗は、これを日本に送るために金有成《きんゆうせい》らを使節として派遣し、高麗国慶尚晋安東道《けいしょうしんあんとうどう》按察使牒を持たせた。大蒙古国皇帝洪福裏中書省牒は日本国王を宛所としていたが、高麗国慶尚晋安東道按察使牒は日本国大宰府守護所を宛所としていた。大宰府が幕府所管の守護人の支配下にある事情を高麗は正確に認識していたのである。金有成は文永六年(一二六九)九月十七日の申刻に対馬島伊奈浦《いなうら》に着岸し、そのことについて大宰府は二十四日付けで報告書を作成した。おそらくは大宰府守護所から幕府を経由して朝廷に報告が届くと、朝廷では返牒を作成することになり、菅原長成《ながなり》に起草させた。大蒙古国皇帝洪福裏中書省牒と高麗国慶尚晋安東道按察使牒に対する返牒であるので、前者に対しては日本国太政官牒が文永七年正月付けで、後者に対しては日本国大宰府守護所牒が同年二月付けで作成されたが、いずれも長成の起草になるものであった。世尊寺経朝《せそんじつねとも》が清書したともいわれる返牒二通は幕府に送付されたが、結局返牒はされなかった。日本からの返牒案の本文は『本朝文集』に収録されたものが以前から知られていたが、モンゴル・高麗の文書も含む四通全部が『異国出契』に収録されていることが、最近紹介された(張東翼「一二六九年「大蒙古国」中書省の牒と日本側の対応」)。

三別抄の乱と日本の対応

高麗は一二三二年以来江華島を都としていたが、一二七〇年二月、モンゴルに入朝中の元宗は、江華島に拠る武臣の抵抗を排除して開京への還都を実現するためにモンゴル軍の助力を得ることを奏請した。クビライ帝はこれをゆるし、元宗はモンゴル軍とともに帰国の途についた。江華島ではこれまでモンゴルに対する抵抗戦でしばしば活躍してきた部隊である三別抄《さんべつしょう》が還都に随わない姿勢を示したので、五月末に開京に入った元宗は三別抄の解散を命じた。ところが三別抄はこれに従わず、王族の一人を擁して江華島を出て、半島西岸を南下し、西南端沖合の珍島(チンド)に入り、モンゴルに対する抵抗の拠点とした。

三別抄の反乱が始まったのと同じ一二七〇年の十一月、モンゴルは高麗に屯田経略司《とんでんけいりゃくし》を置くことを決めた。屯田経略司は日本遠征を目的としてモンゴル軍六千をその配下に置くものであった。また十二月には女真《じょしん》人趙良弼《ちょうりょうひつ》を国信使に任じた。年を越した正月、趙良弼は洪茶丘《こうちゃきゅう》らの軍人を伴って高麗国都に到着し、今回の国信使の派遣については、洪茶丘らが兵を率いて海上まで国信使を送り、国信使の戻るまで、発船地である金州に駐屯させるというクビライ帝の命を伝えた。しかし三別抄が珍島を拠点に抵抗を続けている間、国信使趙良弼は渡海することができなかった。

一二七一年三月、ヒンド（漢字では忻都《きんと》とも忽敦《こつとん》ともあてる）が屯田経略司の長官として高麗に赴任したが、三別抄が日本招諭の妨げになっていることから、まず珍島の三別抄を攻撃することになり、ヒンドの屯田軍と洪茶丘の軍がこれにあてられ、さらに金方慶《きんほうけい》が高麗軍を率いてこれに加わることになった。五月、モンゴル軍と高麗軍の総攻撃により、珍島の三別抄は敗退し、その残党は耽羅《たんら》（済州島《さいしゅう》〈チェジュド〉）に逃れた。

文永八年（一二七一）九月二日、幕府の使節が高麗の牒状を持参し関東中次西園寺実兼《さねかね》を訪れた。実兼はただちに後嵯峨法皇の御所に参上して報告した。翌日から牒状をめぐり評議が行われたが、今度の牒状が文永五年到来の牒状と調子を異にするのに不審が持たれた。以前の牒状はモンゴルの徳を称揚していたのに、今度の牒状はモンゴルを蔑み、敵意を示しているのである。また江華島に移って四十年近く抵抗しつづけてきたが、さらに珍島に遷都したとも書かれている。「珍島に遷都」と書かれていたことで、われわれはこれが国王元宗からのものではなく、珍島の三別抄からの牒状であったことを知ることができる。三別抄が総攻撃を受け、珍島から敗退する以前に日本に救援を求めて送った牒状が、届いたのである。

日本の朝廷・幕府が牒状を三別抄からのものと確実に認識できたかどうか不明であるが、これによりモンゴル襲来の危険を察知し、防備の対策をとることになった。九月十三日、幕府は鎮西に所領を有する御家人に対して、その所領に下向して各国の守護の指揮に従って異国に対する防御に努めるとともに、領内の悪党を鎮圧することを命じているが、その命令書は「蒙古人襲来すべきのよし、その聞こえあり」と書き出されている。異国襲来に対する警固のために編成された番役は、「異国警固番役」と呼ばれるようになる。

迫りくる危機

御家人にこの命令が出された前日、日蓮《にちれん》が捕えられ、佐渡に流罪となった。日蓮は以前、北条時頼に『立正安国論』を献上し、近年の天変地異・飢饉・疫病の根源は人々が仏教の正しい教えに従っていないことにあり、その対策を怠るならば、他国の侵略を受ける難と国内に反逆の起こる難が起きることを予言した。モンゴル襲来の危機が迫ったことは、日蓮にすれば予言が的中したことになるが、為政者からすれば、モンゴル襲来の脅威を予言の的中と認めることは、まさに政治に誤りがあったことを認めることにほかならない。日蓮が予言の的中を喧伝するならば、むしろそのことのほうを社会不安を煽るものとして弾圧しなければならなかった。

この頃、金州を船出して筑前今津《いまづ》（現、福岡市）に着岸した国信使趙良弼は、九月十九日に大宰府に至り、大宰府守護人武藤資能に会い、国書を国王・将軍に直接届けることを求めた。しかし資能はこれを認めなかったので、趙は国書の正本は渡さず、新たに副本を作成してこれを資能に渡した。資能はこの副本を鎌倉の幕府に届け、幕府の使節がこれを朝廷に届けるために関東申次西園寺実兼邸に向かったのが十月二十三日であった。今回の国書は返牒の期限を十一月とし、それを過ぎたら兵船を差し向けることをうたっていた。朝廷では以前菅原長成が起草したものに手を入れて返牒することを議したが、結局、返牒は出されなかった。趙良弼は返牒を得ることができず、そのかわりに日本人十二人を連れて、翌一二七二年正月十三日に合浦《がっぽ》(ハッポ)に着岸した。

この間の一二七一年十一月、モンゴルは国号を「大元《だいげん》」と定めたので、今後はクビライ帝のことを中国風の廟号によって「世祖《せいそ》」と呼ぶことにする。

さて、高麗は趙良弼が連れてきた日本人十二人を「日本使」と称して元に送った(十二人は『高麗史』の記す人数であり、『元史』のほうは二十六人と記している)が、世祖はこれが偽使であることを疑い、謁見を許さなかった。日本人は元から高麗に、高麗から日本に戻された。この間、趙良弼は元に戻ることなく高麗にとどまり、一二七二年十二月に入って再度、日本招諭のために渡海し、国都に入ることを期したが、今回も使命を果たせず、翌年三月に高麗に戻り、五月(ないし六月)には元に復命して、日本の君臣の爵号、州郡の名数、風俗習慣について詳しく報告した。

趙良弼が交渉による日本招諭を果たせず、日本を去って元に戻る途中にあった一二七三年三月、ヒンド・洪茶丘の率いる元軍と金方慶の率いる高麗軍が耽羅を攻め、三別抄を滅ぼした。三別抄は珍島から耽羅に移った後も、しばしば半島に出撃して活動していたから、三別抄を滅ぼさないうちは、元が日本に出兵することはむずかしかった。しかし、一方では三別抄が滅亡し、他方では趙良弼の交渉が成果をみなかったことで、元の日本出兵は避けられなくなった。

進む征討の準備

一二六八年に高麗が、日本から戻った使節潘阜を報告のためにモンゴルに送ったころから、モンゴルは高麗に対して、兵一万を用意し、船一千艘を建造することを命じていた。ただしこの時点で兵船の用途は特定されておらず、南宋のためか日本のためかのいずれかとされていた。

一二七三年の夏から秋にかけて、国信使趙良弼が復命し、耽羅の三別抄を滅ぼしたヒンド・洪茶丘が凱旋し、高麗の将金方慶もまた召喚されたところで、世祖は日本征討を実行に移すことを決めたものと思われる。翌年一月、洪茶丘が監督造船官軍民総官として戦艦三百艘の建造を監督するために高麗に来たり、金方慶もまた東南道都督使に任ぜられて全羅・耽羅両所における戦艦三百艘の建造にあたった。南宋様式による建造では間に合わないので、高麗様式により建造することにしたのである。造船に従事する工匠・役徒を徴集するために諸道に使節が派遣され、三万五百名が集められ、造船所に派遣された。

日本征討の準備が進む中、高麗国王元宗は一二七四年六月に亡くなり、元の皇女の婿(駙馬《ふば》という)となっていた世子が帰国して即位した。忠烈王《ちゅうれつ》である。金方慶と洪茶丘は半島南端の合浦にあって征討の準備を進めていたが、訃報を聞いて上京して弔意を述べた後、ただちに合浦に戻った。

文永の役の実相

八月、ヒンドが日本征討都元帥として高麗に来た。そして十月三日、都元帥ヒンド、副元帥洪茶丘・劉復亨《りゅうふくこう》が率いる元軍と、金方慶が中軍を率い左軍・右軍をあわせて三翼からなる高麗軍は合浦を出港した。この遠征の顚末を最近の服部英雄氏の研究を参考にして見ていくことにしよう(図3-3)。

まず遠征軍の数についてであるが、『元史』外夷伝日本、至元十一年(一二七四)三月の記事に「千料舟・抜都《バトル》魯軽疾舟・汲水小舟各三百共九百艘をもって士卒一万五千を載せ」とあることについて、服部氏は、抜都魯軽疾舟と汲水小舟は上陸時に用いられるもので航海時には母船(千料舟)に搭載されるものだとする。そして母船三百艘で士卒一万五千人を運ぶのであるから一艘あたりでは五十人、他の史料により一艘あたり必要な船員の数は六十人と割り出す。さら

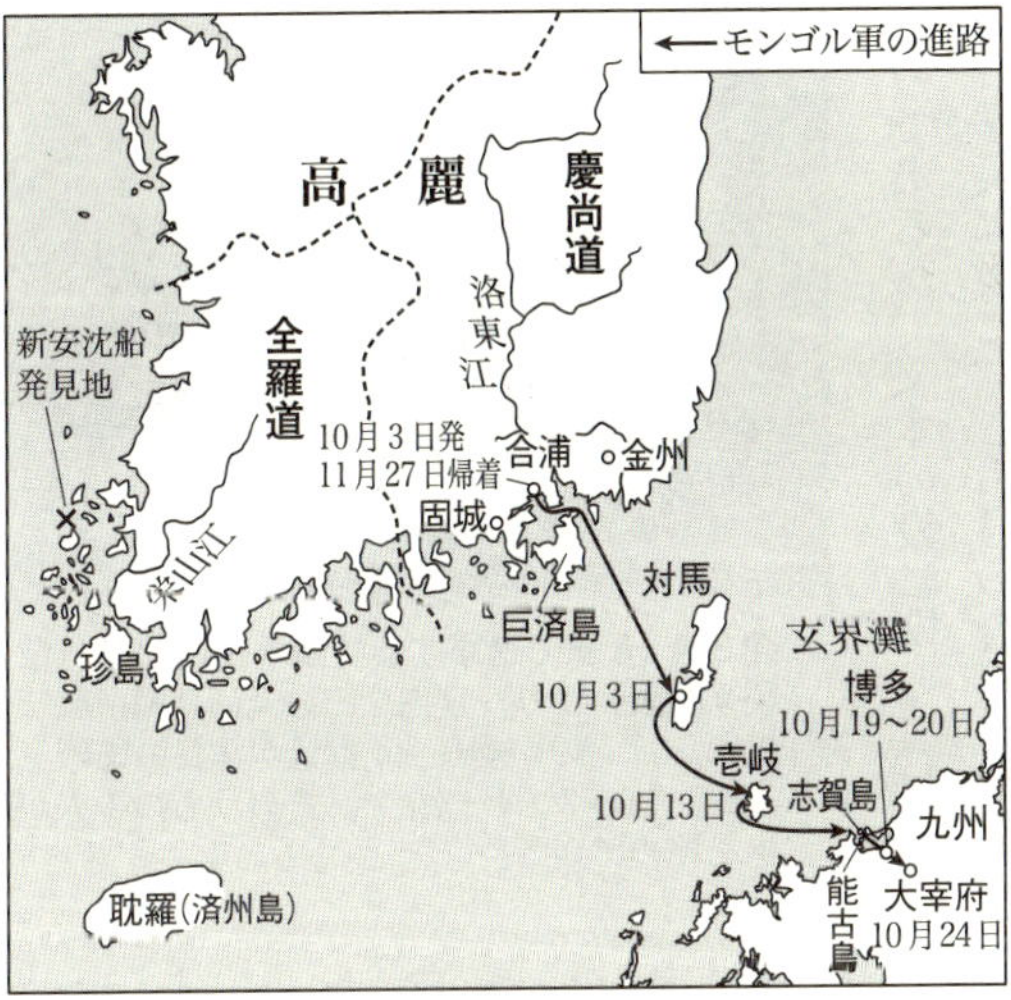

図3-3　文永の役(1274年)関係地図

に船員の総数が六千七百人であったという史料と大船百二十六艘分の船員数を確保できなかったという史料があることから、大船三百艘を用意する計画だったところが百二十六艘しか調達できず、船員六千七百人で動かせる大船の数は百十二艘だから、乗船できた士卒の数は五千六百人であるという。計算に若干の幅を持たせれば、抜都魯軽疾舟と汲水小舟を搭載した千料舟が百十二〜百二十六艘、それを動かした船員数が六千七百人、それに乗り込んだ士卒が五千六百〜六千三百人程度ということになる。

十月三日に合浦を出航した遠征軍はその日のうちに対馬に到着したはずだと服部氏はいう。そして五日にかけて対馬を制圧し、十三日に壱岐《いき》に渡った。十九日深夜から二十日にかけて博多湾岸に上陸した。従来は博多湾岸における元・高麗軍と日本軍の戦闘は二十日一日だけで、二十日の夜に遠征軍は撤退したと考えられてきたけれども、服部氏はなお数日戦闘が継続したと考える。たしかに服部氏があげているように、二十四日に大宰府において戦闘があり、元・高麗軍の側が敗退したとする史料がある。元・高麗軍が合浦に帰着したのは十一月二十七日であった。服部氏は十月末に撤退をはじめ、一か月弱をかけて戻ったと考えている。

『蒙古《もうこ》襲来絵詞《えことば》』は肥後国御家人竹崎季長《たけざきすえなが》が絵師に依頼して自己の経験を絵画と詞書によって遺したものであるが、文永の役に関しては、十月二十日の博多湾合戦における季長の奮戦を描いている。季長は後に、この日の合戦で先駆けした功績が大将少弐景資《かげすけ》の引付の一番に記されたことを述べている。また季長は所領を喪いわずか五騎で参戦した（図3-4）が、同じ肥後の御家人の

図3-4　5騎で進軍する竹崎季長の部隊（『蒙古襲来絵詞』より，宮内庁三の丸尚蔵館所蔵）
先頭を行くのが季長．4番目が季長の姉婿三井資長．他の3人は郎党で，そのうちの1人が旗指を務めている．

ている。

菊池武房《たけふさ》は立派な鎧を身に着け、百余騎を率いて敵軍の陣を破り、首二つを取ったことを記している。

外交の拒絶と禅僧の招聘

東征軍撤退の報告を受けた世祖はただちに杜世忠《とせいちゅう》・何文著《かぶんちょ》らを使節として日本に派遣した。一二七五年二月九日に任命された使節は三月十日に高麗に至った。忠烈王は訳語《やくご》として徐賛《じょさん》を随行させ、さらに梢工《しょうこう》・水手《すいしゅ》三十人をつけて日本に送った。使節団は四月十五日に長門国の室津(現、山口県下関市)に着いたが、八月に高麗派遣の訳語を含む使節五人が関東に召し下され、九月七日、鎌倉の西の入口にあたる龍口《たつのくち》において斬首された。『鎌倉年代記』は杜世忠以下斬首された五人の使節について詳しく記しており、杜世忠は大元人、何文著は唐人、徐賛は高麗国人であるが、ほかの二人は回々国人・薫畏国《くんいこく》人であることや各人の年齢(三十二歳から三十八歳までの間であること)を記し、杜世忠・何文著・徐賛が処刑を前に残した漢詩も記録している。『鎌倉年代記』自体は鎌倉末期に編纂されたものであるが、元使が室津に着岸してから処刑されるまでの五か月間に彼らと交流した者がおり、その人物が残した記録が『鎌倉年代記』の編纂材料に用いられたものと思われる。

執権時宗自身、外交使節に対して強硬に臨む一方で、中国の文物と人物に対しては強い関心を抱いていた。弘安元年(一二七八)七月に建長寺の蘭渓道隆が亡くなると、時宗は蘭渓にかわる禅僧を改めて中国から招くことを計画する。十二月二十三日付けで蘭渓の弟子に宛てて、中国に渡海して禅僧を招聘することを依頼した書状が残っている。これにより翌年無学祖元《むがくそげん》が来日した。文永の役と弘安の役のはざまでの出来事である。

異国警固と出兵計画

元が杜世忠らの日本派遣を決めた頃、日本では異国警固番役について、筑前・肥後が春三か月、肥前・豊前が夏三か月、豊後・筑後が秋三か月、日向・大隅・薩摩が冬三か月を担当することが決められた。元使が処刑されたのは建治《けんじ》元年（一二七五）九月であるが、その九月・十月には元軍が再度襲来すること（それに該当する動きは元・高麗の側では確認できない）が警戒されて、防備が固められた。そのような厳戒態勢のなかで外交使節を殺害してしまったともいえる。

防備を固める一方で、高麗に出兵することも計画され、翌年三月を期して準備が進められた。建治元年十一月に金沢実政《かねさわさねまさ》が「異賊征伐」のために鎮西に下向したが、これは豊前守護に任ぜられた父実時の代官としてであった。実時の豊前守護職は武藤資能から交替したものであるが、この時、異国警固の要所となる諸国の守護が一斉に交替したと思われる。

九州では豊前守護職のほかに、筑後が大友頼泰《よりやす》から北条義政《よしまさ》に、肥後が武藤資能から安達泰盛に交替し、武藤資能には筑前・肥前二国、大友頼泰には豊後一国が残された。

関門海峡を扼《やく》する長門の守護は、評定衆で在鎌倉の二階堂行忠から時宗の弟宗頼《むねより》に替わり、宗頼は隣国周防の守護も兼帯して、現地に赴任した。以後、長門・周防両国守護職は北条一門の者が兼帯し、現地に赴任して軍事指揮にあたったので、長門探題と呼ばれることもある。また石見《いわみ》・伯耆・能登《のと》の守護も同時に交替したと思われるが、これら諸国は日本海に面して海防の要所とみなされたのであろう。このうち伯耆の新守護三浦頼連《よりつら》は安達泰盛の側近で、『大山寺縁起絵巻』には頼連（葦名《あしな》次郎左衛門）の守護着任について、「葦名次郎左衛門とておそろしきあらえひす、異国制罰の大将軍当国守護にて下しか」と記されている。

高麗出兵の用意として、徴発する兵員・兵器や梶取《かじとり》・水手の調査が行われ、梶取・水手については鎮西で不足する分を山陰・山陽・南海諸国からも徴発することとした。

博多湾に敵軍が上陸するのを阻むために、海岸沿いに石築地を築造することが計画された。建治二年三月十日に少弐経資《つねすけ》は石築地築造の所役を肥前国中の高麗に発向《はっこう》する輩以外のすべての地頭に賦課した。経資の父資能が健在であるので、肥前の守護正員は資能であったと思われるが、経資はすでに大宰少弐にも任ぜられており、父の職務を引き継いでいたのである。この時点で高麗出兵計画と石築地築造などの本土防衛計画は併行して進められていた。この年八月には、山陽・南海両道の守護に対して、所管の地頭御家人と本所一円地住人を動員して長門国

図3-5　石築地の前を進軍する竹崎季長(同前)
画面中央の騎馬武者が季長．季長の左手，石築地に座しているのが菊池武房である．

を警固することが指令されている。

石築地の築造は九州各国が地区を分担して進められ、建治三年正月までに一応竣工した(図3-5)。これ以後、異国警固番役については、石築地の地区ごとに、その地区の築造を担当した国が警固も担当することになった。

高麗出兵に関しては、幕府による組織的な出兵は行われなかったようである。しかし高麗側の記録によると、一二八〇年五月に倭賊が慶尚道の固城《こじょう》(コソン)の漆浦《しっぽ》および同道の合浦に寇して漁者をとらえ、これに対して高麗は、慶尚・全羅両道の防備を固めるとともに、元にこのことを報告した。

弘安の役

元は日本に対する招諭・攻略を進めるのに併行して、南宋の攻略も進めていたが、一二七六年に南宋の首都臨安《りんあん》(現、杭州)を落とし、一二七九年には南宋の皇室を滅ぼした。

その一二七九年の八月(七月とする史料もある)、四年前に元使を日本に送るために派遣された梢工らのうち殺害をまぬがれた四人が高麗に逃げ帰り、元からの使節と高麗が派遣した訳語の全員が殺害された顚末を報告した。高麗国王はこれを元に報告する使節を送り、生還した梢工らもこれに伴わしめた。翌年二月に国使殺害の報は元の宮廷の知るところとなり、征東元帥ヒンド・洪茶丘らはみずから出陣して日本を討つことを願い出た。

この年つまり一二八〇年八月、高麗の忠烈王は元の世祖に謁見したが、その際に、ヒンドと洪茶丘それに南宋の降将范文虎《はんぶんこ》とも会して、日本再征討の段取りについて、ヒンド・洪茶丘が元・高麗・漢人四万を率いて合浦を発し、范文虎は蛮軍十万を率いて江南を発し、壱岐島で合流した上、日本本土を攻略することを約諾した。前者を東路軍、後者を江南軍と呼んでいる。

高麗は東路軍派遣のために、兵船九百艘、梢工・水手一万八千名、正軍一万名、兵糧一一万石を用意することを予定した。兵船九百艘のうち母船は三百艘で、それを運航するのに必要な梢工・水手が一万八千名だとすると、一艘あたりでは六十名となり、文永の役の際の母船と同規模であることになる。文永の役ではこの規模の母船に士卒五十名を乗せる計画であったが、同様の計画で三百艘ならば、一万五千名を乗せることが可能である。上記の正軍一万名というのは、高麗自身が派遣する士卒の数で、残り五千名が元・漢人の士卒ということになるのであろうか。

一二八一年五月三日、東路軍は合浦を出航した（図3-6）。これを率いるのはヒンド・洪茶丘と高麗の金方慶であった。高麗の記録には東征軍九千九百六十名、梢工・水手一万七千二十九名とあるから、ここに示された九千九百六十名は高麗の士卒の数として、ほぼ計画通りの規模であったと思われる。忠烈王は合浦に出向き、出撃する軍隊を閲兵した。合浦出航後の東路軍の動きについては、ふたたび服部英雄氏の研究を参考に検討していきたい。

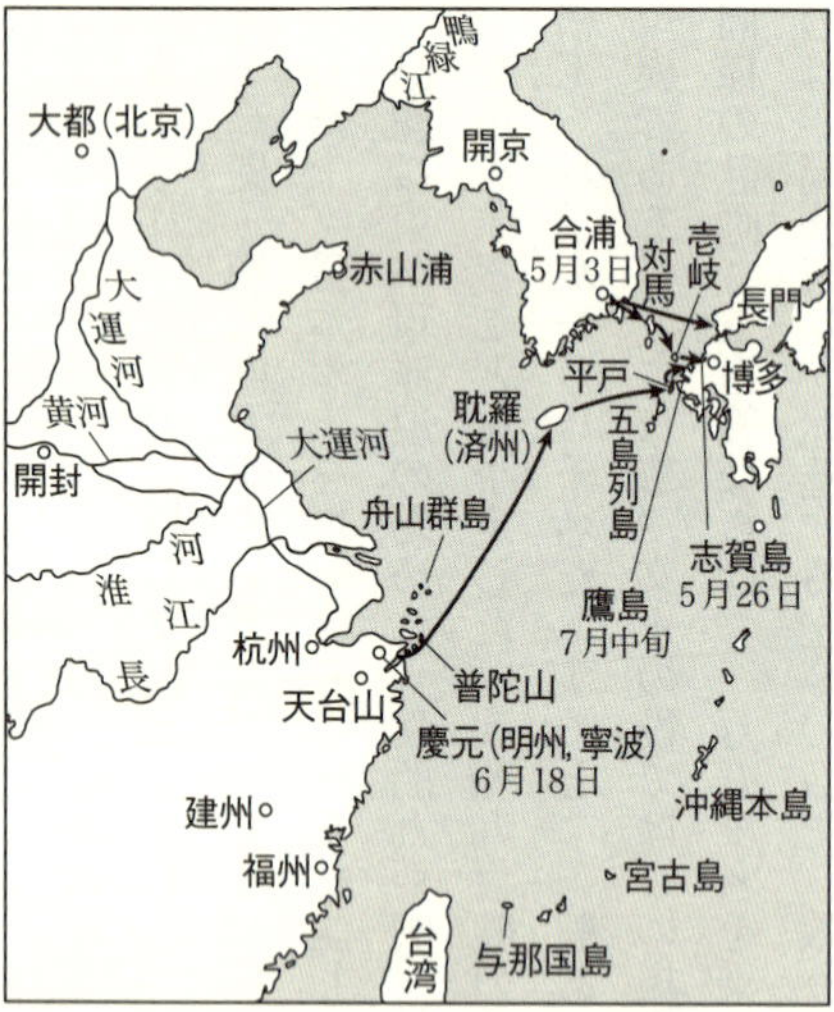

図3-6　弘安の役（1281年）関係地図

戦闘の経緯

『高麗史節要』には五月二十六日にヒンド・洪茶丘・金方慶が日本世界村大明浦に至ったという記事があり、東路軍に従軍した張成《ちょうせい》という人物の墓碑銘に六月六日に倭の志賀島《しかのしま》に至ったという文がある。従来は「日本世界村大明浦」を対馬島上県郡東海岸の佐賀の宗像大明神の鎮座する浦と解し、東路軍は五月二十六日に対馬に着き、六月六日に博多湾の志賀島に至ったと解釈してきた。これに対して、服部氏は「日本世界村大明浦」を志賀島の志賀大明神の鎮座する浦と解し、東路軍は五月二十六日に志賀島に着いており、六月六日の張成の到着は彼の率いる百人の部隊（墓碑銘に記された彼の地位は「敦武《とんぶ》校尉《こうい》管軍《かんぐん》上百戸《じょうひゃっこ》」である）を含む第二陣の行動を示すと解釈する。志賀島は敵よりの攻撃にさらされる最前線であるから、東路軍は壱岐・対馬にも部隊を置き、そこから志賀島に対して兵士の交代要員や食料を運搬して最前線を支えたと服部氏は考察している。

張成の墓碑銘には、志賀島に到着した六月六日の夜半に日本軍の襲撃を受け、八日にも日本軍が陸路で志賀島を襲撃したことが記されている。八日の合戦については日本側の史料にも対応する記述がある。また服部氏は、『蒙古襲来絵詞』で竹崎季長が生《いき》の松原において肥後守護代安達盛宗《もりむね》の見参に入り、分捕り・手負いを引付に記録されている場面（図3-7）をこの日の合戦にかかるものであるとし、この日季長自身は生の松原の肥後軍の本陣から対岸の能《の》古島《このしま》に出撃し、午刻にもどって大将盛宗の見参に入り、別に志賀島に遣わした手の者が巳刻に合戦したと解釈している。

六月十四日に大宰府からの飛脚が六波羅に到着し、異賊舟三百艘が長門浦に来寇したことを

図 3-7　軍功の検分を受ける竹崎季長（同前）
画面左から２人目が季長．右手奥が安達盛宗．右手前が検分を記録する「執筆」と呼ばれる役である．

報じた。文永十二年（一二七五）に杜世忠らが着岸したのが長門の室津であったことも想起される。服部氏は、この部隊は合浦の忠烈王の指令により、対馬・壱岐・博多を経ずに直接渡海してきたものと理解している。一方で、合浦には六月二十二日に元軍三百騎が到着している。服部氏は長門来寇三百艘が誇大な数字であることも考証しているが、五月三日に合浦を出港したのが東路軍のすべてではなく、軍船の派遣は波状的に行われたのである。

六月二十九日から七月二日にかけて日本軍は壱岐の東路軍を攻撃したが、東路軍は志賀島の最前線を支える兵站基地を壱岐に置いていたと考える服部説に基づくならば、この作戦の意味がよくわかる。東路軍は壱岐を兵站基地とし、志賀島を最前線としたが、それ以上に博多・大宰府に攻め込み、制圧することができないでいた。東路軍の侵攻をはばんだのは、文永の役のあとに建造された石築地であろうし、服部氏はさらに乱杭柵が設けられたことを指摘している。東路軍が石築地を破って侵攻してくることがなかったわけではないが、石築地等の防御策によってほぼ戦線は膠着した。

一方、江南軍のほうはアタハイ・范文虎を司令官として、六月十八日に慶元《けいげん》(寧波)を出航した。その数は『高麗史』によると、三千五百の戦艦に十余万人であるという。実数については計算が必要であるが、東路軍の数倍の規模ではあったであろう。途中、耽羅を経由して肥前平《ひら》戸《ど》島(現、長崎県平戸市)に到着したのは六月末か七月初めであったと思われる。七月半ばに鷹《たか》島(現、長崎県松浦市)に移動したが、二十七日には東路軍のうちから張成の指揮する部隊が移動してきて合流した。従来の説では、東路軍全体が鷹島に移動したと考えてきたが、服部氏は、移動してきたのは張成の部隊だけで、本体は志賀島を拠点としつづけたと考えている。

大風の後

閏七月一日(中国暦では八月一日にあたる)の夜、大風が吹いて東征軍の戦艦に大きな被害が出た。被害は鷹島の江南軍のほうが大きく、范文虎らの諸将は残った船のうちで堅牢なものを選び、士卒を見捨てて逃げ帰った。范文虎は二十年後にこの責任を問われ、斬首されることになる。残された士卒のほうでは張成を主帥に推し、その指揮のもとで樹木を伐採して船を建造して帰還しようとしたが、七日に日本軍の襲撃を受けた。

日本軍のほうでは、五日に志賀島海上で合戦を遂げたが、同日に、鷹島の西浦での東征軍諸将の動静が伝わった。軍船に先に乗っていた士卒を払いのけて諸将が乗り込み逃げ帰ったとい

図3-8　敵船に乗り込んで奮戦する竹崎季長(同前)
画面左手に敵人を組み敷き，首級をあげようとしている季長が描かれている．

う状況を聞いて、竹崎季長は、船から降ろされたのは歩兵で、船に乗り込んでいるのが好《よ》き敵だから、これを討ち取りたいと発言している。これが鎌倉武士の発想なのだろう。日本軍諸将は鷹島西浦に渡るべく、持ち舟を対岸の星鹿《ほしか》半島の突端千崎《ちさき》(服部氏は現在の津崎《つざき》鼻にあてる)に回漕するが、七日の合戦に季長の持ち舟は間に合わなかったため、季長は強引に他の武士の舟に便乗しながら、ついに敵船に乗り移り、敵人の首級をあげている(図3-8)。『蒙古襲来絵詞』に描かれたその場面について、服部氏は志賀島海上合戦のものとするけれども、情景と詞書の一致からして鷹島西浦合戦のものと解すべきであると思われる。服部氏が指摘しているように、これとは別に、五日に生の松原から御厨《みくりや》海上合戦に向かう季長の兵船も『絵詞』には描かれており、「御厨」が志賀島を指すという服部氏の推定にも従いたいが、『絵詞』には五日の志賀島海上合戦と七日の鷹島西浦海上合戦の両方が描かれ、しかも『絵詞』の現状は残欠をつなぎ合わせたものであるために、わかりにくくなっているのだと思われる。

『元史』は士卒の一人で帰国に成功した者の報告を載せ、張成を主帥に選び船の建造を始めたというのもその報告によっているが、報告は続けて、七日の日本軍の襲撃により多くの者が死に、残りの者は捕虜として八角島（博多のことといわれる）に連行され、元・高麗・漢人は殺され、唐人（南宋人）は奴隷とされたと述べている。『高麗史』のほうは、閏八月（日本暦では八月）二日に金方慶が忠烈王に謁し、二十四日に王が潘阜を遣わして、ヒンド・洪茶丘・范文虎らの労をねぎらい、この月のうちにヒンド・洪茶丘・范文虎らが元に還ったことを記しているので、江南軍を指揮した范文虎も高麗経由で帰還したことがわかる。また『高麗史』はヒンドらの帰還の記事に続けて、官軍で帰還しなかった者が十万余であったことを記すが、別のところで東征軍九千九百六十名、梢工・水手一万七千二十九名のうち生還者が一万九千三百九十七名であったことを記している。後者は高麗人に関する数字であるが、これによればもちろん大きな被害ではあるけれども、壊滅的なものであったとはいえない。しかし江南軍のほうの被害はもっと大きかったと思われる。

東征軍撤退後の八月、幕府は高麗に出兵するため、少弐経資か大友頼泰を大将軍として、三か国(両人の守護国ならば筑前・肥前・豊後)の御家人を催し、さらに大和・山城悪徒五十六人を当月中に鎮西に向かわせることを計画した。あわせて、残されている史料は備中に関するものであるが、おそらくは瀬戸内海沿岸に所領を有する御家人に兵船・水手を確保することを命じた。しかし八月二十五日に幕府は出兵を延期することを決めた。

翌年十二月八日、無学祖元を開山として円覚寺《えんがく》の供養が行われた。開基となった時宗は地蔵一千体を安置したが、これを慶讃する無学の法語には、「前年およびそれ以前に、この軍と他の軍の戦死した者と溺死した者が差別なく平等に救済されることを祈念する」と述べられている。

3 戦争のあとに

日本招諭の継続

弘安の役の後も、元は和戦両様の構えで日本招諭を続けた。一二八三年正月にはアタハイが日本行省《こうしょう》(征東行省)丞相に任ぜられ、日本遠征が計画されたが、民の疲弊により停止すべきとの意見があり、世祖はそれを認めなかったが、遠征は実現しなかった。同年八月、王君治《おうくんじ》を国信正使、愚渓如智《ぐけいじょち》を副使として、日本招諭の国信使が派遣され

図3-9　普陀山からみた景色

た。愚渓如智は南海観音宝陀《ほうだ》禅寺の住持であったが、彼が国信副使に任ぜられたのは、日本が仏教を尊ぶ国であるという認識に基づいていた。南海観音宝陀禅寺のある普陀《ふだ》山(図3-9)は、明州(現、寧波)に往来する日本商船の寄港地であり、海難を救う観音の霊場として日本でもよく知られ、宝陀禅寺の開山は日本僧慧萼《えがく》であった。王君治と愚渓如智は大風に災いされて渡海を果たせなかったため、翌年五月、王積翁《おうせきおう》と愚渓如智が使命を引き継ぐことになった。しかし鄞《ぎん》(現、寧波市鄞州区)を出て、耽羅・合浦を経て対馬に至った時、王積翁が船員に殺害され、愚渓如智は使命を果たせずに帰還した。愚渓如智がその顚末を記したのが一二九一年六月であるから、世祖が使命の達せられなかったことを知ったのはその後であると思われる。

　その翌年、つまり一二九二年の五月、金州との間を往復する日本商人が耽羅に漂着して二人が捕えられる事件が起き、高麗はこの二人の日本商人を元に送った。その頃、「江南の船は大きいけれども脆弱であることが先に利を失したゆえんであり、高麗に船を造らせたならば、日本を獲得することが可能である」と上奏する者があった。世祖は高麗の世子を謁見した際に日本征討のことを問うたが、その場に居合わせた洪君祥《こうくんしょう》（洪茶丘の弟）は、「軍を起こすのは大事であるので、まず使節を派遣するほうがよい」と進言した。そこで日本商人を本国に送還するのにあわせて高麗から使節を送り、元への服属を勧めさせることとし、洪君祥を開京に派遣して、命を忠烈王に伝えた。王は金有成を正使、郭麟《かくりん》を書状官として日本に派遣した。金有成は一二六九年に対馬島民塔二郎・弥二郎を送還し大蒙古国皇帝洪福裏中書省牒と高麗国慶尚晋安東道按察使牒をもたらした人物であり（『高麗史』の金有成伝は趙良弼が国信使として日本に渡った時にも書状官として同行したとするが、同書の忠烈王世家は別の人物を書状官にあげている）、郭麟は状元、つまり科挙に首席で及第した者であった。

高麗国信使は正応《しょうおう》五年（一二九二）十月大宰府に至り、高麗国書は十一月十二日に六波羅を経由して鎌倉にもたらされ、十二月八日に幕府から朝廷にこの件を奏上する使節が入洛した。同十六日にこの件に関する伏見《ふしみ》天皇の回答が関東申次に届けられた。朝幕間の交渉の内容は知られないが、今回も返牒はしないことに決したと思われる。国信使は翌年関東に召し下され、四月二十二日に本国に送還されたと日本側の史料は伝えるが、『高麗史』の金有成伝・郭麟伝によると、二人はともに帰国せず、金有成については、一三〇七年七月五日に死んだことが日本僧によって伝えられたという。

異国打手大将軍

高麗国書が六波羅を通過した時の北方北条兼時《かねとき》は翌年正月十八日にいったん鎌倉に赴き、異賊警固のために鎮西に下向した(図3-10)。兼時の鎌倉下向は金有成を伴うものであったかもしれない。三月七日に六波羅を進発した兼時の軍勢を見物したある貴族は、「その員数を知らず」と数えきれないほどの大軍であったことを記している。一か月遅れて四月七日に名越時家《ときいえ》が五百余騎を率いて入洛した。時家も鎮西に下向する途次であり、兼時を補佐して異賊警固に当たることを命じられていた。

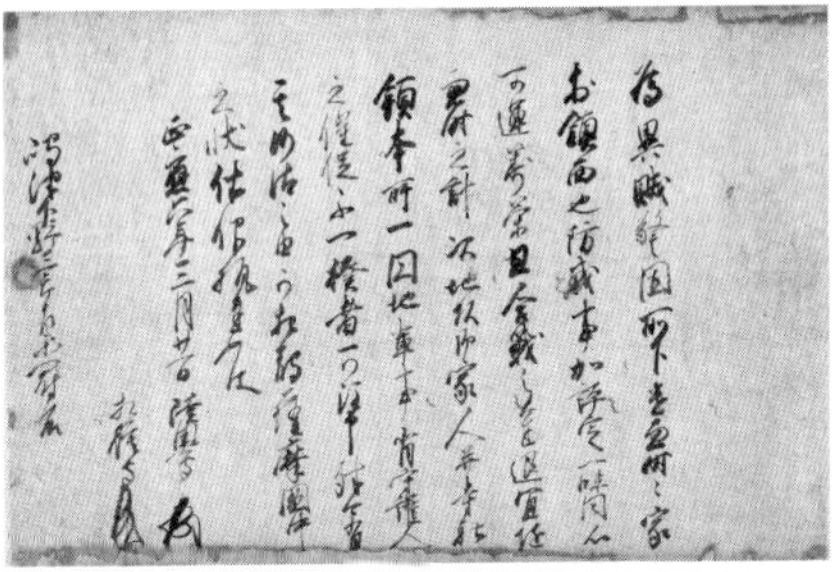

図3-10　兼時・時家の鎮西派遣を薩摩守護島津忠宗に伝えた文書(関東御教書，正応6年(1293)3月21日，島津家文書，東京大学史料編纂所所蔵)

兼時は、建治元年(一二七五)に長門・周防両国守護を兼ねて現地に赴任した宗頼の子であり、宗頼が弘安二年(一二七九)に亡くなったのちにその職を引き継いだが、弘安四年、元の第二次侵攻の最中、播磨守護に移った。賊船が山陽海路に侵攻するのに備えるためであった。弘安七年十二月二日に播磨守護所の賀古河《かこがわ》から入洛して六波羅南方に就任するが、それ以前に摂津守護に在任した徴証があるから、六波羅就任以前に播磨守護職に摂津守護職を兼帯したものと思われる。摂津・播磨両国の守護職はこの後六波羅北方の兼帯になったことが知られているので、あるいは兼時の兼帯がそのまま後任の北方探題に引き継がれたものかもしれない（兼時は弘安十年八月に北方に移った）。鎮西下向に至る兼時の経歴はまさに異賊警固のための要所を担当するものであった。

兼時・時家の鎮西下向を決めたのは、正応五年（一二九二）十一月二十四日の得宗の寄合であったと思われる。当時鎌倉に在住した醍醐寺僧親玄《しんげん》の日記には「異国打手大将軍のこと治定すべし」と記されているが、兼時・時家の任務が異国に攻め込むことであったようには思われない。永仁《えいにん》二年（一二九四）三月、兼時の指令により、壱岐から大島を経て鷹島に至る烽火《とぶひ》の演習が計画されるが、兼時・時家の鎮西派遣はむしろ異国の襲来に備えるものであったと思われる。そしてたしかに、高麗国信使来航の背景には世祖の日本征討の意志があった。しかし世祖は一二九四年一月に亡くなり、高麗は戦艦の建造を中止し、洪君祥は東征の停止を丞相に進言した。

鎮西探題と異国警固番役

兼時・時家の地位は鎮西諸国の守護の上位で、各国守護に指令する立場であったが、この地位は、永仁三年（一二九五）に兼時・時家が鎌倉にもどった後は、一年をあけて金沢実政に引き継がれる。実政は建治元年（一二七五）の異国出兵計画に際して豊前守護代として下向したが、父実時の死後正守護となり、さらに長門・周防両国守護に転じた。一貫して異国警固の最前線に勤務してきたといえる。実政は兼時・時家の軍事司令官としての役割を引き継いだのみならず、新たに鎮西御家人の訴訟を裁許し、裁許状を発給するようになった。したがって実政以後は、鎌倉・六波羅につづいて三番目の裁判所が鎮西(博多)に設置されたことになる。訴訟を裁許する権限を有する者を探題と呼ぶのであれば、実政以降が鎮西探題ということになるが、六波羅探題の場合でも、当初は軍事司令官であった者が後に訴訟裁許の権限を有するようになったのであるから、鎮西探題についても兼時・時家から始まるとする見方も十分成り立つ。実際、鎮西探題の成立については、兼時・時家からとする説と実政からとする説が並立している。鎮西探題が成立したことにより、従来、少弐・大友両氏が務めてきた大宰府守護人の権限は鎮西探題に引き継がれた。

異国警固番役については、石築地が築造された後には、鎮西各国が築造を担当した箇所の警固も担当してきた。しかし後にその制度が改められ、鎮西九か国を五番に編成し、各番が一年ずつ務め、五年で一巡することになった。番役を務めた証明として発給される文書を覆勘状《ふっかんじょう》というが、嘉元《かげん》二年(一三〇四)十二月に筑前のある御家人に対してこの年の正月から十二月まで勤務したことを証明する覆勘状が残っており、「一番筑前国役」と記されているから、この年からこの制度が始まったものと思われる。異国警固番役も石築地の修復も鎌倉幕府・鎮西探題の存続中続けられた。

恩賞の配分

文永の役の恩賞は、合戦の翌年に行われた。この年建治元年(一二七五)は、杜世忠らが渡日してきているし、異国出兵の準備と石築地の築造も行いながら、一方で合戦に参加した者の恩賞の要求にもこたえていかなければならず、幕府にとっては相当忙しい年であった。竹崎季長もせっかくの軍功がきちんと報告されていないことに不満を抱き、自ら鎌倉に赴いた。鎌倉に縁故を持たない季長は八月十二日に到着してから二か月近くを空費したが、十月三日に御恩奉行安達泰盛に面会がかなった。泰盛は季長を「奇異《きい》の強者《こわもの》」で後日の大事に役立つと高く評価し、十一月一日に季長を呼び出し、恩賞の下文を手ずから与えた。この時恩賞の行われた百二十余人については大宰府に指示を出したが、季長の分は直接渡すように仰せつかったと泰盛がわざわざ言い添えたことを『蒙古襲来絵詞』は書き留めている。

弘安の役の恩賞は難航した。そもそも恩賞にあてる所領を確保するのがむずかしかったのである。幕府が大友頼泰・少弐経資に宛てて恩賞の対象者の名簿と対象地の目録を送り、配分を行うことを指示したのは、弘安九年(一二八六)十月十九日のことであった。その前年の十一月には鎌倉で安達泰盛が討たれ、泰盛与党の所領が没収された(一四二～一四三頁参照)。鎮西でも少弐景資・安達盛宗が泰盛の与党として挙兵し、景資の兄経資に討たれた。皮肉なことに、文永・弘安の役で活躍した彼らの所領が没収されて、恩賞地に用いられることになったのである。

幕府の指示を受けた大友頼泰・少弐経資による恩賞地配分状はかなりの数が伝来しているが、現存するもので最も早いものの日付は正応元年(一二八八)十月三日である。その後正応二年、同三年の日付のものがあり、少し時間をおいて嘉元三年(一三〇五)、徳治《とくじ》二年(一三〇七)のものがあるが、嘉元・徳治のものは鎮西探題金沢政顕《まさあき》が署判を加えている。政顕は実政の子であるが、実政が正安《しょうあん》三年(一三〇一)九月に出家した後、探題の職を引き継いだ。

今日まで伝わった配分状によって恩賞の実態を見ると、荘郷を単位としてあてがう余裕はもはやなく、荘郷を細分して町単位で配分されており、恩賞の等級に応じて、十町・五町・三町という基準があったようである。また具体的にどの地片を誰にあてるかは、籤《くじ》により決められた。荘郷を分割して地片のレベルになってしまうと、領主経営の対象とするのは困難であり、誰かが惣地頭として経営し、他の者は得分を受け取るだけということにならざるをえない。実際、恩賞地配分状を伝えた家で、その恩賞地を拠点に領主として成長したとみなされるものはない。

禅僧と貿易船

元の大徳《だいとく》二年（一二九八）、江浙行省平章政事《こうせつこうしょうへいしょうせいじ》エスダルは成宗皇帝に日本征討を進言したが、皇帝はこれを退け、逆に、明州に来航した日本商船に日本招諭の国信使を便乗させることを計画し、老齢の愚渓如智に替えて、宝陀禅寺後住の一山一寧《いっさんいちねい》にこれを命じた。一山一寧は妙慈弘済大師の号、江浙釈教総統の肩書きを与えられ、大徳三年三月付けの大元皇帝の日本国王宛て国書をゆだねられて日本商船に便乗した。

この年、日本では永仁七年が改元されて正安元年となる。一山一寧は、航海十三日間で博多に着いた。一山一寧は高名な禅僧であるけれども、一方で敵国の国信使であるから、いったんは伊豆修禅寺《しゅぜんじ》に幽閉されたが、十月八日に鎌倉に入り、十二月七日には建長寺に住持として入った。その後、円覚寺の住持に移り、病により退隠して浄智《じょうち》寺にも寓したが、正和《しょうわ》二年（一三一三）、後宇多法皇に招かれて南禅《なんぜん》寺の住持に就任した。文保《ぶんぽう》元年（一三一七）七十一歳で寂した。一山一寧は大元皇帝の使命は果たせなかったが、十八年間日本に住してその土に帰し、禅をひろめる役割を果たした。

建長寺船・天龍寺船といえば、日明貿易の先蹤《せんしょう》としてしばしば言及されるが、天龍寺船は次代のものであるけれども、建長寺船は鎌倉時代に属する。寺社造営の費用を調達するために仕立てられた貿易船のことを寺社造営料唐船と称しているが、鎌倉時代のうちでは、称名寺、極楽寺、東福寺、勝長寿院、建長寺、関東大仏、住吉神社等の造営・修復の費用を調達するために仕立てられたことが知られている。

朝鮮半島南西部の新安《しんあん》郡に属する多島海で一九七六年から発掘調査が行われた沈没船（「新安沈船」と呼ばれている）は、一三二三年に明州から博多に向かう途中で沈没したものであることがわかった。この船の性格について、村井章介氏は、東福寺造営料唐船の名目を掲げているけれども、実態は中国人貿易商が運営する民間の貿易船であり、一方で船員の多くは日本人であったと、遺物にもとづき考察している（『日本中世の異文化接触』）。一山一寧は日本商船で渡海したけれども、「日本商船」の意味するのは「日本から来た」というだけで、博多に拠点を有する中国人貿易商が派遣した船であっても、そう呼ばれてよい。村井氏は「多民族がかかわって複数の国家領域にまたがる場で活動する貿易船や貿易商人を、「国家への帰属」という観点で弁別しようという近代的発想」を当時の貿易船に適用することが困難であることを指摘している。まさにそのような民間の貿易船が十四世紀の東アジア海上を盛んに往来し、国信使の役割を帯びた禅僧でさえ、渡海するのにそのような貿易船に便乗したのである。

第四章　徳政と専制

1　弘安徳政

弘安七年(一二八四)四月四日、執権時宗は三十四歳で亡くなった。前月二十八日から病床にあり、この日の午前に最明寺邸に無学祖元を請じて出家したが、その夕刻に息をひきとったのであった。

将軍惟康と新式目

後嗣の貞時は十四歳ですでに元服をすませ、従五位下左馬権頭《さまごんのかみ》の官位も帯していたが、執権に就任したのは七月七日で、三か月の空白があった。その間、時宗死後の政局をめぐるさまざまな思惑が渦巻いていたのかもしれない。六波羅北方北条時村《ときむら》は時宗の訃報を聞いてただちに鎌倉に下向しようとして阻止され、南方北条時国《ときくに》は逆に召喚されたが、鎌倉に入ることを許されず、常陸《ひたち》国伊佐《いさ》郡に移され、後に同地で誅殺されることになる。足利家時《いえとき》が子孫三代の内に天下をとらせることを祈願して自害したのも、この騒動に関係しているかもしれない。若き得宗貞時を支え、時宗死後の政局を主導したのは、貞時の母の兄にあたる安達泰盛であった(図4-1)。

貞時がまだ執権に就任する前の五月二十日、三十八か条の「新御式目」が示された。得宗貞時が十四歳であるのに対して将軍惟康がすでに二十一歳であったから、時宗死後の権力の空白期に将軍惟康が政治を主導する意欲を持ち、その惟康の意欲にこたえて為政者としての政治倫理と幕政の当面の課題を示したのがこの新式目であったと思われる(ただし、新式目を得宗貞時に示されたものと考える意見もある)。新式目の第四条では武道の奨励に心がけるべきことが勧められているが、これは将軍惟康に武門の棟梁にふさわしい資質を求めたものであろう。惟康の母方の祖母は四代将軍頼経の姉妹であり、その祖母は頼経と同様、父方母方双方とも頼朝の姉妹の血を継いでいる(二七頁、図1-7参照)。さらに惟康

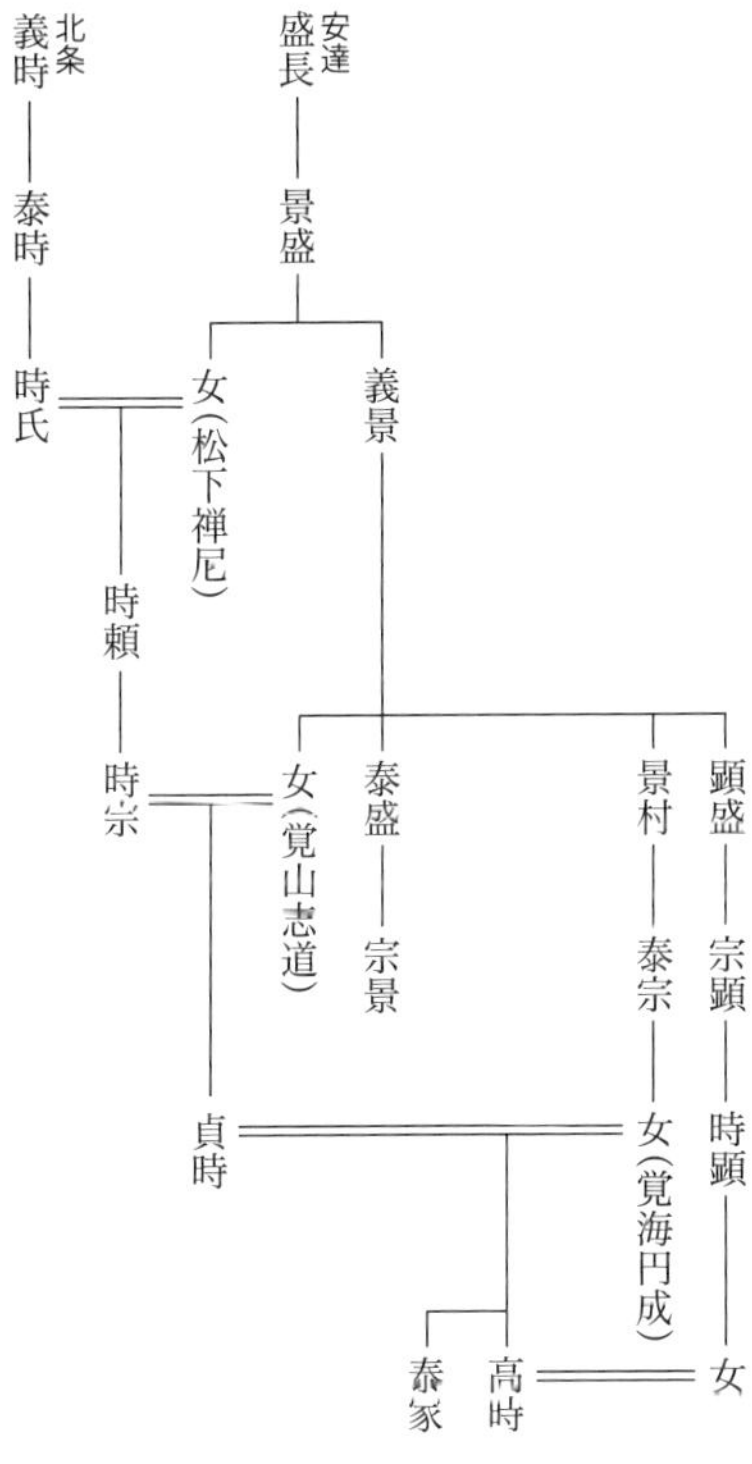

図4-1　北条氏と安達氏の関係系図

は文永七年（一二七〇）に源姓を賜り臣籍に下っているので、源氏将軍ということになる。将軍としての正統性を体現する惟康にはそれなりの役割が期待されたと思われる。

安達泰盛の弘安徳政

新式目に先んじて五月三日、諸国一宮・国分寺の由緒と現状、管領者と免田等について調査し報告することが、各国守護に対して命じられた。新式目においても、寺社の新規造営が停止され、諸国国分寺・一宮を興行すべきことが規定されている。新造の停止は倹約の意味であろうが、諸国寺社の基本である国分寺・一宮が衰亡していたならば、これを元に戻すことが必要と考えられたのである。五月三日の指令はそのためのものであった。

悪党禁圧のために諸国に使節を派遣することは、新式目以前に決まっていたようで、新式目では「四方発遣の人々」に対する進物が禁止され、また四方発遣の人々の所領の年貢が免除されているが、さらに五月二十七日の評定において、諸国の守護と鎌倉から派遣される使節が悪党禁圧のために進めるべき施策の細則が決められた。この細則でまず禁圧の対象にあげられた罪科が夜討・強盗・山賊・海賊・殺害であり、これらが「悪党」と呼ばれる要件をなしたと思われるが、さらに博奕《ばくえき》も禁圧の対象に加えられた。悪党は本来の秩序を乱すものであり、また本来の秩序が乱れたところに悪党が発生するのであるから、悪党禁圧を積極的に進めるのは、秩序を本来の姿に戻そうとする政治姿勢が顕現したものであった。

文永・弘安の役の主戦場となり、現在も異国に対する防備を継続している鎮西においては、神々と御家人の所領のうち喪われたものの取り戻しがはかられた。神々もまた異国との戦争に加わっていると考えられていたから、戦うことのできる基盤として、喪われた所領は取り戻されなければならなかった。本主の手を離れた所領を本主の手に取り戻すことは、中世では正当と考えられていたが、本主の手を離れた所領は別の誰かが知行しているわけだから、現実には本主と当知行人との調整が必要であり、本主の手に取り戻すのを正当とする観念は限定的にしか発効させられなかった。六月二十五日の評定では、地域を鎮西に限定して神領と御家人の知行する名主職のうち人手に渡ったものを取り戻すことを規定し、なおかつ取り戻すための条件を細かく規定した。またこの法令を実行することが現地に混乱を引き起こすことを予想して、使節三名を派遣し、鎮西現地の大友頼泰・安達盛宗・少弐経資と寄り合って三組をつくり、それぞれが三か国ずつを担当することとした。以上が六月二十五日の評定で決められた内容であるが、実行には慎重が期され、九月九日の寄合で承認された後、翌日使節に通達された。

訴訟制度の改革も進められた。八月十七日の評定で定められた「新御式目」十一か条は、全部が訴訟手続に関するものであるが、そのうちの第三条で、引付が評定に二つも三つも勘録《かんろく》

（判決原案）を上程するのを止め、一つに限るように規定されたことは、鎌倉幕府訴訟制度の発達を画するものと評価されている。引付が複数の判決原案を用意し、そのなかから評定が選ぶというのではなく、評定は引付から上程された判決原案の可否を決めるだけで、判決原案の作成に引付が責任を負うことがより明確にされたからである。この法により規定された引付が判決原案の作成に責任を負う体制を「引付責任制」と呼んでいる。

本来のあるべき姿から逸脱した政治をもとのかたちに戻すのが「徳政」の眼目であるが、時宗の死後に、安達泰盛によって主導された改革はまさに「徳政」を体現するものであった。今日の目から見れば、制度が新しくされたところに注意がいくけれども、当時の人々の主観においては、体制をもとのあるべき姿に立て直すことこそが意図するところであって、制度の変更はむしろ意図せざる結果であった。幕府において強力に推進された泰盛の改革政治は、同時期の朝廷における改革と合わせて「弘安徳政」と呼ばれている。

霜月騒動

安達氏は泰盛の祖父景盛以来代々、出羽介《でわのすけ》に任ぜられて秋田城務を兼ね、秋田城介を名乗ってきたが、弘安五年（一二八二）、泰盛の嫡子宗景《むねかげ》が評定衆に加わったのを機に、泰盛は秋田城介の名乗りを宗景に譲り、自身は陸奥守に任ぜられた。また泰盛は五番引付頭人の職にあったが、時宗の死により出家した際に、五番引付頭人の職も宗景に譲った。つまり執権貞時のもとで泰盛は出家入道し公職を退いた身であったが、むしろ公職にしばられずに幕府政治を主導したのであった。

鎌倉中の諸堂の修理等については五方引付が分担したが、泰盛・宗景は頼朝の墓所法華堂を修造し、その功績により法華堂の担当は五番引付に加えられた。かつて宝治合戦に敗北した三浦一族は法華堂に集結し、そこを死に場所としたが、頼朝の墓所はいわば鎌倉武士の精神的支柱となっていた。泰盛はまた頼朝に由緒を有する「鬚剪《ひげきり》」という名刀も手に入れていた。かえりみれば、泰盛の祖父景盛は、実朝が暗殺された際に出家し、その菩提を弔うために高野山に入り、金剛三昧院《こんごうさんまいいん》を建立していた。泰盛の源氏将軍回帰の心情はその祖父以来のものであろうが、それは泰盛が改革政治を強力に推し進めるよりどころともなったと思われる。

改革政治が強力に推し進められれば、必ずそれに対して不満を持つ者が生まれる。彼らにとっては泰盛の標榜する源氏将軍回帰は泰盛の政治そのものの象徴であり、鬱陶しいものである[11]。しかし源氏将軍回帰自体は表向き批判の対象としにくいものであるから、泰盛が源氏将軍回帰を標榜することの僭越が批判の対象とされることになった。『保暦間記《ほうりゃくかんき》』によると、宗景は曽祖父景盛が頼朝の子であるといって源氏に改姓したが、これは宗景が謀反を起こして将軍になる野心を抱くものであると、内管領《うちかんれい》平頼綱《よりつな》が得宗貞時に訴えたのだという。

（『蒙古襲来絵詞』より，同前）
いるのが竹崎季長．画面右手の立ち姿の人物に対している後ろ向き

弘安八年（一二八五）十一月十七日、将軍御所や幕府要人の宿所の集まる塔辻近辺で合戦となり、泰盛・宗景父子をはじめとして討死ないしは自害した者は五百人に上った。そのうちには引付衆六名が含まれるほか、泰盛の側近で建治元年（一二七五）の異国出兵計画に際して伯耆守護に任ぜられた三浦頼連も含まれる（図4-2）。同じく建治の異国出兵計画に際して肥後守護に任ぜられた泰盛の代官として現地に下向していた盛宗は、少弐景資とともにその居城岩門《いわと》城において挙兵し、景資の兄経資の攻撃を受けて敗死した。事件に連座して泰盛の女婿金沢顕時《あきとき》（実政の兄）は四番引付頭人を追われ、出家して下総国埴生《はぶ》荘に隠棲した。問注所執事がこの年十二月二十七日に太田時連《ときつら》から摂津親致《せっつちかむね》に替えられたのも事件の余波によるものであろう。泰盛与党の摘発はし

図4-2　安達泰盛邸に祗候する三浦頼連
画面左手の人物が安達泰盛．泰盛に対しての人物が三浦頼連である．

ばらくつづき、常陸国久慈東郡加志《かし》村は伊賀義賢《よしかた》から孫義員《よしかず》に譲られた所領であったが、この事件の際に没収された。義賢の後家が子息を匿った咎により所領を没収された際に混領して召し上げられたともいわれる。泰盛が滅ぼされたのが十一月であったので、この事件は「霜月騒動」と呼ばれている。

内管領平頼綱

霜月騒動により安達泰盛が滅亡した後、幕政を主導したのは内管領平頼綱であった。為政者が替わっても、幕府の直面している課題が替わるわけではないから、政策が正反対に転換するわけではないけれども、直面する課題をどう認識しどう処理するかという点に為政者による違いが現れる。

泰盛による鎮西神領・名主職回復令は、異国と戦う神々や御家人の体制を立て直すために、不知行となっている所領を取り戻すことを認めるものであったが、霜月騒動後には真逆の法が発令された。弘安九年(一二八六)七月、鎮西の者が訴訟のために関東・六波羅に参向することが制限され、鎮西の訴訟は鎮西において、大友頼泰・少弐経資・宇都宮通房《みちふさ》・渋谷《しぶや》重郷《しげさと》の合議により裁許することが命じられた。この四名からなる機関が鎮西談議所と呼ばれることになる。そして、当知行（現に知行している）と不知行（以前に知行していた由緒にもとづき知行の回復を求める）との相論については、当面、当知行の者に下地を打ち渡し、現状が非分押領《ひぶんおうりょう》（由緒を持たずに占有すること）や新儀《しんぎ》濫妨《らんぼう》（由緒を持たずに占有を妨害すること）によるものであるという訴（不知行の側の主張）については調査の上で報告することが、談議所と呼ばれることになる機関に指令された。

おそらく二年前の鎮西神領・名主職回復令は現地に相当の混乱を引き起こしたのであろう。不知行所領の取り戻しを認めるということは、その所領を現に知行する者を排除することになるからである。臨時の使節の現地における下知で当知行を否定された者は、異議を申し立てる先を六波羅・鎌倉に求めたであろう。現地で処理するために使節を派遣したのに、使節に対する反発がかえって六波羅・鎌倉に対する訴訟を増やした。弘安八年十月十七日には鎮西の地頭御家人が訴訟のために鎌倉に参向することが停止されている。霜月騒動の直前であるが、すでに泰盛の政策の破綻が見てとれる。というより、このような政策破綻が霜月騒動の原因となったのであろう。そして霜月騒動後の弘安十年十一月十一日に、肥前守護北条為時《ためとき》は、弘安八年十月十七日令により訴訟のための鎌倉参向が禁じられていることを承知の上で、なお引き留めても引き留めきれない国内御家人の参向を鎌倉に報告している。その直接の宛先は平頼綱であった。

　訴訟審理の促進は為政者が誰であっても努力しなければならない当時の重要課題であったが、正応四年(一二九一)八月、特別の訴訟を優先して取り上げる手続きが定められた。つまり寺社の訴訟や京都から下向してきた人々(鎌倉につてを求めて下向してきた貴族たちであろう。こういう人々がけっこう多くなっていた)の訴訟については、まずはすみやかに審理を進めることを奉行人と五方引付に指示するが、それでも遅延する場合には、飯沼資宗《いいぬますけむね》・大瀬惟忠《これただ》・長崎光綱《みつつな》・工藤杲禅《こうぜん》・平宗綱《むねつな》に訴えることを認めたのである。五人とも得宗被官《とくそうひかん》であるが、特に資宗・宗綱は頼綱の子息であり、光綱も頼綱の親戚にあたる。役所の業務が遅滞しがちであることの対策として、通常のルートと異なる特別のルートが設けられるのは、今日でも行われることで、ただちに非難するにはあたらないが、一方で不平等や腐敗の温床ともなりやすく、このようなやり方には古今東西、賛否両論が並立するであろう。いかにも頼綱らしいやり方で、泰盛ならば絶対にこういうやり方はしなかったと思われる。

源氏将軍と親王将軍

弘安十年（一二八七）六月五日、将軍惟康は中納言・右近衛大将に任ぜられた。右近衛大将といえば、かつて頼朝が任ぜられ、その死後においても頼朝の呼称に用いられた官職である。源氏将軍の再興にふさわしい人事といえる。ところがそれからわずか四か月、同年十月四日に惟康は親王に立てられ二品に叙せられた。親王に立てられるのは原則としては天皇の子であるが、惟康は天皇の子ではなく孫である。しかも一度源姓を賜って臣籍に下っている。惟康を親王に立てたのは破格の人事といわなければならないが、それではこれにより惟康の権力が強まったかというと、むしろ雲の上に祭り上げられて権力から遠ざけられたともいえる。六月の人事と十月の人事はいずれも朝廷が勝手に進めたわけではなく、関東からの奏請によるものであるが、二度の奏請の間には齟齬があり、源氏将軍再興路線と親王将軍路線との対立が垣間見えるようである。実は一度目の使節を務めた佐々木時清《ときよ》が、霜月騒動で自害した大曽根宗長《おおそねむねなが》の姉妹の夫であったのに対して、二度目の使節を務めた佐々木宗綱《むねつな》は霜月騒動の際には泰盛を追討する側にいた人物である。ひょっとすると二度の使節は将軍惟康の処遇をめぐる幕府内の意見の違いを反映しているのかもしれない。ちょうどこの時期幕府人事の交替があった。時宗の時から連署を務めてきた北条業時《なりとき》が六月二十六日に亡くなり、八月十九日、その後任に大仏宣時《おさらぎのぶとき》が就任したのである。

二度目の使節佐々木宗綱は鎌倉に下る間際に、東宮の即位を奏請した。これにより十月二十一日、後宇多天皇は伏見天皇に譲位し、院政の主は後宇多の父亀山上皇から伏見の父後深草上皇に交替した。それから二年後、将軍もまた惟康から後深草の皇子久明《ひさあきら》に交替した。十四歳の久明はまず親王宣下を受け、ついで元服し、征夷大将軍宣下を受けて関東に下向した。惟康はそれに先立って入洛し、出家した。

2　両統迭立

亀山天皇の譲位

文永九年(一二七二)二月に後嵯峨法皇が亡くなった後、朝廷では亀山天皇の親政が行われることになり、院評定は内裏清涼殿鬼間《せいりょうでんおにのま》における議定に体裁を改めたが、その議定衆には後嵯峨院政の評定衆がほとんどそのまま引き継がれた。そして二年後の文永十一年正月、亀山天皇は後宇多天皇に譲位した。後宇多はすでに六年も前に皇太子に立てられていたのであるから、譲位はすみやかに行われるべきであった。当時の朝廷においては院政こそが恒例であって、親政は天皇に直系尊属が存在しない場合の臨時の措置である。やむなく親政のかたちがとられても、天皇の後嗣となるべき皇子が誕生したならば、譲位により天皇を上皇に進め、臨時の親政を恒例の院政に転換すべきである。実際、亀山の父後嵯峨もそのようにした。譲位によって親政が院政にかたちを変えても、治世の主は変わらないのである。

亀山が文永十一年まで譲位しなかった理由を憶測すると、同年の時点でも皇太子（後宇多）はまだ八歳で当然その子はいないし、亀山自身もこの時点では皇太子以外の皇子がなかった。もしも亀山が譲位するならば、皇太子が天皇になるから皇太子の席があく。しかしその席を亀山の直系卑属で埋めることはできない。一方で、亀山の兄後深草には後宇多よりも二歳年長の皇子がいる。亀山が後宇多に譲位したならば、その皇子を次の皇太子にという要求を拒むのがむずかしい。あくまで憶測であって亀山の心中はわからないけれども、皇位継承をめぐる構造はこのようにできていた。

実際、亀山が譲位したことにより、事態はまさにその通りに動いた。翌建治元年（一二七五）四月九日、後深草は太上天皇の尊号を返上して出家の意志を示したが、その直後の十五日に杜世忠らの元使が長門室津に来航した。元使を関東に召し下し、鎌倉の入口にあたる龍口で斬首したのが九月七日であるが、その一月後、十月十八日に幕府の使節が入洛し、後深草の皇子を皇太子に立てることと鷹司兼平《たかつかさかねひら》を摂政に任ずることを奏請したのである。

モンゴルとの戦争の最中にあって、幕府は内憂を取り除くために、朝廷については皇族・廷臣の融和をはかった。後深草の皇子を皇太子に立てることを奏上したのは、なによりも後深草の不満をなだめるためであり、それが皇統を分裂させる原因になるとまでは考えおよんでいなかったのではないか。同時期に得宗家においても時宗と庶兄時輔との対立があり、時宗は時輔を討ったのであったが、天皇家の兄弟に対しては融和を求めたことになる。そして兼平はすでに四十八歳で、次の世代が摂関の担い手となっていたが、朝廷をまとめるために、あえて老練の兼平を起用したのではないか。

後宇多天皇の立場

十一月五日、後深草の皇子熈仁《ひろひと》(後の伏見天皇)が皇太子に立てられ、西園寺実兼が春宮大夫《とうぐうのだいぶ》に就任した。実兼は実氏の孫、公相《きんすけ》の子であるが、公相は実氏に先んじて亡くなっていたため、実氏が文永六年に亡くなった後、関東申次の職を引き継いでいた。熈仁の母は洞院実雄の娘であり、実雄はかつて実兼の父公相と亀山の後宮をめぐって争う関係にあったが、その実雄もすでに故人となっていた。実兼は春宮大夫として皇太子を盛り立てる立場に回ったのである。

後深草の皇子が皇太子に立ったことで、現に皇位にあるのが後宇多であるにもかかわらず、後宇多の影は薄くなってしまった。後宇多の在位中は父の亀山が院政を行っているわけだし、後宇多が譲位したならば、院政を行うのは新帝の父である後深草であり、後宇多が院政を行う機会は来ないのである。後宇多は十三年間、二十一歳まで在位したけれども、その間に中宮が立てられていない。十九歳の時に皇子が生まれているけれども、その母は権大納言堀川具守《ほりかわとももり》の娘で祖父である准大臣堀川基具《もととも》の養女として入内している。出自に難があるわけではないのに、中宮に立てられていない。中宮の候補として第一にあげられるのは西園寺氏の娘である。実兼の娘鏱子《しょうし》は四歳年少であるが、結局後宇多の後宮には入れられず、熙仁が皇位についた後にその中宮に立てられた。

公家の徳政

皇位にある後宇多の影は薄かったけれども、その父として院政を行う亀山はむしろ精力的であった。

弘安六年(一二八三)十二月、亀山は叡尊《えいそん》(図4-3)が律衆の衆主を務める西大寺を訪れ、宇治橋に設けられていた網代《あじろ》という定置網を破却することを発願した。叡尊が檀越《だんおつ》に殺生禁断を勧めてきたことにこたえるものであった。年が明けて網代は破却され、二月二十七日に改めて太政官符により平等院の縁辺、宇治橋の南北における網代を永久に停止し、あわせて宇治橋の修築を叡尊に命じた。弘安九年十一月十九日に宇治橋の落慶供養が行われ(図4-4)、後深草・亀山両上皇がそろって臨幸した。

宇治橋の網代が破却されたのと同じ弘安七年の九月、叡尊が四天王寺別当に補せられた。四天王寺別当職は延暦寺と園城寺《おんじょう》との間で争奪が繰り返されてきたが、建長元年（一二四九）以降は園城寺円満院の仁助《にんじょ》・円助《えんじょ》が相次いで補せられてきた。しかし弘安五年八月に円助が亡くなると、四天王寺別当職を延暦寺に付すことを求める衆徒が嗷訴を起こし、ついには内裏に神輿を振り捨て、天皇が内裏を使用できない事態に立ち至る。結局、幕府の口入《くにゅう》により事態の収拾がはかられ、四天王寺の別当については、延暦寺ないしは園城寺の僧を補するということではなく、別に浄行持律《じょうぎょうじりつ》の僧侶を選ぶべきことが要請された。叡尊の補任はこれにこたえるものであった。

図 4-3　叡尊像（西大寺所蔵）
弘安 3 年（1280）に造立された叡尊 80 歳の寿像．像内に納められた授菩薩戒弟子交名に，寛元 2 年（1244）から弘安元年の間に 910 か所で殺生禁断を行ったことが記されている．

さて朝廷は、弘安八年十一月十三日に新制を発令した。この新制は訴訟関係の規定を中心とし、朝廷における訴訟審理の促進をはかる意欲を示すものであった。翌年十二月に評定が徳政沙汰と雑訴沙汰に分けられ、徳政沙汰は毎月三回大臣・大納言により、雑訴沙汰は毎月六回中納言・参議により開催されることになった。また弘安八年十二月には路頭・書札・院中の礼式が定められた。この後公家社会の礼式の規範として重んじ

図4-4　宇治浮島十三重石塔婆
宇治橋の落慶供養にあわせて建立された.

られ「弘安礼節」と呼ばれることになるものである。

亀山院政のこのような動きは朝廷における徳政であり、関東における徳政に呼応するものである。弘安八年十一月といえば、関東においては徳政を主導した安達泰盛が滅亡しているが、朝廷では徳政が頂点に達していた。

治世の交替

弘安十年(一二八七)九月二十五日に幕府の使節佐々木宗綱が入洛し、将軍惟康を親王に立てることを奏請したが、惟康が十月四日に親王に立てられた後も宗綱は京都に滞在し、十二日、ふたたび文函を持参して関東申次西園寺実兼を訪問し、譲位を行うべきことを申し入れた。譲位は二十一日に行われ、新帝伏見はこれまで父の後深草上皇とともに用いてきた冷泉富小路《れいぜいとみのこうじ》殿をそのまま内裏に用い、上皇が実兼の常盤井《ときわい》殿に移った。一方、先帝後宇多は二条高倉殿を内裏に用いてきたが、譲位後はここをそのまま院御所に用いた(図4-5)。つまり先帝後宇多と新帝伏見はともに居所を変えず、従来の内裏が院御所に、東宮御所が内裏に変わったのである。

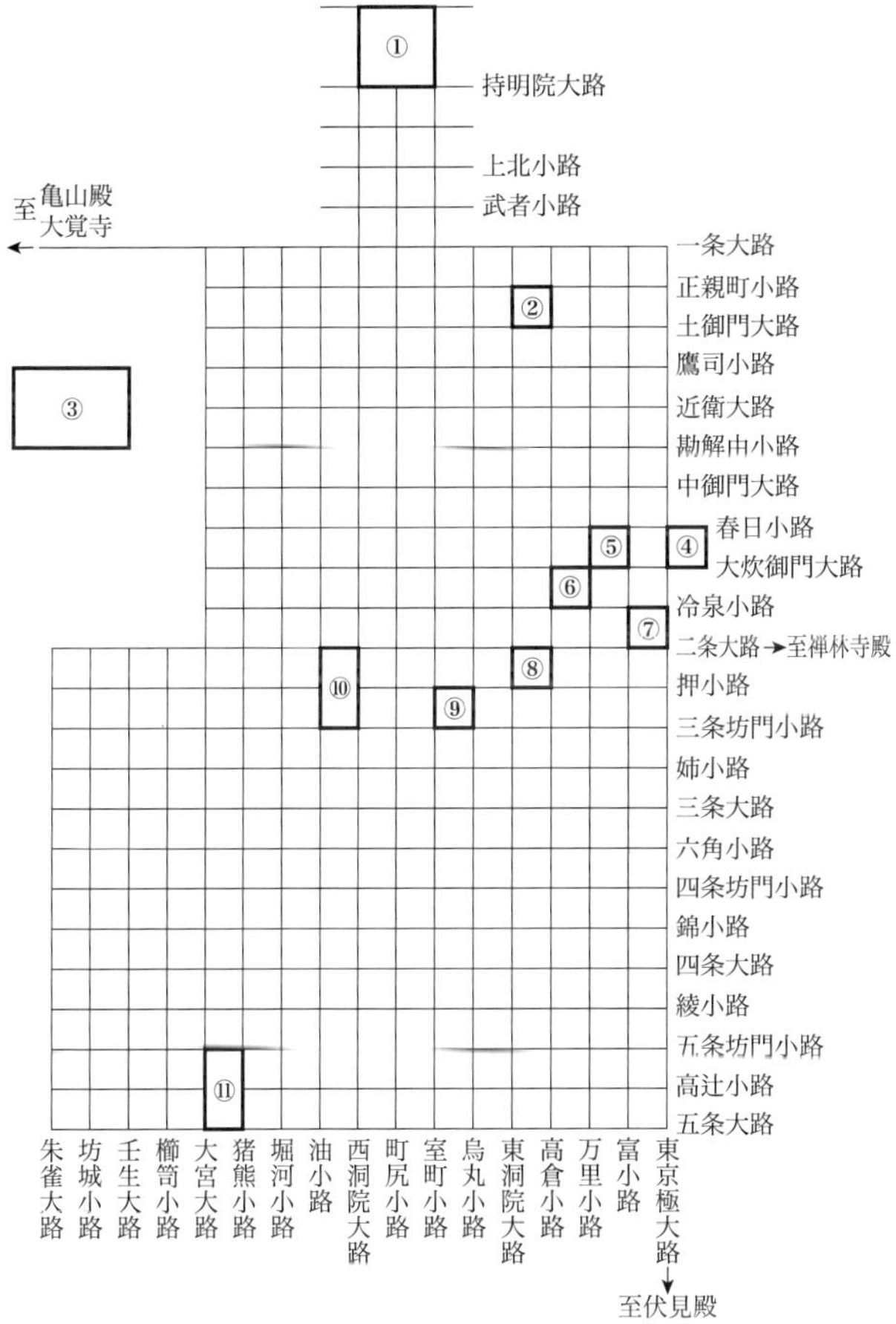

①持明院殿　②土御門東洞院殿　③大内　④常盤井殿　⑤大炊御門殿
⑥冷泉万里小路殿　⑦冷泉富小路殿　⑧二条高倉殿　⑨三条坊門殿
⑩閑院　⑪五条大宮殿

図 4-5　御所の位置

翌年八月二十日、西園寺実兼の娘鏱子が中宮に立てられたが、さらにその翌年四月二十五日に皇太子に立てられたのは、故参議五辻経氏《いつつじつねうじ》の娘の産んだ皇子であった。その時点で伏見天皇は二十五歳、中宮鏱子は十九歳であるから、皇子の誕生は十分期待できたはずである（実際には生まれなかった）。しかしそうしなかったのは、これも憶測にはなってしまうが、後宇多上皇にすでに五歳の皇子がいたからであったと思われる。皇太子を空席にしておけば、後宇多の皇子を皇太子に立てよという声が出てくる。実際、伏見自身が、亀山・後宇多に皇太子に立てる皇子のいない隙をついて皇太子に立ったのであった。自分のしたことではあるが、相手にはされたくない。後宇多の皇子を皇太子に立てることを阻止するためには、伏見の側で先んじて皇太子に立てる皇子を用意するしかない。経氏の娘が皇子を産んだのは、伏見が皇位についた翌年の三月三日であったが、八月十日には親王に立てた。立太子の時点で数えでは二歳だけれども満年齢でいえば一歳二か月に満たないから、とにかく伏見の皇子を皇太子に立てるのを急いだのだと思われる。

浅原事件

正応二年（一二八九）の四月に嫡孫が皇太子に立ち、十月に庶子（久明親王）が征夷大将軍として鎌倉に下向したのを見届けて、後深草上皇は翌年二月十一日に出家した。そういえば後嵯峨出家の儀は亀山殿を道場とし、何事も文永の父後嵯峨の例に准じて行われた。そういえば後嵯峨の出家も孫の立太子を見届けた上でのものだった。皇子の一人が天皇であり、もう一人が将軍であるというのも共通している。ただ後嵯峨の出家は将軍であった皇子が京に送り返されてから後のものであったけれども、後深草の場合は、将軍となった皇子はまだ関東に下向したばかりであった。後深草はこの日の日記に、「今生の栄を思い、いよいよ来世の果を恐れ、たちまち太上皇の号を解き、すみやかに釈尊の遺弟として、二世の願望成就の条、喜悦肝に銘ずるものなり」と出家の理由を記している。そして正嘉《しょうか》二年（一二五八）以来毎日かかさずつけてきた日記を、「今すでに世事を棄て仏道に帰す。記して何の益あらん」という文言とともに閉じる。治世は伏見天皇に譲られ、伏見天皇の親政が始まることになった。

それからまだ一か月もたたない三月九日の夜、冷泉富小路内裏に武装した数人の武者が押し入り、伏見天皇に危害を及ぼそうとした。天皇は女房の機転でからくも脱出し、間もなく二条京極の篝屋《かがりや》を警固する武士が駆けつけたので、武者たちは自害した。しかし自害するのに清涼殿の夜御殿《よるのおとど》の茵《しとね》の上や紫宸殿《ししんでん》の御帳《みちょう》の内というような天皇の座所を選ぶという異様な行動であった。その装束も赤地錦《あかじにしき》の鎧直垂《よろいひたたれ》に緋縅《ひおどし》の鎧を着け、赤鬼のような面つきであったというし、矢験《やじるし》に「太政大臣源為頼《ためより》」と記していた。

武者の一団は甲斐《かい》国の小笠原一族の浅原《あさはら》為頼とその子息たちで、所領を喪って困窮したが、強弓大力にまかせて諸国で悪党狼藉をはたらき、いずこであっても見つけたところで追討せよという命令が諸国に出されていたという。どこにも行くところのなくなった武者がやぶれかぶれになってひきおこした事件だったのかもしれない。

しかし政治的にはそれだけではすまず、三条実盛《さねもり》が事件の関係者として六波羅に召し捕らえられた。浅原為頼が自害するのに用いたのが、「鯰尾《なまずお》」という三条家に伝わる名刀だったことによるともいわれる。実盛は亀山法皇の側近であったので、事件は亀山の意向を受けたものとして、亀山を六波羅に移すべきだという意見も出た。しかし後深草は穏便な解決を望み、亀山が事件に関係していない旨を記した消息を幕府に遣わすことで、事件は収められた。

亀山は後深草よりも数か月早く、正応二年九月に禅林寺殿《ぜんりんじ》において出家した。禅林寺殿は後嵯峨が洛東に営んだ離宮であるが、亀山もこれを愛用し、院政期にはここで評定が開催されることもあった。「禅林寺殿」という名称は永観堂禅林寺の近辺に営まれたことによるもので、当初は寺院ではなかったが、亀山がここで出家し、その後も居所に用いたため、この後寺院に改められ、やがて寺号を南禅寺《なんぜん》とすることになる。

亀山が出家した心情は、後深草が出家した心情とはずいぶん異なるものであったと思われる。むしろ建治元年(一二七五)に後深草が出家の意志を示した時のほうが比較の対象になる。建治元年には亀山が治天の君であり、その皇子が天皇であったのに対して、正応二年には後深草が治天の君であり、その皇子が天皇であった。しかし建治元年には皇太子の席が空いており、後深草が出家の意志を漏らしたことが、かえって後深草の皇子が皇太子に立てられるきっかけになったが、正応二年には後深草の嫡孫がすでに皇太子に立てられていて、亀山の子孫に皇位を取り戻せる状況ではなかった。失意の亀山が側近を通して、あるいは亀山の心中を慮った側近が、浅原を使嗾《しそう》したと考えた世人もいたわけである。

伏見親政と記録所庭中

　亀山院政下の弘安八年(一二八五)十一月の新制が訴訟関係の規定を中心とするものであったのと同じく、伏見親政下の正応五年(一二九二)七月、やはり訴訟関係の規定を中心とする新制が制定された。亀山上皇から伏見天皇へと治天の君が替わっても、訴訟審理の促進が政治の重要課題であることは変わらない。それは幕府においても同じことで、安達泰盛から平頼綱へと為政者が替わっても、訴訟審理の促進をはかることが一貫して追求されたことは、前に見たとおりである。

　正応六年六月、雑訴評定の制度が改められ、一番から三番までの三方の評定がそれぞれ月二回ずつ開催されることになった。各番の頭人には、関白近衛家基《いえもと》、前太政大臣西園寺実兼、従一位堀川基具という最上位の公卿であり実力者である者が指名され、さらに各番には四〜五名の公卿と弁《べん》・外記《げき》・史《し》からなる寄人《よりうど》六〜七名が配された。雑訴評定の結番制自体、幕府の引付制を模倣したものであろうが、各番に結ばれた公卿が幕府の評定衆・引付衆にあたり、寄人は奉行人に対応する職分を務めたものと考えられる。

雑訴評定に結番制を導入したのと同時に、記録所に庭中《ていちゅう》が置かれた。「庭中」というのは直接の担当者を越えた直訴のことをいい、担当者の怠慢により訴訟の審理が遅延するのを救済する措置として、公正な裁判に必要なものと考えられた。たとえば『蒙古襲来絵詞』においても、竹崎季長がわざわざ鎌倉まで出向くのは、少弐経資による勲功注進に不服があるからであり、鎌倉において御恩奉行安達泰盛に面会かなった季長はその訴えをやはり「庭中」と称している。

記録所庭中を担当する者としては、中納言・参議・弁のうちから二人ずつが六番に結番され、子《ね》から亥《い》までの十二支のうちから二つが割り当てられ、これとは別に外記・明法官人《みょうぼうかんじん》のうちから二人ずつが八番に結番され、一日から三十日までのうちから三日ないし四日が割り当てられた。結局、毎日の担当者が決められているのであるが、中納言・参議・弁級の担当者と外記・明法官人級の担当者の組み合わせはかわっていく。たとえば六月一日丙戌《へいじゅつ》の担当者は中納言・参議・弁級は五番であるが、外記・明法官人級は一番である。しかし十二日後の十三日戊戌《ぼじゅつ》の担当者は中納言・参議・弁級は同じ五番であるが、外記・明法官人級は一番ではなく今度は五番に替わるのである。

なお、庭中が置かれた当初は親政期であったので記録所に置かれたが、この後、院政期には庭中は文殿《ふどの》に置かれる。中世の朝廷の政治形態としては親政よりも院政が一般的であったから、朝廷の訴訟制度の特質をなす庭中についても、一般には「文殿庭中」の名で知られている。

京極為兼の栄光と挫折

伏見天皇に近侍して台頭したのが京極為兼《きょうごくためかね》である。為兼は藤原俊成・定家・為家とつづいた和歌の家御子左《みこひだり》家の出身で、為家の孫にあたる。また母の父三善雅衡《みよしまさひら》が西園寺家の執事を務めていたことから、西園寺家の扶持《ふち》を受け、実兼の推挙により伏見に仕え、皇太子胤仁《たねひと》の乳父《めのと》を務めた。正応六年（一二九三）に伏見天皇は前年来の災厄をはらうために伊勢神宮に願文を納めたが、その使節を為兼は務めた。また同年、伏見は勅撰和歌集の撰集を二条為世《ためよ》・京極為兼・飛鳥井雅有《あすかいまさあり》・九条隆博《たかひろ》に命じた。御子左家は為家の子の世代に二条・京極・冷泉の三家に分かれた。為世と為兼は従兄弟にあたるが、嫡流二条家の為世が保守的な歌風を遵守したのに対して、庶流京極家の為兼は斬新な新境地を示した。勅撰集をめぐって為世と為兼はまっこうから対立し、伏見は為兼を支持した。為兼に対する伏見の信任は厚く、永仁《えいにん》五年（一二九七）七月に伏見に第二皇子富仁《とみひと》が誕生すると、為兼はこの皇子の乳父をも務めた。

ところがそれからわずか半年後、永仁六年正月七日に為兼は六波羅に捕らえられ、三月十六日に佐渡に流された。為兼の個性の強さは敵をつくったであろうし、伏見の恩寵をかさにきての権勢は人の妬みもかったであろう。しかし為兼流罪の真の意図は別のところにあったのかもしれない。事態の推移を見て行こう。

為兼が捕らえられ流罪となった年の七月二十二日、伏見天皇は後伏見天皇に譲位した。後伏見は伏見の皇子であるから、伏見が院政を行うことになり、従来の親政が院政に体裁を改めたけれども、伏見の治世であることにかわりはない。しかし八月二十七日に後宇多上皇の皇子邦《くに》治《はる》が皇太子に立てられたことで流れが変わった。将来、邦治が皇位につけば、伏見も後伏見も院政を行うことができない。院政を行うのは邦治の父である後宇多上皇か、祖父である亀山法皇ということになる。

伏見には譲位の前年に第二皇子富仁が誕生していたから、富仁を皇太子に立てることができれば、伏見の治世が続くことになる。実際、九年前に伏見の父後深草は、伏見の皇太子に後伏見を立てることによって、治世の永続をはかることに成功した。伏見の治世はまさにそれを継承したものなのである。富仁を皇太子に立てれば、後深草―伏見の治世は磐石のものになり、もはや亀山―後宇多が巻き返す機会はなくなる。富仁の誕生は後深草・伏見にそういう機会を与え、そのことに亀山・後宇多が危機感をもったとしてもおかしくない。富仁の乳父に権臣京極為兼を選んだのは、富仁に皇統の将来を託す伏見の期待を示すものであったが、逆にそれが躓きの石となった。為兼が失脚することにより、伏見は譲位に追い込まれ、後伏見が皇位につくことによって空いた皇太子に富仁ではなく、後伏見よりも三歳年長の邦治が立てられることになったのである。

後宇多院政

熙仁(伏見)立太子後の後宇多天皇の影がうすかったように、邦治立太子後の後伏見天皇の影もうすかった。熙仁立太子後、後宇多天皇はなお十二年間在位したけれども、後伏見天皇の在位はわずか二年半で終了した。後伏見は十四歳で譲位させられた。したがって後伏見にも在位中、中宮は立てられていない。

後伏見天皇の在位が二年を過ぎた頃、正安二年(一三〇〇)のおそらくは冬、亀山法皇は腹心の高倉永康《たかくらながやす》を鎌倉に派遣し、譲位のこととこの年五月に亡くなった室町院の遺領のことについての幕府の口入を求めた。年が明けて正安三年正月七日、永康は帰洛して使命を果たしたことを亀山に復命したが、間もなく幕府の使節として佐々木時清・二階堂行貞《ゆきさだ》が上洛し、十八日未刻、関東申次西園寺実兼の今出川《いまでがわ》邸に入った。実兼は亀山・後宇多の院庁執権を兼ねる吉田経《つね》長《なが》と後深草・伏見の院庁執権を兼ねる中御門為方《なかみかどためかた》を招き、譲位を行うべきことと、治世は後宇多が管領すべきことを伝えた。

正月二十一日に後伏見天皇は皇太子邦治に譲位した。新帝はすなわち後二条天皇であり、内裏には二条高倉殿を用いた。その頃、二条高倉殿は後宇多上皇が用いていたが、後宇多は冷泉万里小路殿《までのこうじどの》に移り、亀山法皇と同じ敷地に御所を置くことになった。冷泉万里小路殿は後嵯峨上皇から継承した本邸というべき御所で、亀山は後宇多と共同で用いるために、まだ後宇多の在位中に同じ敷地に西殿という別棟を設けていた。二月十一日の後宇多の御幸始は西殿の亀山の御所を訪れることとして、東から出て北行・西行・南行・東行・北行して、元の敷地に西から入るかたちで行われた。亀山と後宇多は居所を同じくしたのみならず、後宇多の政務の場に亀山がしばしば臨席した。したがってかたちは後宇多院政であるけれども、亀山の意向が強く反映することになった。

八月二十四日、伏見の皇子富仁が皇太子に立てられた。これも幕府の口入によった。幕府は後深草の子孫と亀山の子孫の両方が並び立つように計らう方針であったようである。しかし治世をとった亀山・後宇多の側はこれには不満で、吉田経長を鎌倉に下し、「国に二主あるべからず」という意向を伝えた。これに対して幕府は十一月に使節をのぼせて、譲位の遅速は叡慮次第と伝えてきた。富仁が皇太子となったことで、後二条を長く在位させるべきではないと伏見の周辺が主張している(実際、邦治(後二条)を皇太子とした後伏見は二年半しか在位できなかった)ことに対して、幕府はその圧力にただちに従うものではないことを伝えてきたのである。

ただし富仁を皇太子にすることには、身内の側にも問題があった。富仁は後伏見の弟である。したがって富仁が将来皇位についた時、伏見は父として院政を行うことができるが、兄である後伏見はその資格を欠く。さらに今は後伏見にも富仁にも皇子はいないけれども、将来両方に皇子が生まれた時、皇統はさらに分裂することになる。そこで伏見は、富仁が皇太子に立つにあたり、後伏見は富仁を猶子とすること、将来後伏見に皇子が誕生したならば、富仁はその皇子を猶子とすること、そして富仁の猶子となった皇子は後伏見の嫡孫として皇位を継承することにより皇位の一系をはかることを定めた。ちなみに後伏見は譲位時には十四歳であったが、五年後に西園寺公衡《きんひら》の娘寧子《ねいし》が十五歳で後伏見の後宮に入り、そのさらに七年後に量仁《かずひと》を産んだ。光厳《こうごん》天皇となる皇子である(図4-6)。

室町院領の継承をめぐって

先述のように、正安二年(一三〇〇)のおそらくは冬に亀山法皇の意をうけて鎌倉に下向した高倉永康は、譲位のこととともに室町院の遺領のことについて幕府の口入を求めていた。

室町院は後堀河天皇の皇女であり、承久の乱後に皇位の経験なしに院政を行った後高倉院の

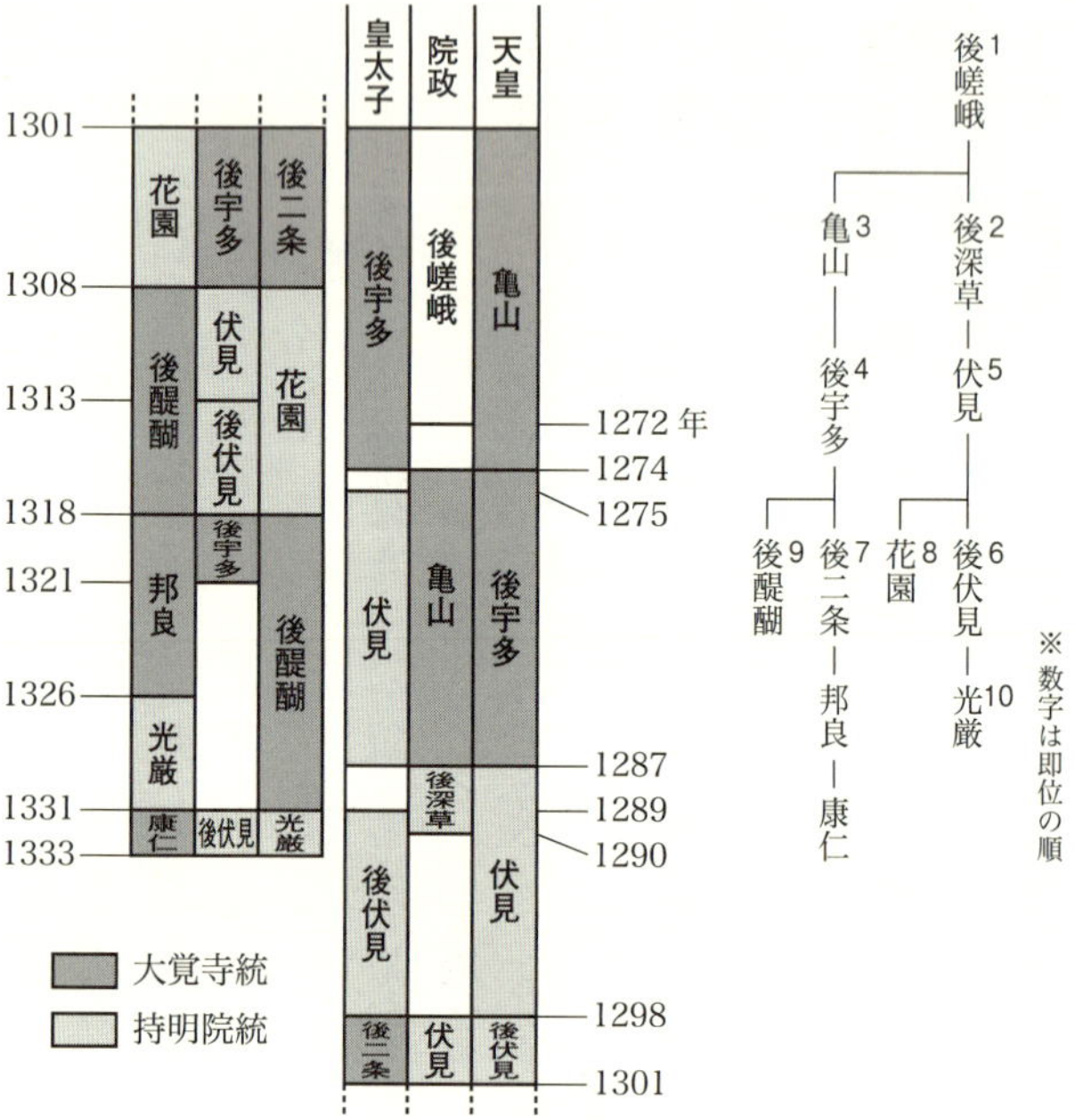

図4-6　皇統の分裂

孫娘にあたる。後高倉皇統に属する荘園群は後高倉の皇女で後堀河の姉、したがって室町院にとっては伯母にあたる式乾門院《しきけんもん》が管理していた。式乾門院は宗尊親王を猶子とし、その所領は室町院に一期《いちご》（一生）の間管領させた後に宗尊親王に継承させることを定めて、建長三年（一二五一）に亡くなった。その時点では宗尊親王を後高倉皇統の後継者としようとしたのであろう。皇統の後継者といっても、皇位を継承する可能性はまずない。皇位ではなく、後高倉皇統に属する人々の菩提を弔う行事を継承するのである。式乾門院は自分が父後高倉院や弟後堀河天皇の菩提を弔うために行ってきたことを、まず室町院に引き継ぎ、その後は宗尊親王に継がせようとしたのである。

ところが、式乾門院が亡くなった翌年、宗尊親王ははからずも征夷大将軍として鎌倉に下向することになり、文永三年(一二六六)に京にもどってきたけれども、同十一年に室町院に先んじて亡くなってしまった。室町院は式乾門院から受け継いだ行事を守る一方で、その行事とその財源となる荘園群を自分の後に安定して継承させる道筋をつける義務を負い、亀山院政が行われた弘安年間には亀山上皇に対して譲状を書き、その後治世が転換して伏見親政が行われることになった正応年間には伏見天皇に対して譲状を書き直した[illegible]

正安二年(一三〇〇)に室町院が七十二歳で亡くなると、亀山法皇は弘安の譲状を根拠に、伏見上皇は正応の譲状を根拠に、室町院領を継承することを主張したが、さらに宗尊親王の王女瑞子《ずいし》が相続権を主張して、それぞれ幕府の口入を求めた。この年のおそらく冬に鎌倉に下向した高倉永康の用件の一つはこのことだったのである。

翌年、幕府は裁定を下し、室町院が式乾門院から継承した百余か所の所領を、室町院が永続知行すべきことが定められていた分と、室町院の一期の後には宗尊親王が継承すべきことが定められていた分に分け、前者については亀山法皇と伏見上皇が折半し、後者については瑞子が継承することとした。

ところが瑞子は後宇多上皇の妃となっており、後宇多の院政がすでに始まり、幕府の上記の裁定が下った後の正安四年正月二十日に永嘉門院《えいかもん》の院号が定められた。伏見上皇は正安三年の裁定を不服として幕府に使節を送り、式乾門院の宗尊に対する譲与は棄破されていることを主張した。幕府はこれを認めて、瑞子の継承分とした五十余か所の所領を改めて亀山と伏見との間で折半することとした。瑞子の所領を折半する目録を二通、伏見の側が用意し、亀山の側がその一方を選び取ることになった。伏見院庁の執権中御門為方が目録二通を冷泉万里小路殿に届けたのは正安四年八月二十九日のことだった。

室町院領をめぐる相論が最終的な決着には至っていない段階の正安四年四月二十六日、伏見上皇は持明院殿に移った。持明院殿は室町院とともにその妹神仙門院《しんせんもん》が用いてきたが、神仙門院も正安三年十二月十八日に七十一歳で亡くなった。神仙門院が亡くなると、伏見上皇はただちに持明院殿を訪れて仏事の沙汰をし、神仙門院を最後に血統の途絶えた後高倉の皇統の菩提を弔う行事を継承する意志を示した。その上で、持明院殿を本邸に用いる決断をしたのである。後深草・伏見の皇統を持明院統と称するのは、伏見が正安四年からこの邸宅を本邸として用いたことによる。

後深草・伏見の皇統を持明院統というのに対して亀山・後宇多の皇統を大覚寺《だいかくじ》統と称するのは、後宇多上皇が徳治《とくじ》二年（一三〇七）に出家した後に大覚寺を御所とするようになったからである。

持明院統と大覚寺統

持明院統と大覚寺統は後嵯峨の皇統の分裂により成立したのではあるが、単に一つのものが二つに分かれたというだけではなくて、持明院統・大覚寺統それぞれが後嵯峨以前の皇統を継承した側面があった。「皇統」といっても、持明院殿を本邸としてきた後高倉皇統がそうであるように、皇位についた先祖の菩提を弔う行事を継承するという意味での皇統である。それぞれの皇統が先祖の菩提を弔う財源として膨大な荘園群を管領したことから、その継承が政治問題になった。鳥羽天皇・美《び》福門《ふくもん》院・近衛天皇らの菩提を弔う行事とその財源となる荘園群は、鳥羽と美福門院との間の皇女で近衛の姉にあたる八条院が管領した。後白河天皇の菩提を弔う行事とその財源となる荘園群はその皇女である宣陽門《せんようもん》院が管領したが、その荘園群は後白河の御所六条殿の持仏堂である長講堂《ちょうこうどう》に付されたので、長講堂領と呼ばれる。後鳥羽天皇の菩提を弔う行事は後鳥羽の妃で順徳の母である修明門《しゅめいもん》院が、後鳥羽の母七条院から継承した所領を財源として管領した。これらの荘園群とそれに伴う菩提を弔う行事が持明院統と大覚寺統に統合されていく(図4-7)。

まず長講堂領については、宣陽門院は鷹司院を猶子とし、鷹司院に一期の間管領させた後に後深草天皇に継承させるつもりであったが、後嵯峨上皇の要求により、建長三年(一二五一)、直接後深草天皇に譲った。

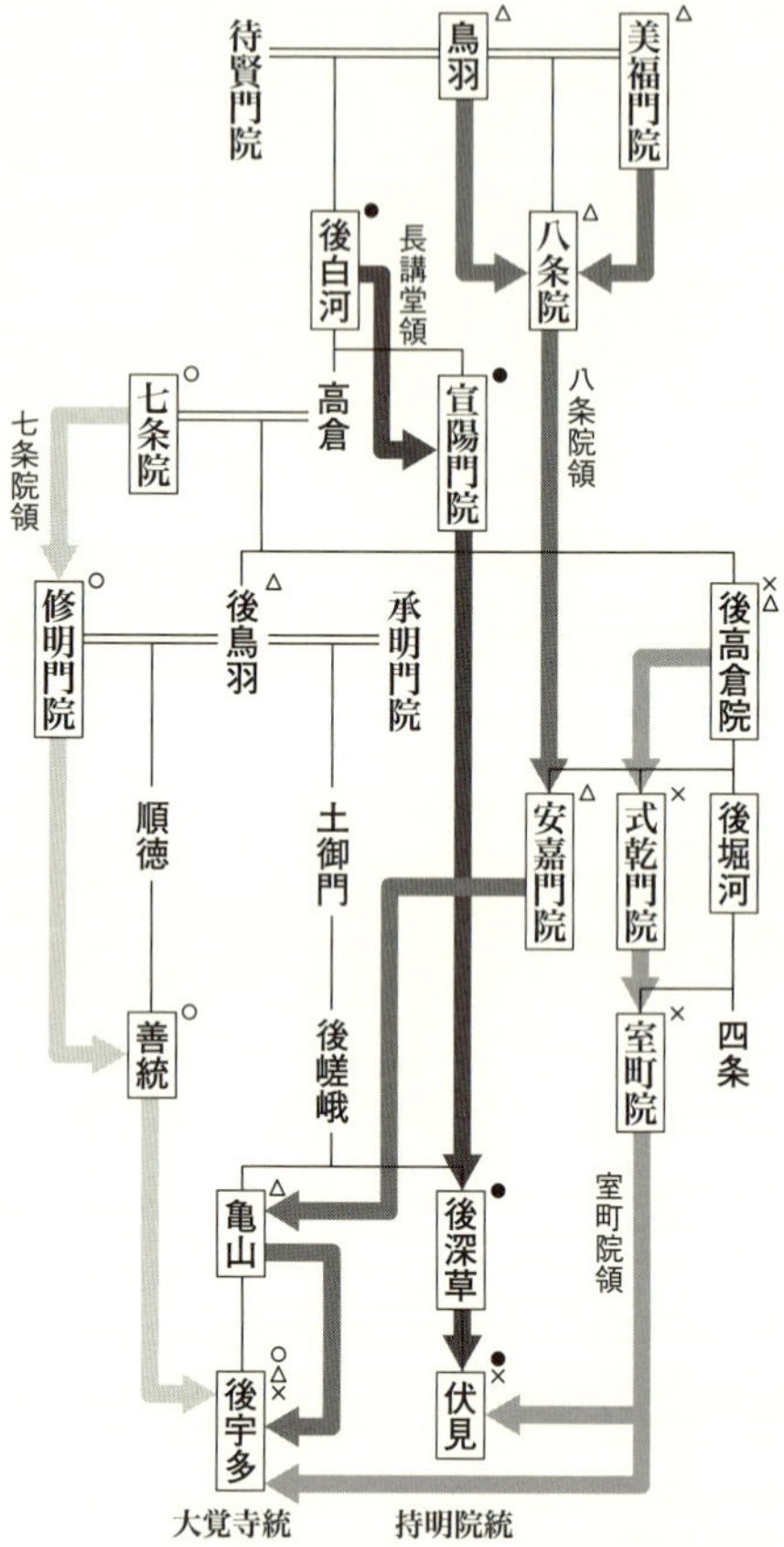

図4-7　女院領の伝領
(八条院領は安嘉門院が伝領する以前に，後鳥羽・後高倉が一時的に管領した)

次に八条院領については承久の乱後、後高倉院の管領するところとなり、後高倉の皇女安嘉《あんか》門《もん》院がこれを継承し、安嘉門院は室町院に一期の間管領させた後に亀山天皇に継承させるつもりであったが、弘安六年(一二八三)に安嘉門院が亡くなると、亀山上皇は高倉永康を鎌倉に送り、亀山がただちに安嘉門院領を管領することを承認させた。室町院はこれに不満を持った。室町院が式乾門院から継承した所領について、弘安年間に亀山上皇宛てに譲状を書きながら、正応年間に伏見天皇宛てに譲状を書き直したのは、安嘉門院領をめぐって亀山に不満を持ったことが影響しているかもしれない。正応三年(一二九〇)に、亀山法皇は安嘉門院領の一部を和与により室町院に割譲した。正応三年といえば浅原事件が起き、亀山の立場が悪くなった年である。しかしこの時、室町院に割譲された所領も、室町院が亡くなった後には結局、亀山・後宇多の管領するところとなった。

そして七条院領については、文永元年(一二六四)に修明門院が亡くなった後は、順徳の皇子である四辻宮善統《よつつじのみやよしむね》親王が管領したが、弘安三年(一二八〇)に善統は後宇多天皇に所領三十八か所のうち二十一か所を寄進し、残り十七か所を安堵された。そして正応二年(一二八九)、善統は残りの十七か所についても後宇多上皇に寄進している。善統は所領を寄進することで後宇多の庇護を受けることを求め、さらに後鳥羽の菩提を弔う行事が継承されることを期待したもののであろう。

こうして長講堂領は持明院統、八条院領と七条院領は大覚寺統の管領下に入り、室町院領は両統の間で分割された。

嘉元二年(一三〇四)の夏の頃、幕府は西園寺公衡に関東申次を務めるべきことを伝えた。五十六歳になった実兼を引退させ、その子息を指名したものだった。その年七月十六日、後深草法皇が六十二歳で亡くなり、翌年の九月十五日、亀山法皇が五十七歳で亡くなった。

3 得宗専制

頼綱の滅亡と貞時の親裁

正応六年(一二九三)四月十三日、寅刻に大地震が発生し、鎌倉では大慈寺《だいじ》丈六堂・寿福寺・建長寺等が罹災し、死者は二万三千二十四人に及んだ。そしてこの地震による混乱がまだつづいていたと思われる二十二日、内管領平頼綱とその次男資宗《すけむね》が北条貞時の命により討たれた。『保暦間記』によれば、資宗を将軍にしようとする陰謀があることを、頼綱の嫡子宗綱《むねつな》が貞時に訴えたのだという。宗綱はいったん佐渡に流されたが、のちに召し返されて内管領に就任したといわれる。頼綱・資宗が討たれたこの事件を平禅門《へいぜんもん》の乱という。

それから一か月後の五月二十五日、貞時による新たな政治が始まった。評定衆・引付衆・奉行人から起請文を徴するところから始まり、大仏宗宣《おさらぎむねのぶ》と長井宗秀《ながいむねひで》を越訴頭人《おっそ》に任じ、庭中を迅速に処理することなどのいくつかの法令が制定された。越訴とはいったん下された裁許に過誤のあることを申し立てる訴訟のことである。これに対して庭中とは直接の担当者を越えた直訴のことをいい、ふつうは担当者の怠慢により訴訟の審理が遅延するのを救済するために認められるものである。しかしこの日に定められた庭中に関する規定では、以前の判決原案と担当奉行人を召し出して当日のうちに処理すべしとされているので、ここでは越訴を申し立てることを庭中といっているのかもしれない。とすると、これは越訴頭人の設置に対応する規定である。

一連の法令の中に、霜月騒動関係の賞罰の見直しも含まれていた。残されている法文自体は、惣領の罪科により惣領と区別されて譲られた所領まで混領して没収された場合の規定であるが、その場合は惣領の没収を決めた引付に戻して返付の手続きをとるというのであるから、想定されているのはごく最近に行われた処置についてであり、それなら霜月騒動の関係であろうと考えられる。ちなみに翌年六月二十九日に霜月騒動に関する賞罰の打ち切りが決められるが、逆にいえば、それまでこの問題は尾を引いていたともいえる。伊賀義賢の後家が了息を匿った咎により所領を没収された際に混領して召し上げられた常陸国久慈東郡加志村が、平宗綱を窓口として訴えることにより返付されたのは、乾元《けんげん》二年(一三〇三)六月二十二日のことであった。

六月、引付が五方から三方に改められ、三番引付頭人に北条師時《もろとき》が就任した。師時は時宗の弟宗政《むねまさ》の子息であるが、父を早く亡くしたために、時宗の猶子として育った。つまり貞時にとっては従弟であるが兄弟のように育った関係である。また時宗の弟宗政・宗頼はよく兄を助けたが、実の兄弟を持たない貞時は師時に、父時宗にとっての宗政の役割を期待したのかもしれない。しかし師時はまだ十九歳で、五月三十日に引付衆を経ずに直に評定衆に任ぜられたばかりであった。

十月、引付頭人に替えて執奏《しっそう》という職が設けられた。この職に補せられた七人のうち三人は引付頭人、二人は越訴頭人からの異動であったが、二人が新任であり、そのうちの一人が金沢顕時であった。霜月騒動により下総国埴生荘に隠棲していた顕時がここに復帰した。問注所執事も摂津親致から霜月騒動以前の太田時連に戻された。

執奏が置かれたことにより訴訟制度がどう変わったか。それを具体的に知るには史料が不足している。しかし、引付責任制下の引付頭人が引付における訴訟審理を強力に指揮し、単一の判決原案を評定に上程することに責任を有したのに対して、執奏は参考資料の提出と意見の具申を行うのみで、最終的に判決を決めるのは貞時一人であったと考えられている。しかもこの制度改革が当時は訴訟審理を促進する「徳政」と受け止められていた。

たしかに二十三歳の貞時は、訴訟審理の促進という喫緊の政治課題を、若さに任せて強引に乗り切ろうとしたのであろう。三番引付頭人から執奏に異動させた師時は十九歳で特に若いけれども、越訴頭人に起用し執奏に異動させた大仏宗宣と長井宗秀も三十五歳と二十九歳で抜擢人事である。貞時の政治は、目指すところはもちろん「徳政」なのであるが、その進め方は、制度を安定的に運営するのを嫌い、抜擢した側近の才能と努力に期待する独裁政治であった。

その貞時の政治はわずか一年で挫折した。永仁二年(一二九四)十月、五方引付が復活し、その頭人には執奏七人のうちから長老四人が選ばれ、もう一人は一年半前に師時に三番引付頭人を奪われた前任者が返り咲き、師時・宗宣・宗秀の三人は排除された。

永仁の徳政令

永仁五年(一二九七)三月六日、幕府は三か条の法令を制定した。そのうちの第二条が質流れ・売却地の取り戻しについて規定したもので、「永仁の徳政令」として知られるものである。「永仁の徳政令」は当時から有名であったし、研究史の上でも、この法令の特異性に注目することから「徳政」ないし「徳政令」の研究がはじまったことは間違いない。しかし研究の進展によって明らかになってきたのは、永仁の徳政令が史上初の徳政令ということではないし、徳政令の典型例とすらいえず、むしろ徳政令を発効させながら、その適用を極力制限しようとする配慮が加えられていることである。しかしそのことを説明するまえに、まず、「徳政」と「徳政令」という言葉の意味を整理しておこう。

徳政とは、前に少し触れたように、元来は理想の政治を指す概念で、かつて理想が実現されていた時代があったのに、世の乱れによって、政治が理想から逸脱してしまったという認識が前提にある。逸脱してしまった政治を元に戻すのが「徳政の興行」であった。土地が質流れや売却によって持ち主を変えることも世の乱れと認識されたがゆえに、質流れ・売却地の取り戻しも「逸脱したものを元に戻す」という意味で「徳政」の一環として認識された。つまり研究概念として整理するならば、「徳政」は中世における理想の政治という広義の意味を有するのに対して、「徳政令」は質流れ・売却地取り戻し令という狭義の意味で用いられる。

ただし研究概念としての「徳政」はもうひとつ別の意味を有する。というのは、徳政令の研究が進むにつれて、質流れ・売却地の取り戻しというのは朝廷や幕府などの権力の法令によってはじめて実現されるわけではなく、それを正当とする観念が社会的に定着しており、一揆などにより局地的に行われる場合や、成文法令のかたちをとらずに事実的に行われる場合があることがわかってきた。そのような事実的行為を呼ぶために「徳政令」から「令」の字を除去して「徳政」と呼ぶのである。

永仁の徳政令はもちろん徳政令ではあるのだけれども、その運用に極力制限を加えようとするものであった。本文を読み下し文で読むことにしよう(図4-8)。

一　質券売買地の事

右、(a)所領を以て、或は質券に入れ流し、或は売買せしむるの条、御家人等侘傺《たてい》の基なり。
向後に於ては停止《ちょうじ》に従うべし。(b)以前沽却《こきゃく》の分に至りては、本主領掌せしむべし。(c)但し
或は御下文・下知状を成し給い、知行廿箇年を過ぎば、公私の領を論ぜず、今更相違有る
べからず。(d)若し制符に背き、濫妨《らんぼう》を致すの輩有らば、罪科に処せらるべし。
(e)次に非御家人・凡下《ぼんげ》の輩の質券買得地の事、年紀を過ぐると雖も、売主知行せしむべし。

本文を(a)〜(e)に区分してみたが、それぞれについて現代語で解釈しておこう。

(a) 所領を質に入れて流したり、売却したりするのは、御家人が困窮する原因である。今後はこれらの行為を禁止する。

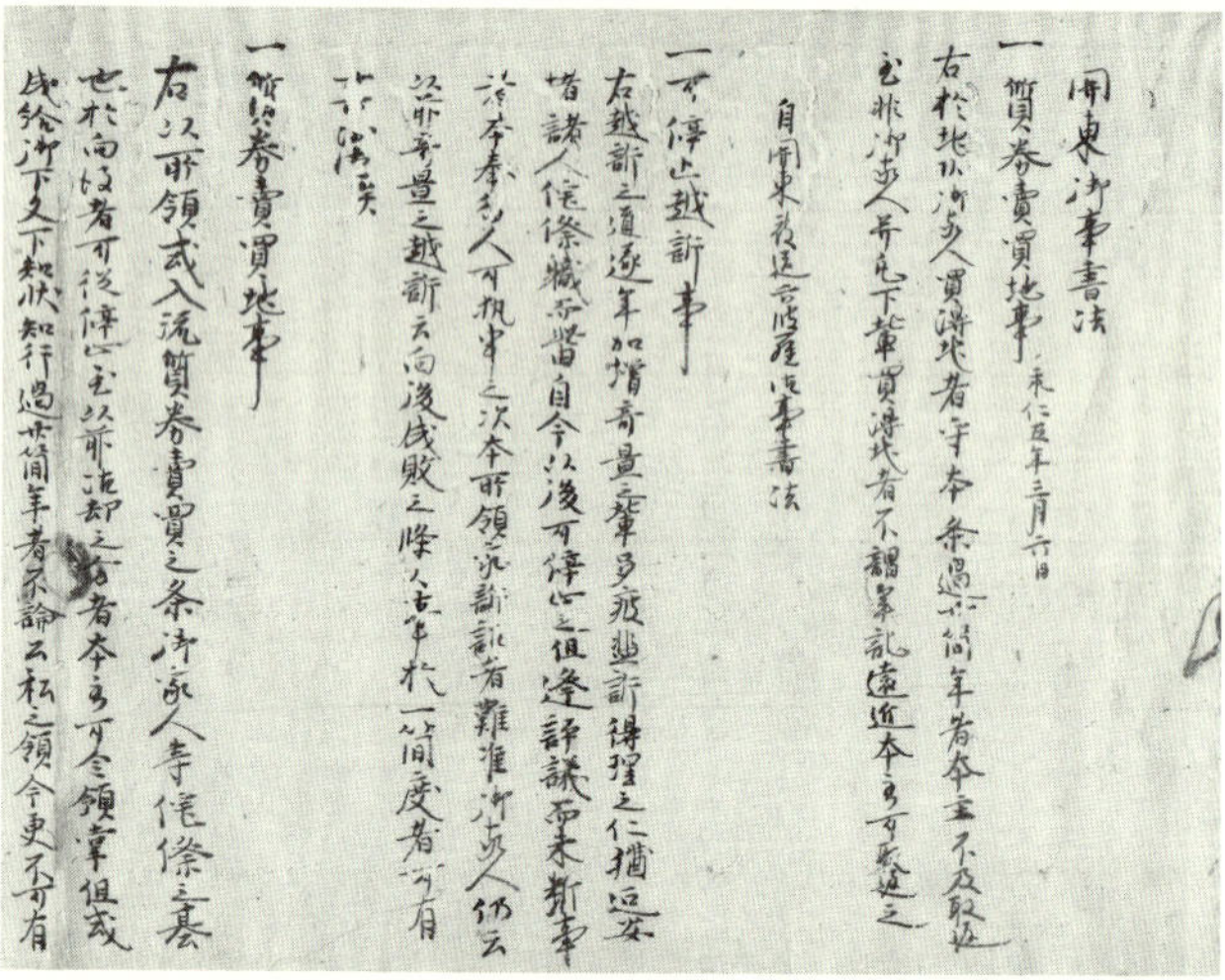

関東御事書法
一 質券売買地事 永仁五年三月六日
右、於地頭御家人買得地者、守本条、過廿箇年者、本主不及取返、至非御家人并凡下輩買得地者、不謂年紀遠近、本主可取返之
自関東被送六波羅御事書法
一 可停止越訴事
右、越訴之道、逐年加増、棄置之輩多疲濫訴、得理之仁猶回安堵、諸人侘傺職而此由、自今以後可停止之、但逢評議而未断事者、奉行人可執申之、次本所領家訴訟者、難准御家人、仍云以前棄置之越訴、云向後成敗之条々、於一箇度者、可有許否矣
一 質券売買地事
右、以所領或入流質券、或令売買之条、御家人等侘傺之基也、於向後者、可従停止、至以前沽却之分者、本主可令領掌、但或成給御下文・下知状、或知行過廿箇年者、不論公私之領、今更不可有

永仁5年7月22日，東寺百合文書京函，京都府立総合資料館所蔵）

(b) すでに売却してしまった所領については、元の持ち主が取り戻すことを認める。

(c) ただし売買後に買得安堵の下文・下知状が発給されていたり、買得後二十年を過ぎていたりしたならば、元の持ち主に取り戻させるような変更は認めない。

(d) もしもこの規定に反していまの持ち主の占有を侵害するような者がいたならば、処罰する。

(e) 非御家人・凡下の者が質流れや売買により入手した土地については、たとえ二十年以上を経過していたとしても、元の持ち主である売主が取り戻すことを認める。

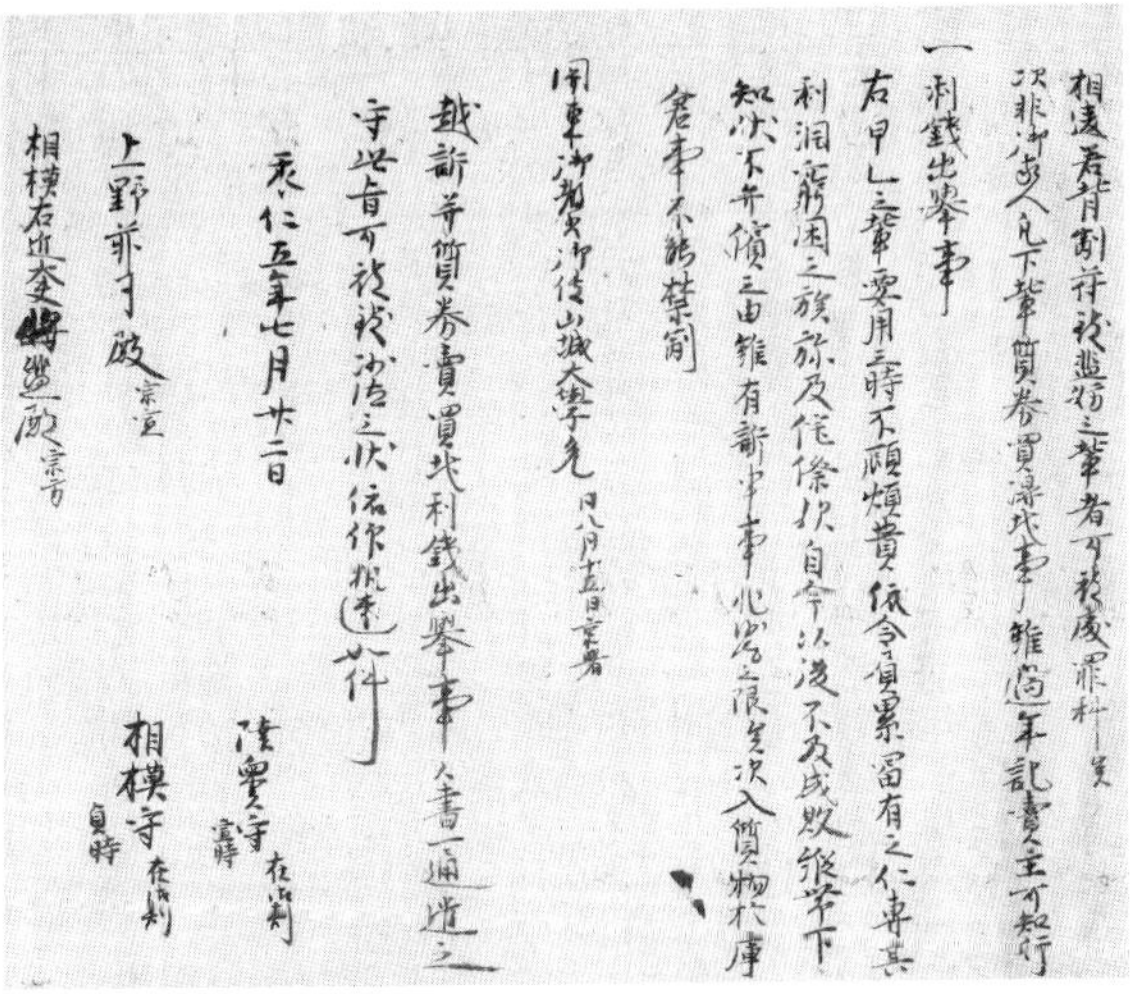

図 4-8　永仁の徳政令
(関東事書案，永仁 5 年 3 月 6 日，関東事書幷関東御教書案，

この法令が徳政令すなわち質流れ・売却地の取り戻しについて規定した法令だとするならば、その主旨は(b)に述べられている。しかし(b)の前提として(a)が述べられ、また(b)で規定された原則に対する例外として(c)が設けられ、(e)においては、(c)で設けられた例外を適用しない場合が規定される。このように本文を複雑にしているのは、質流れ・売却地の取り戻しを発令しながら、その適用範囲を極力限定しようとしていることによる。

　質流れ・売却地の取り戻しが発令されながら例外規定が設けられたことにより、質流れ・売却地について元の持ち主の知行が必ず認められるとは限らず、いまの持ち主の知行が認められることもありうることになった。そして永仁の徳政令が、質流れ・売却地について、元の持ち主の知行を認めるか、いまの持ち主の知行を認めるかについての判断基準としたのが、知行主が御家人であるかどうかであった。そもそもこの法令が御家人所領が質に流されたり売却された場合について規定されたものであることは(a)に明らかであるし、元の持ち主ではなくいまの持ち主の知行が認められる場合として、(c)に、買得安堵の下文・下知状を所持する場合と、買得後二十年を過ぎている場合が規定されているけれども、買得安堵の下文・下知状を受給できるのは御家人であるし、また買得後二十年の規定については、非御家人・凡下の者には適用されないことが(e)に規定されている。結局いまの持ち主の知行が認められるのは、いまの持ち主が御家人である場合に限定される。

中世社会一般に作用していた徳政令ないしは徳政(もちろん質流れ・売却地取り戻しの意味での)は適用資格を御家人に限定するものではない。しかし永仁の徳政令は適用資格を御家人に限定するものであった。限定されたのは適用資格のみではない。適用期間もほぼ一年間に限定された。永仁六年二月二十八日に前年三月六日に制定された徳政令をふくむ三か条の法は停止された。質流れ・売却地を元の持ち主が取り戻すことを認めること、その前提として御家人所領の質入れ・売却を禁止することは、無期限に続けられることではない。永仁の徳政令に基づく質流れ・売却地の取り戻しは一年の期間を限って有効であったのであり、しかしその間に行われた取り戻しはその後も有効であった。質流れ・売却地の取り戻しを正当な行為と認識するのが中世社会であったけれども、だからといってそれがいつでもどこでも無制限に行われるわけではなかった。期間や対象を限定して行われるものであった。それはちょうど、殺生禁断が守るべき戒律と認識されてはいても、やはり期間や対象を限定しなければ実行不可能であったのと似た関係にあった。

嘉元の乱

正安三年(一三〇一)八月、貞時は従弟の師時に執権を譲り、三十一歳で出家した。貞時には四歳になる嫡子菊寿丸《きくじゅまる》があったが、病弱で足が立たず、この翌年に夭折した。師時はかつて平禅門の乱直後に三番引付頭人に抜擢され、制度の改変により執奏に移ったが、五方引付の復活とともに頭人からはずされた。その後改めて二番引付頭人に補せられ、また貞時の女婿ともなっていた。師時は執権就任の翌月、相模守に任ぜられた。相模守は時頼以来、時宗、貞時と得宗に継承されてきた官途である。師時は病弱の菊寿丸にかわる得宗の後継者と目されていたとも考えられる。

執権の交替にともない、連署も宣時から時村に交替した。新執権師時、新連署時村はそれまでそれぞれ二番・一番の引付頭人であったから、引付頭人の人事も同時に行われ、四番引付頭人に宗方《むねかた》が任ぜられたが、宗方は在任数日にしてみずから希望して越訴頭人に異動し、四番引付頭人の後任には熙時《ひろとき》が任ぜられた。宗方は時宗の弟宗頼の子息である。宗頼が長門・周防両国守護として現地に赴任していた間の出生であるが、父を早く亡くしたために、師時と同様、時宗の猶子として成長した。一方、熙時は時村の孫であるが、貞時の女婿にもなっていた。宗方は二十四歳、熙時は二十三歳であり、師時とともに貞時の次の世代の担い手として期待される存在であった。一方、六十五歳で引退した宣時の子宗宣はすでに四十三歳で、六波羅南方を務めていたが、宣時の官途を継いで陸奥守に任ぜられ、翌年二月、鎌倉の一番引付頭人に就任した。貞時よりも年長であるが、やはり若き日の貞時が抜擢した人材の一人である。

嘉元三年(一三〇五)四月にも鎌倉は大地震に襲われた。また貞時の邸宅も火災にかかり、貞時は執権師時邸に身を寄せた。その混乱の最中の二十三日、連署時村が追討された。しかし時村を追討したのは誤りだとして、五月二日に討手十二名が斬首に処せられた。ただし和田茂明《もちあき》一人は逐電した。さらに時村を誤って追討した張本人は北条宗方だとして、同月四日に大仏宗宣と宇都宮貞綱《さだつな》に宗方を追討することが命じられた。しかし宗方はそれを聞いて、貞時も身を寄せている執権師時邸に推参し、そこで佐々木時清ら数名と戦い、斬り死にした。

宗方は正安三年八月に四番引付頭人に任ぜられながら、みずから希望して越訴頭人に移っていたが、翌年九月に四番引付頭人に復帰した。しかし嘉元二年十二月に再びこれを辞して侍所所司に就任した。『保暦間記』によると宗方は貞時の「内ノ執権」も務めていたという。侍所所司にせよ「内ノ執権」すなわち内管領にせよ、要職ではあるが、得宗の被官が務めるべき役職であって、得宗の一門の務めるべき役職ではない。しかし宗方の経歴を見ると、形式的に高い地位よりも実質的に重要な職にみずから希望して就任しているようであり、七歳年長で、おそらくは共に育った貞時を支えるのに懸命であるように見える。宗方は侍所所司として御家人に討手を命じることができる立場であった。

時村追討が直接には宗方の指示によるものであったことを疑う所説はないのだが、『保暦間記』が、宗方が師時の執権就任を妬み、時村につづけて師時・熈時をも討つ計画だったという説であるのに対して、時村追討を指示したのは実は貞時であり、宗方はそれを忠実に実行したのであるが、時村追討は誤りだったということになって、貞時は責任を宗方に押し付けて、宗方をも抹殺したのだという説もある。たしかに五月四日に自分に対して討手が向けられたことを聞いた宗方が、貞時の同居する師時邸に推参したのには、貞時に会いさえすれば誤解は解けると信じた宗方の実直さが感じられる。

時村の横死により空席となった連署には、七月二十二日に宗宣が就任した。

貞時の死と天下触穢

徳治三年（一三〇八）七月八日、安達時顕《ときあき》が将軍久明に帰洛あるべきことを申し入れた。時顕は安達一門で、父宗顕《むねあき》は霜月騒動で討たれたが、この頃から貞時の側近としての活動が見られる。将軍に帰洛すべきことを申し入れたのも、貞時の意向によるものであろう。久明は三十三歳、前将軍惟康親王の娘を御息所《みやすんどころ》とし、守邦《もりくに》をもうけていたが、御息所は二年前に亡くなり、守邦は当年八歳であった。八月四日、久明は入洛し、その後を追うように七日、幕府の使節として二階堂行顕《ゆきあき》が入洛し、将軍宣下を求めた。十日、守邦王を征夷大将軍に補することが宣下され、二十六日鎌倉で守邦は元服した。おそらくその日に合わせて宣旨が鎌倉に届けられたのであろう（二十六日を将軍宣下の日とする説もあるが、この前日に後二条天皇が亡くなり、二十六日に花園天皇が皇位についているので、その同日に将軍宣下ということはなさそうに思う）。九月十九日に尊治《たかはる》親王（後の後醍醐《ごだいご》天皇）の立太子に合わせて、征夷大将軍守邦王が親王に立てられた。

応長《おうちょう》元年（一三一一）十月二十六日に得宗貞時は四十一歳で亡くなった。花園天皇は十一月三日に、貞時の死が伏見上皇に奏聞され、天下《てんか》触穢《しょくえ》が三十日間と定められたことを聞いた。関東の将軍や執権の死が天下触穢、つまり死の穢れが天下に充満するとみなされたことについては、頼朝・義時以来の先例がある。しかし時頼が亡くなった時には天下触穢とは定められていない。

時頼は執権を辞してすでに七年を経ていたからであろう。実は頼経以降の将軍についても、終身その職にあった者がいないからであろうか、その死に際して天下触穢が定められた者はない。貞時については、時頼と同じで、執権を辞してから十年が経過していた。貞時は現職を去った後も実権を掌握していたが、それは時頼も同じである。というより貞時の執政は時頼の例を追っている。しかし時頼の死は天下触穢として扱われなかったのに対して、貞時の死は天下触穢として扱われた。これは必ずしも、貞時の実力が時頼の実力を上回っていたことを意味しない。そうではなくて、得宗という地位の重みが時頼の時代とくらべて貞時の時代にははるかに増したのである。かつては執権の現職にある者の死が天下触穢となったけれども、いまや現職の執権ではなく得宗の死が天下触穢となっている。ちなみに貞時が亡くなる一月前に執権師時が現職のまま亡くなったが、その死に際して天下触穢が議せられた形跡はない。

第五章　裁判の世界

1　裁判のしくみ

本章では少し通史をはなれて、この時代全体の特徴をなす土地をめぐる裁判について考えてみることにしよう。まずは裁判のしくみを見ておくことにしたい。裁判を行ったのは幕府だけではなく、朝廷もまた裁判を行ったし、それ以外にも、守護・地頭あるいは本所などさまざまな機関が裁判を行ったのであるが、ここではそれらを代表させて、幕府の裁判のしくみを取り上げることにしたい。

鎌倉幕府の裁判

幕府の裁判所は、まだ治承・寿永の乱の最中の元暦元年(一一八四)十月、頼朝邸の東面二か間が問注《もんちゅう》を行う場所に指定され、「問注所」の額を打たれたことに始まる。訴訟における原告のことを訴人《そにん》、被告のことを論人《ろんにん》というが、訴人・論人それぞれの主張を注記することを問注というのである。問注を行う責任者には三善康信が指名され、康信の子孫に継承されたこの地位が問注所執事と呼ばれた。

前章まで年代順に時代の流れをたどってきたなかでも、嘉禄《かろく》元年(一二二五)に評定《ひょうじょう》が、建長元年（一二四九）に引付《ひきつけ》が設けられたこと、弘安七年（一二八四）に引付責任制が成立したことに触れたが（四四・五八・一四〇頁参照）、評定・引付が設置されたことにより、裁判のしくみは大きく変わった（図5−1）。問注所も存続したけれども、裁判のなかで占める役割は部分的になり、替わって引付が大きな役割を占めることになったのである。引付が三方から八方まで複数設けられたのは、複数の案件の審理を併行して進めるためであった。

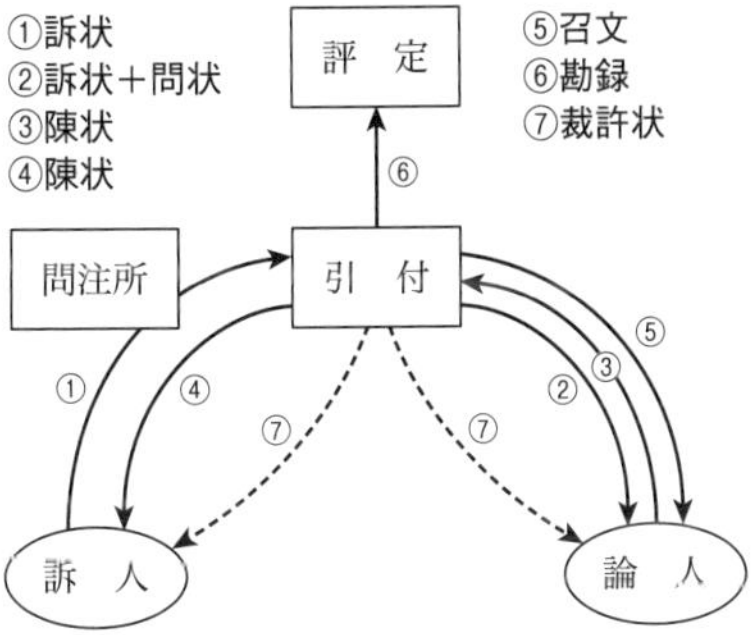

図5-1　鎌倉幕府の訴訟手続き

評定の構成員を評定衆、引付の構成員を引付衆というと考え勝ちであるが、厳密にはもう少し説明を要する。引付の構成員の第一は評定衆であって、執権・連署以外の評定衆は複数あるいずれかの引付に分属する。そして各引付の評定衆の役割を補佐するために引付衆が設けられた。つまり引付の構成員は、正確にいえば評定衆と引付衆ということになる。さらに各引付には訴訟事務の担当者として奉行人が置かれた。引付衆は昇任して評定衆になることがあるが、評定衆・引付衆と奉行人は身分がまったく異なり、奉行人が引付衆・評定衆に昇任することはありえなかった。引付の数が三方から八方の間で増減するのに対応して、各引付に分属する評定衆・引付衆・奉行人の数も増減したが、目安をいえば、評定衆が二〜五名、引付衆が一〜三名、奉行人が二〜五名であった。引付の責任者を引付頭《かしら》ないし引付頭人《とうにん》といい、ふつうは評定衆が務めたが、まれに引付衆が務める場合もあった。

六波羅探題・鎮西探題のもとにもそれぞれ評定・引付が置かれ、裁判所として機能した。裁判の判決書のことを裁許状というが、瀬野精一郎氏が『鎌倉幕府裁許状集』上下二巻に収録した裁許状の数は、関東裁許状が三八一通、六波羅裁許状が九九通、鎮西裁許状が二五一通である。これらの裁許状は、鎌倉時代の社会を知る史料としてきわめて貴重であり、瀬野氏の労作が研究上に大きな便宜を提供している。

訴状と陳状の交換

訴人の言い分を記した文書を訴状《そじょう》、論人の言い分を記した文書を陳状《ちんじょう》というが、訴訟はまず、訴人が訴状を裁判所に提出することから始まる。裁判所に提起された案件を担当させる引付を決めることを「賦《くば》る」といい、「賦り」を担当する奉行人を賦奉行《くばりぶぎょう》という。賦奉行は訴状を受理すると、訴状の端の裏(畳んだ状態で表に出る部分)に訴人の名と受理した年月日を記し、継目裏ないし継目のない場合は料紙の中央に自分の花押を署して、裁判所が訴状を受理した証拠とする。そして賦奉行により当該案件を担当させる引付が決められると、その引付に所属する奉行人のうちから本奉行・合奉行《あいぶぎょう》が指定され、以後は本奉行により訴訟手続きが進められた。

裁判所に提出された訴状は論人のもとに送られ、訴状に対する意見・反論を文書で述べることが論人に求められる。その際に裁判所は訴状に対する回答を論人に命じる文書を発給して、訴状と一緒に論人のもとに届けるが、その論人に対する回答命令書のことを問状《といじょう》という。そして論人が訴状に対する反論をまとめた陳状を裁判所に提出すると、裁判所はこれを訴人のもとに送る。訴人は陳状に対する反論をまとめた二番目の訴状を提出し、これに対して論人は二番目の訴状に対する反論をまとめた二番目の陳状を提出する。訴状と陳状の交換は本来的にはどちらかが沈黙するまで続けるべきで、沈黙することがすなわち負けを認めることであるが、理非の論争に負けて沈黙するのではなくて、訴訟を継続する財力等が続かなくて沈黙するのは不合理であるので、鎌倉幕府においては訴状と陳状の交換は三回までで打ち切ることにされていた。訴状と陳状を交換することを問答、これを三回繰り返すことを三問三答といい、三問三答に用いられた訴状は一番目から順に初問状、二問状、三問状と、陳状は同じく初答状、二答状、三答状といった。訴人の主張を述べる訴状のことと、訴状に対する反論を求める裁判所の命令書のことを、いずれも「問状」と書くのはまぎらわしいが、訴状を意味する場合は「もんじょ《もんじょう》う」、裁判所の回答命令書を意味する場合は「といじょう」と読んで区別している。また訴状について二通目以降のものを「重《じゅう》訴状」と呼ぶことがあるが、これは陳状に反論するために作成された訴状ではなく、論人が訴状に回答しないために訴人があらためて作成した訴状をいうと思われる。

問注と勘録

三問三答が最後まで進むと、裁判所は訴人・論人に出頭を命じる。裁判所の出頭命令書のことを召文《めしぶみ》という。

第二節で取り上げる渋谷一族の相論の場合には、論人に対する召文が使者により届けられた。使者は「関東・六波羅の御教書《みぎょうしょ》を額に当てて」下向したと訴人の何度目かの訴状に記されているが、これは使者が現地に入部する際の所作を示すものであろう。

訴人・論人が裁判所に出頭すると、担当引付の奉行人は三問三答を遂げた訴状・陳状と具書《ぐしょ》(付属文書)を回収し、相論の論点をまとめた上で、訴人・論人を引付に呼び出し、口頭で質問し回答させる。これが問注であり、裁判は本来、問注を主としたはずであるが、鎌倉幕府の裁判制度は、問注を行う前段階の手続きとして三問三答を発達させたのである。また問注を行う場として問注所が設けられたのが元来であるが、引付が設置された後は、問注の場は引付に移った。問注が終わると引付は判決原案に相当する勘録を作成した(これも以前は問注所の役割であった)。

六波羅・鎮西で受理された訴訟については、裁許まで六波羅・鎮西で行われる場合もあるが、一方で、三問三答を遂げた後に訴状・陳状および関係文書が鎌倉に送られて、問注から鎌倉で行われる場合もあり、また、問注まで遂げた後に訴状・陳状・関係文書と問注記が鎌倉に送られる場合もあった。いずれの場合も裁許は鎌倉で行われた。

引付評定と裁許

引付から勘録が上程される評定は「引付評定」と呼ばれた。各引付が引付評定に上程するのは月二回、引付評定は一日に二つの引付からの上程を受け付けたから、引付の数が三方であれば月に三日、八方であれば月に八日が、引付評定の定例日であった。引付が評定に上程する勘録は、弘安七年(一二八四)の改革で一つに限ることとされた。

引付評定では勘録に対して評定衆が籤《くじ》で決めた順に意見を述べ、問題があれば引付に差し戻したが、勘録の示す判決原案に問題がなければこれを是とする頭書を評定衆の一人が付して、一件落着とした(これを「評定沙汰落居《らっきょ》」という)。

引付評定で落居となった案件については、本奉行が裁許状の草案を作成して担当引付の承認をとり、その上で清書することになる。清書は本奉行が自身で行うこともあるし、別に清書奉行が定められる場合もある。

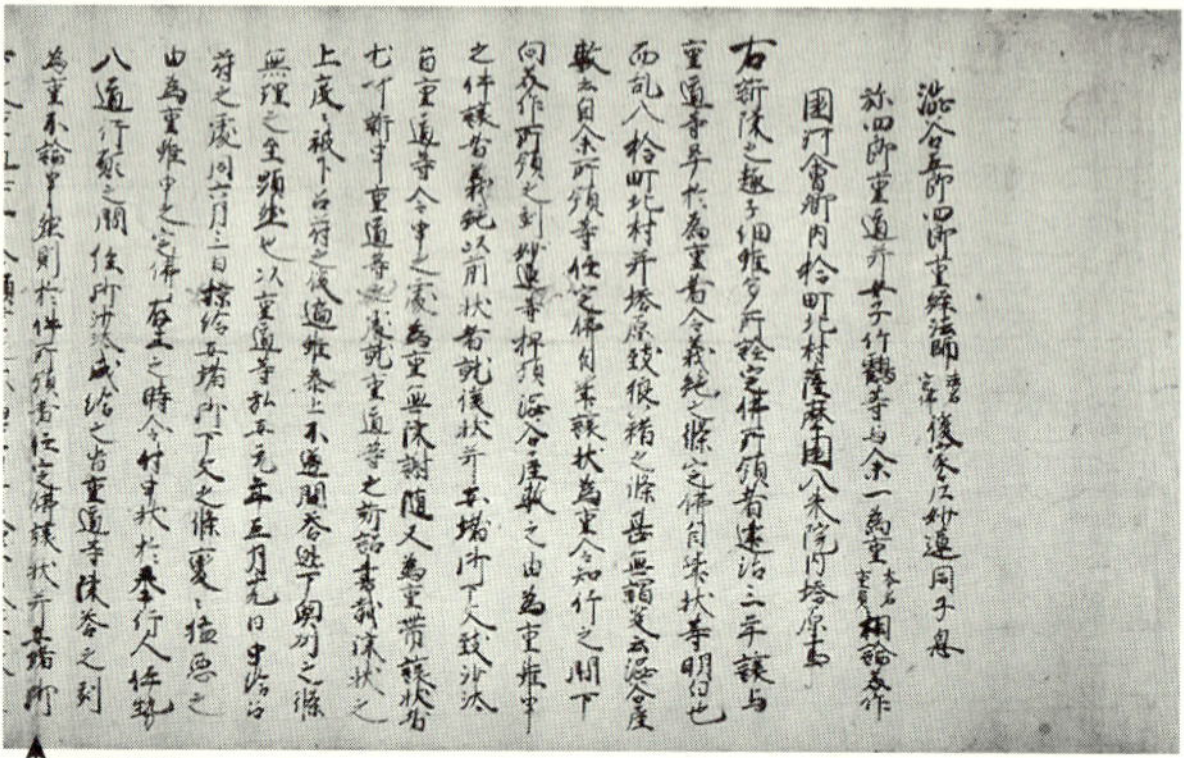

継ぎ目

入来院家文書，東京大学史料編纂所所蔵）

裁許状が清書されると署名の部分に探題（執権・連署も探題である）が花押を署し、料紙が二紙以上になる場合にはその継目裏に担当引付の頭人が花押を署して、引付の座に召し出した当事者（通常は勝訴した側のみ）に渡された。裁許状の日付には引付評定にて落居した日が用いられるのがふつうであるが、落居から裁許状の交付まで数か月を要したこともある。

一方、頭書の付された勘録や訴状・陳状・具書は裁判所の文倉に保管された。裁許状が焼亡したために文倉に保管されている勘録が参照されたこともあるが、文倉もまた火災にかかることがしばしばあったから、それがいつでも可能であるわけではなかった。判決を後の証拠のために保管するのは、やはり当事者の責任とされていたのである。

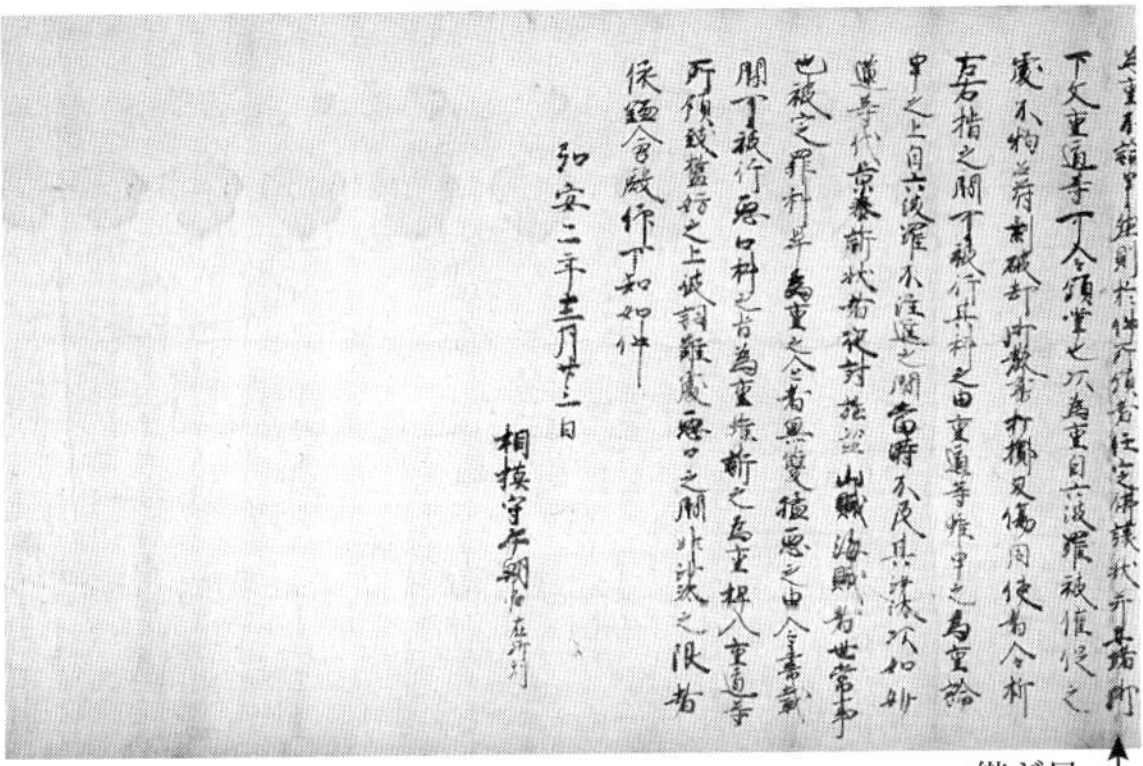
継ぎ目

図5-2　関東裁許状案(弘安2年(1279)12月23日,

2　裁許状を読む

裁許状の実例

本節では、裁許状の一通を実際に読んでみることにしよう。渋谷重経《しげつね》の遺領をめぐり、重経の妻妙蓮《みょうれん》、子息重通《しげみち》、孫娘竹《たけ》鶴《つる》が重経の別の子息為重《ためしげ》を訴えた案件に関するものである(図5-2)。原文は漢文で書かれているが、これを読み下したものをつぎに示しておく。

渋谷五郎四郎重経法師〔法名定仏《じょうぶつ》〕後家《ごけ》尼妙蓮・同子息弥四郎《やしろう》重通〔原文「重道」を訂正した。以下同じ〕ならびに女子竹鶴等と余一《よいち》為重〔本名重員《しげかず》〕相論する、美作国《みまさか》河会《かわい》郷内拾町《じっちょう》北村《きたむら》、薩摩国入来院《いりきいん》内塔原《とうのばる》の事

右、訴陳《そちん》の趣子細《しさい》多しと雖《いえど》も、所詮、定仏所領

は、建治三年重通等に譲与し畢《おわ》んぬ。為重に於いては、義絶《ぎぜつ》せしむるの条《じょう》、定仏自筆状等明白なり。而《しか》るに拾町北村ならびに塔原に乱入し、狼藉《ろうぜき》を致《いた》すの条、甚《はなは》だ謂《い》われ無し。爰《ここ》に渋谷屋敷と云い、自余の所領等と云い、定仏自筆譲状に任せ、為重知行せしむるの間、美作所領に下向《げこう》するの刻《とき》、妙蓮等渋谷屋敷を押領《おうりょう》するの由、為重之《これ》を申すと雖も、件《くだん》の譲は、義絶以前の状なれば、後状《ごじょう》ならびに安堵御下文《あんどおんくだしぶみ》に就《つ》き沙汰《さた》を致す旨、重通等申せしむるの処、為重陳謝《ちんしゃ》無し。随《したがって》又《また》、為重譲状を帯さば、尤《もっと》も重通等を訴え申す可《べ》きの処、重通等の訴訟に就き、陳状を書き載するの上、度々召符《めしふ》を下せらるるの後、適《たまた》ま参上すと雖も、問答を遂げず、奥州に逃げ下るの条、無理の至《いたり》、顕然なり。次いで重通等弘安元年五月十九日召符を申し給わるの処、同六月三日安堵御下文を掠《かす》め給わるの条、変々猛悪《もうあく》の由、為重之《これ》を申すと雖も、定仏存生の時、中状を奉行人伊勢入道行願(二階堂行綱《ゆきつな》)に付けしむるの間、御沙汰を経、成し給わるの旨、重通等陳答の刻、為重論じ申さず。然れば則ち、件の所領に於いては、定仏譲状ならびに安堵御下文に任せて、重通等領掌せしむべきなり。次いで為重六波羅より催促せらるるの処、召符に拘わらず、剰《あま》つさえ御教書《みぎょうしょ》を破却し、同使者を打擲刃傷《ちょうちゃくにんじょう》し、左右の指を折らしむるの間、其科《そのとが》に行わるべきの由、重通等之《これ》を申すと雖も、為重論じ申すの上、六波羅より注進せざるの間、当時其の沙汰に及ばず。次いで妙蓮等代景泰《かげやす》訴状の如くんば、夜討・強盗・山賊・海賊は世の常の事なり。罪科《ざいか》を定められ畢んぬ。為重の企ては、無双猛悪の由、書き載せしむるの間、悪口《あっこう》の科に行わるべきの旨、為重之《これ》を訴うると雖も、為重、重通等の所領に押し入り、濫妨を致すの上、彼の詞、悪口に処し難きの間、沙汰の限りに非ずてえれば、鎌倉殿仰せに依り下知件の如し。

弘安二年十二月廿三日

相模守平朝臣（北条時宗）在御判

裁許状の形式

それでは順に読み解いてみる。まず、読み下し文では省略したが、料紙の右端の裏側に「くわんとうの御けちのあん」と記されている。料紙の右端を「端」（それに対して左端は「奥」）、端の裏を「端裏」というので、端裏に書かれている文字列を「端裏書《はしうらがき》」という。この部分は文書が畳まれた状態では表に出る部分なので、文書の中を開かずに内容の見当をつけるために、保存する者によって記される場合が多い。この場合は「関東の御下知の案」だというのである。「案」「案文」とは、文書の写《うつし》のことであるが、原本（「正文」という）に准じる効力を有するもののことをいう。戸籍謄本《とうほん》などの「謄本」にあたると考えればよい。

読み下し文冒頭の、一字下げて書かれている部分を事書《ことがき》という。「……事」と結ばれているのでこう呼ばれる。事書は一般的には標題にあたり、文書の内容を要約して示しているが、裁許状の場合には

甲 与 乙 相論 丙 事

という形式で、甲は訴人、乙は論人、丙は論所を示す。ここでは「渋谷五郎四郎重経法師〔法名定仏〕後家尼妙蓮・同子息弥四郎重通ならびに女子竹鶴等」が訴人、「余一為重〔本名重員〕」が論人、「美作国河会郷内拾町北村、薩摩国入来院内塔原」が論所ということになる。なお読み下し文で〔　〕で括ったのは、原文では割書きにされているものであるが、論人の名が「為重」と記された後に割書きで「本名重員」と記されている。ここでいう「本名」とは元の名前という意味で、この人物ははじめ「重員」という名前であったけれども、後に「為重」と改名しているのである。

本文は「右、訴陳の趣子細多しと雖も、所詮……」と始まる。「訴人も論人も言い分は多々あるけれどもそれを要約すると」という趣旨で、裁許状の本文はこれに類する文言で始まるこ

とが多い。一般的には、この後に訴人の主張、論人の主張、証拠文書のそれぞれについて要旨を引用し、判決理由を記して、最後に判決主文を示すことになる。判決主文の冒頭には「然れば則ち」という文言を記すことが多い。

この裁許状の書き方はそれと少し異なり、訴人の主張に沿って論旨を展開し、途中で論人の主張を引用しながらそれに反駁を加え、訴人勝訴の判決主文へと導いている。本文を短めにまとめる書き方なのであろう。

訴人の主張、論人の主張

内容を見ていくことにしよう。まず、「重経の所領は建治三年(一二七七)に重通らに譲られた。一方為重は義絶されたことが重経の自筆の文書によって明白である。それなのに、為重が河会郷拾町北村と入来院塔原に乱入して狼藉を働いたのは不当なことである」とある。ここまではおそらく訴人の主張をそのまま引用していると思われるが、訴人の主張であることが明記されておらず、裁判所が客観的に述べている文章のように見える。この裁許は、結局、訴人の勝訴に導くので、訴人の主張をそのまま裁判所が客観的事実と認定した書き方をしているのである。

その次に、「爰に」と「の由、為重之を申すと雖も」にはさまっている部分が論人の主張である。「……と為重は言っているけれども」と受けているから、論人の主張を引用した後にそれを裁判所が否定していくことが予想される。敗訴する側の主張を引用してそれを否定し、それによって勝訴する側の主張が正当であるとする論法がとられるのである。

論人の主張として引用されているのは、次の内容である。「渋谷屋敷についても、そのほかの所領についても、重経の自筆の譲状の通りに為重が知行してきたところ、為重が美作の所領に下向した隙に妙蓮らが渋谷屋敷を押領した」。

論人はこのように言っているけれども、それについて訴人が次のように反論しているのに対して、為重が反論できていないと裁判所は述べる。反論ができていなければ、相手の主張を認めたことになるのである。さて、訴人らの反論は次の通りである。

「為重が重経の自筆の譲状と言っているのは、重経が為重を義絶する以前にしたためたものである。その後、重経は譲状を書き改め(書き改めた後の譲状を「後状《ごじょう》」という)、書き改めた後の譲状にもとづいて安堵下文も発給されているのであるから、書き改めた後の譲状と安堵下文にもとづいて判断されるべきである」。

この訴人の反論に論人は反論できていないと述べた上で、裁判所は論人に理がないという判断を述べる。「随又」という接続詞は、現代語に直せば、「したがって」よりも「一方で」に近い。続く内容は、「為重が重経の譲状を所持するのであれば、為重のほうから重通らを訴えるべきなのに、そうはせずに逆に、重通らから訴えられたことについて陳状に反論を述べるだけの上、何度も召喚状が出されてようやく出頭したけれども、口頭弁論を行わずに奥州に逃げ下ったのであるから、為重の主張に理のないことは明らかである」となる。

次に論人が訴人を批判している主張を引用して、それをまた否定する論法がとられる。「次いで」と「の由、為重之を申すと雖も」の間が論人の主張の引用であるが、やはり「……と為重は言っているけれども」と受けることによって、論人の主張を裁判所が否定していくことが予想される。論人が主張しているのは次の内容である。「重通らは弘安元年五月十九日付けで為重に対する召喚状を発給してもらう一方で、六月三日に安堵下文を発給してもらっているのは変々の猛悪である」。

ここは、裁判所が為重の主張を要約しているのでわかりにくいのだが、為重の陳状の写が残っているので、それによって該当する為重の主張を引用すると、次の通りである。「召喚状と称して訴状に添付された文書の日付は弘安元年五月十九日である。安堵状と称して提出された文書の日付は同年六月三日である。中間わずかに十二日間を隔てるに過ぎない。為重が悪行狼藉を行ったと妙蓮らが不当な訴訟を起こして為重に対する召喚状を発給してもらったのであれば、訴状・陳状の交換をきちんと行い、双方が出頭した上で、裁許が下されるべきである。闕東と薩州との間の海路の往反は簡単ではない（為重は召喚状を薩摩で受け取った）。行程は数か月を要する。それなのに召喚状を発給してもらってから十二日後に安堵下文を発給してもらったと称して妙連らが法廷に提出してきたことは理解しがたい所業である。あれこれ調査をせずに安堵下文を発給するのであれば、どうして召喚状を発給したのか。召喚状に対する論人の反応を待つのであれば、どうして十数日の間に安堵を申請するのか。不当に為重を無実の罪で訴え、その判断が下る前に安堵下文を詐取した。両様変々の猛悪はたしなめられるべきである」。

裁判所に要約されると舌足らずになってしまうけれども、もとの論人の主張はなかなか堂々たるものである。論人の主張の最後で訴人を非難して「両様変々の猛悪」と言っているが、これには少し解説が必要であろう。「両様」というのは、一つの案件について二通りの訴訟を起こすことで、これは当然禁じられている。一般的には、複数の引付で同時に一つの案件について審議を受けることをいうのだが、ここで論人が訴人を非難しているのは、訴人が一方で論人の狼藉を訴えながら、一方で安堵の申請を行っていることである。論人の狼藉を訴えるのであれば、その件が落着してから安堵を申請すればいいのだし、安堵を申請するのであれば、論人を不当に訴える必要などなかったというのである。このような論人の主張を、裁判所は「…と為重は言っているけれども」と受け、これに反駁していく。次の通りである。「安堵下文については、重経が生前、申請書を奉行人二階堂行綱に提出して審理を経た上で発給されたのであると重通らが回答したのに対して、為重は反論していない」。
反論しなければ相手方の主張を認めたことになる。つまり重通らが安堵下文を給わったのはなんら問題ではないということになる。

その次に「然れば則ち」が来て、判決主文が導かれる。「これらの所領については、重経の譲状と安堵下文にしたがって、重通らが領掌すべきである」。

下された裁許

これが判決主文。重通らの勝訴ということになる。

この裁許状では、判決主文の後に結構長い文が続く。これらは審理の過程で付随してきた論点であり、判決主文の後に記されるのは、たいていは却下される論点なのであるが、一応見ておこう。論点は二つある。最初の論点は次の通り。

「為重が六波羅から召喚の催促を受けた時に、為重が召喚に従わなかったのみならず、召喚状を破却し、使節に乱暴を働いて左右の指を折ったと重通らが訴えた件については、為重が反論している上に、六波羅からはこの件に関して何も報告がないので、取り上げない」。これが最初の論点。

もう一つの論点は次の通り。「妙蓮らの代官である景泰の訴状には、夜討・強盗・山賊・海賊については罪科が定められているが、為重の行為はそれに匹敵する「無双の猛悪」であると書かれていた。これを悪口にあたると為重は訴えたが、為重が重通らの所領に押し入り濫妨をしたのは事実であるから、景泰の言葉は悪口に当たらない」。

「悪口」というのは今で言えば名誉毀損であろうか。言われている内容が事実に反すれば「悪口」になるが、事実の通りであれば「悪口」にはならないというわけである。ちなみに御成敗式目第十二条では、悪口の重いものは流罪、軽いものは召籠《めしこめ》（身柄を指定した者に預ける刑）に処すこと、法廷の場で悪口が認められれば、たとえ裁判では理があっても、論所は相手方に渡され、そもそも裁判においても理がなければ、論所とは別の所領が没収され、所領をまったく持たなければ流罪に処せられることが規定されている。

さて、裁許状もいよいよ最後まできた。

「てえれば、鎌倉殿仰せに依り下知件の如し」。

「てえれば」は漢字では「者」と書くが、「ということなので」と以上が引用であることを示す。この引用がどこから始まるかというと、冒頭の「右」の次からすべてである。このすべての内容が鎌倉殿の仰せられた内容だというのである。もちろんこれはたてまえ。裁許状の発給について、鎌倉殿＝将軍の決裁を受ける手続きは実際には存在しなかったと思われる。にもかかわらず、形式的には裁許の内容は鎌倉殿の仰せを受けて命令するということになるのである。誰が命令するのかというと、これは日付の次行に署名している執権である。

この裁許状案の料紙は二枚が貼り継がれているが、その継ぎ目の裏に二か所「在裏判《ありうらはん》」と記されている。この文書は案文であるが、正文と同じように料紙を継ぎ、正文では料紙の継ぎ目の相当する位置に花押が据えられていたことを示している。料紙の継ぎ目裏に花押が据えられるのは、今日の契約書の綴じ目に割り印が押されるのと同じく、継ぎ目に誤りのないことを証するためであるが、裁許状の継ぎ目裏に花押を据えるのは、この時期では、当該の案件を担当した引付の頭人と本奉行であった。なお弘安七年（一二八四）の引付責任制により、継ぎ目に花押を据えるのは頭人一人になった。

3　訴訟の多発する社会

所領相論の原因

鎌倉時代の所領相論をその原因によって分類すると、本所地頭間相論、遺跡相論、境界相論の三つをあげることができる。

本所地頭間相論は荘園に地頭が設置されたことにより本所との間に惹起した相論で

ある。地頭は下司の職分を継承したものである。しかし下司であれば本所がその任免を行うことができるけれども、これが地頭に替わると、その任免権は幕府に属して、本所にはない。したがって下司が本所の支配に従わなかったならば、本所は下司を解任することができるけれども、地頭の場合にはそれができない。

地頭が設置された当初は、本所は地頭職の停止を要求し、それが朝幕間の交渉課題ともなったし、また地頭の下地《したじ》支配を濫妨として本所が訴えると、幕府はとりあえず濫妨の停止を命令し、地頭が異議を申し立てた場合にのみ双方の主張に対する裁定を行うという立場をとった。

しかし地頭の存在がもはや否定しえない恒常的なものになってくると、本所も濫《みだ》りに地頭職の停止を求めたり、地頭の濫妨停止を求めたりというのではなくて、荘園の所務(経営)をめぐる具体的な論点について訴えるようになった。地頭の現地管理が従来の先例を越えたものとなることを「非法」といい、本所が地頭の非法を訴えるのが一般的な形になったのである。それに対して裁判所としての幕府も、これを政治的に解決するというのではなく、双方の主張を聞いて、それに対して第三者として裁定するようになった。

つぎに遺跡相論の「遺跡」とはある人が死んだ跡に遺された物、ないしは遺された人のことをいう。たとえば御家人役の賦課は特定時点の御家人名簿に基づいて行われるけれども、時間が経過して当初の名簿に載せられている御家人がすでに故人になっている場合などには、誰々の遺跡に賦課するというような言い方がされる。

遺産相続を「遺跡」という言葉を用いて表現すれば、物としての遺跡を人としての遺跡に相続させるということになるが、その遺産相続をめぐる相論が遺跡相論なのである。

遺産相続をめぐる争いは古今東西を問わないが、そのあり方は社会構造により規定される。たとえば江戸時代であれば、家産は一括して家督に継承されるから、家督争いとは別に遺産相続をめぐる争いが生ずるということにはならない。鎌倉時代には家督を継承する子を嫡子、それ以外の子を庶子といった（母親が同じでも嫡子以外は全員庶子である。私生児という意味ではない）。嫡子の地位をめぐる相論ももちろんあったけれども、自分が庶子で嫡子が別にいることを認めながら、庶子としての相続分を求めて訴訟を起こすということがあったのである。

境界相論というのも古今東西を問わず、土地が区切られれば必ず発生するものである。しかしこの時代の特徴をなす境界相論といえば、本所地頭間相論の結果として下地が本所側と地頭側に分割された場合や、遺跡相論の結果として嫡子庶子間で親の所領が分割された場合にその間の境界をめぐって争われるものであろう。

さて、この時代の所領相論の発生要因の全体を一瞥したところで、そのうちの遺跡相論についてもう少し掘り下げて考えてみることにしよう。遺跡相論が起こるのは、庶子が庶子なりに所領の分与を受ける期待を持つからである。単独相続の慣行が確立し、家督以外の者は家産を継承せず、そのかわりに家督が一家の者を扶養する義務をきちんと果たすならば、家督以外の者が不満を持つということにはならないかもしれない。しかしこの時代の慣行は単独相続ではなく分割相続である。しかも分割相続を行うのに十分な所領がもはやないという問題があった。そこで少ない所領をどう分割するかをめぐって相論が起こるわけである。

分割相続が持つ意味

分割相続というのは、武士による所領の大規模開発が進められた十二世紀という時代の慣行のなごりである。広大な未墾地を武士たちが占定《せんてい》して急速に開発を進める。未墾地の占定を合法化するために、それは荘園という形式をとり、その所出物は国家的な目的のために使われる。所出物を国家的な目的のために使用するから、その荘園は合法的存在たりうるのである。

地方の武士が占定した未墾地をそのような荘園として位置づけるためには、京都にあって手づるをもって根回しをする者が必要である。受領を歴任し、上皇・女院の近臣としてその御願による寺院の造営等をてがけてきた中級貴族がその役割を果たした。逆に、地方の武士により開墾された土地の所出物をそのために投入もしたのである。つまり上皇や女院の御願寺等を本家とし、受領級の中級貴族を領家とし、現地で開発と経営にあたる武士を下司とする荘園の領有形態が成立した。一つの土地に重層的に複数の権利主体が関わることは後には紛争の種になるのであるが、十二世紀にはそれが問題にならないほど粗放な経営で、全国に膨大な荘園群を有する本所からすれば、個別の荘園から毎年確実に一定量の所出物が確保できなくてもそれほど問題ではなかったと思われる。

武士による未墾地の占定は大体一郡規模で行われたが、その所領は複数の子女に分割して譲与された。譲与を受ける子女の側からすると、所領規模は親の何分の一かになってしまうが、そのうちに広大な未墾地が含まれ、それを開発していくわけだから、耕作面積は実はそれほど減っていない。というより、一郡規模の所領では未墾地の開発を進めるのに大きすぎ、むしろそれを分割して子女に譲与したほうが合理的であることになる。それが武士による一郡規模の所領占定が進んだ十二世紀には分割相続が行われるのが適当であった理由である。

しかしおそらく十二世紀末頃までには、当時の技術水準で開発可能な土地は開発しつくされ、所領の規模も経営の適正規模にまで分割されていたと思われる。必要性という意味では分割相続はもはや必要ではなく、逆に所領規模を適正に維持するのを疎外する要因に転じた。所領相続をめぐって兄弟間の競争が激化し、それが遺跡相論の頻発する原因になった。この問題は相続法において分割相続が克服され単独相続が確立することによってしか解決しないのであるが、それには十五世紀半ばに至る数世代におよぶ時間とその間の葛藤が必要であった。

治承・寿永の乱や承久の乱は、所領が再配分される機会となった。武士が敵対する陣営に分かれて戦うことにより、勝者は敗者の所領を得て、分割相続を継続することを可能にした。かつては新田開発を進めるために分割相続の形態がとられたのに、いまや分割相続を進めるために戦争で敵方の所領を奪い取ることになった。しかし戦争が所領再配分の機会として有効に機能したのも宝治合戦(一二四七年)が最後である。その頃から単独相続に移行しようとする個別の努力が行われるようになった。

渋谷一族の場合

本章第二節で取り上げた渋谷一族の場合、渋谷重経は庶子の庶子である。庶子であっても重経の父の代までは広大な所領を獲得する機会があったから、嫡子に劣る所領規模であっても十分自立できた。

渋谷氏を名乗るのは相模国渋谷荘の下司であったからだが、渋谷氏が渋谷荘に入植したのは実はそれほど古いことではない。重経の曽祖父が重国《しげくに》といって頼朝の時代の人物であるけれども、おそらく重国が秩父から出てきて渋谷荘を開発したのだと思われる。その時代の史料に欠けるけれども、後世の史料から推測すると、同時期に上野《こうずけ》国や伊勢国にも所領を有したようである。

渋谷一族は建暦三年(一二一三)の和田合戦で和田義盛に味方したためにしばらく雌伏を余儀なくされたが、寛元四年(一二四六)の将軍頼経の京送還や翌年の宝治合戦に際して、北条時頼に味方したので、その勲功により千葉秀胤が薩摩に有した広大な所領を分割して与えられた。重経の父は六人兄弟の五番目で庶子であるが、このとき入来院という一郡規模の所領を与えられたのである。

重経の父は重経ら兄弟六人に入来院を分割譲与した。重経は六人兄弟の二番目で庶子にあたり、嫡子にあたる兄がいる。兄には重経の何倍もの規模の所領が譲られたから、兄はさらに五人の子に分割譲与したけれども、重経以下の知行分はもはや分割するには不足気味の規模になっている。それゆえに重経の遺跡をめぐって相論が起きたのである(図5-3、4)。

それでも分割相続の慣行は根強く、重経も分割相続のかたちはとっている。しかし重経が譲ったのは重通とその娘の竹鶴で、子息とその娘つまり孫娘をそれぞれ「嫡子」と「庶子」として譲っている。しかも重経が親から譲り受けた入来院塔原村をそれ以上は分割せず、まとめて重通に譲り、竹鶴には別の所領を譲っている。

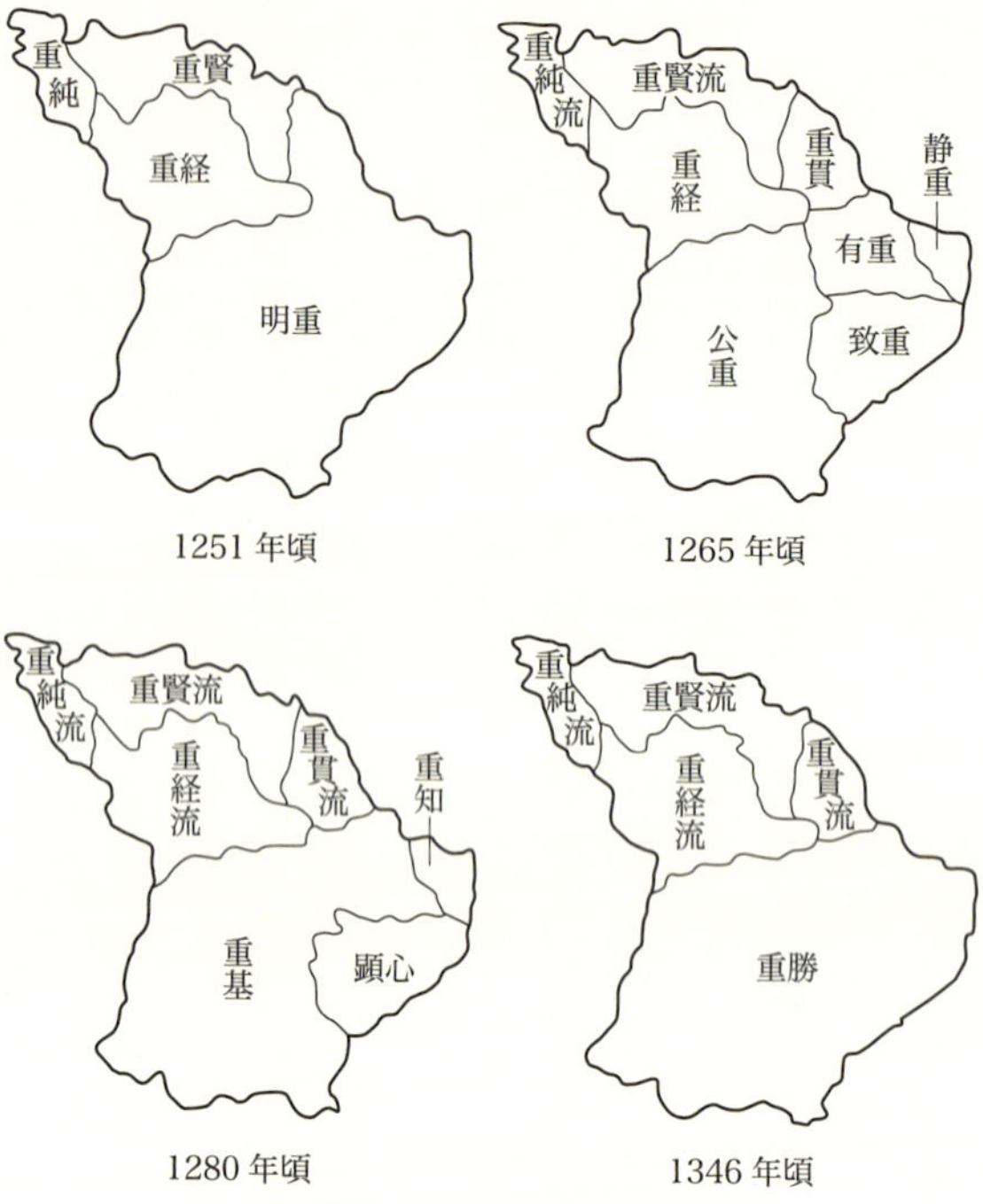

図 5-3　入来院所領変遷図

重通は為重との相論に勝訴した後、塔原村を南北に分割し、北方を惣領分として重貞《しげさだ》に譲り、南方を庶子分として惟重《これしげ》に譲ったが、その後重貞が惟重に惣領職を譲ったので、惟重が庶子分と惣領分の両方をあわせて知行することになる。塔原村を南北二つに分割するところまでは可能であるとしても、できれば一体として知行したほうが適当だったのであろう。

　ところが惟重が譲状を書かずに亡くなったことで問題が

起きた。惟重の遺跡をめぐり嫡子重広《しげひろ》と庶子重名《しげな》が争い、庶子重名は重広の嫡子としての地位は認めるけれども（実はもう少し複雑で重広かその子別当次郎丸のいずれかを嫡子として認めるというのが正確なところである）、自分も次男としての相続分を有することを主張したのである。親が譲状を書いていれば、それがどんな内容のものであっても有効である。親が所領をどのように譲与するかは親の自由意志に任されており、子の期待権に拘束されることはない。しかし親が譲状を書いていないとこれを「未処分」といって、一族の自治によって配分がなされればいいのだが、それも不調だと幕府が配分することになり、その場合、後家や子の相続権が全面的に表に出てくることになる。惟重の遺跡も後家・子・孫八人に配分され、重広は嫡子として兄弟の二倍以上を配分されたけれども、それでも田六町、在家十二宇であった。

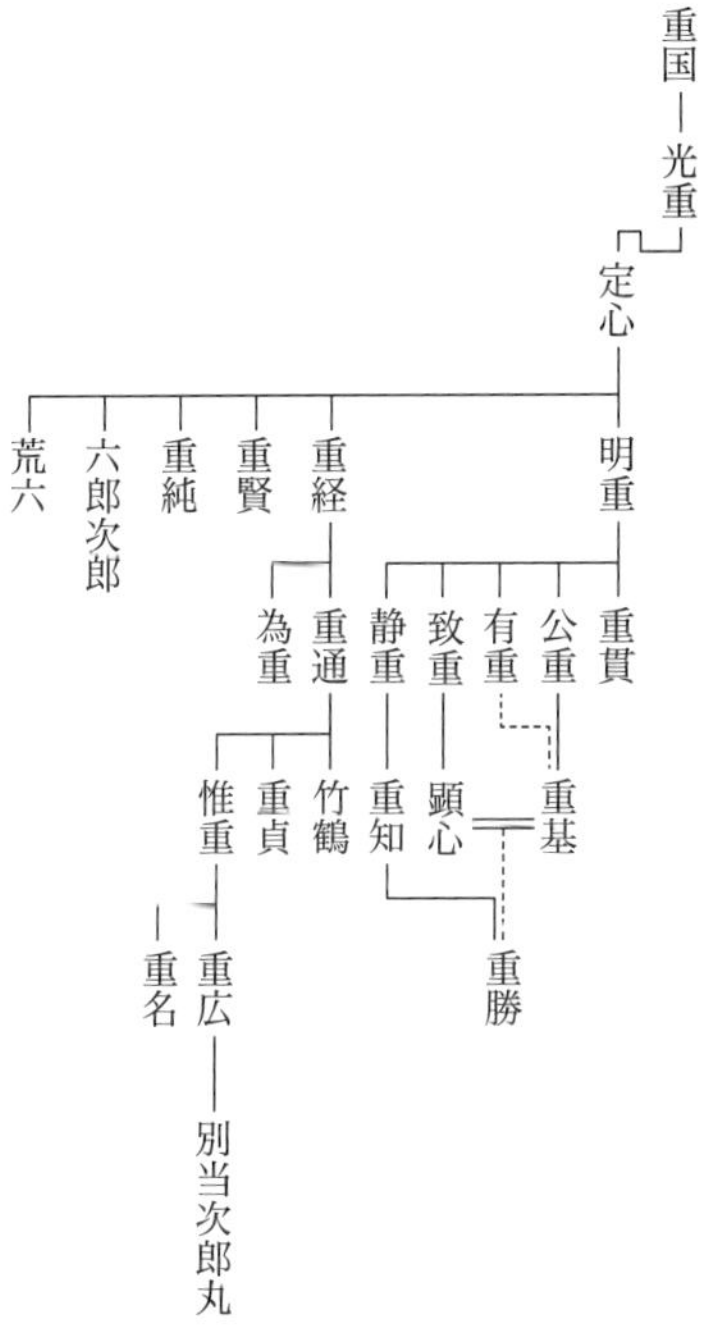

図54　渋谷氏系図

重名が配分されたのは田二町九段、在家九宇である。これはもう領主経営の規模を下回っている。重広も重名も耕地片を知行し、自分で耕作するか、他人に耕作させるかはしたであろうけれども、村落を領主として支配するということではなくなっているのである。

一方で、重経の兄の系統はどうなったかというと、次の世代までは分割譲与されたが、その後逆に分割された所領が統合されていく。従兄弟と従姉妹が結婚したり、一門の有力者を養子としたりして、所領が集積されていくのである。この時代の養子は養親の菩提を弔うことを義務とするので、有力者は複数の養親を持つことがふつうにあるのである。

そして南北朝・室町期になると、重経の子孫のように領主経営の破綻した一族を被官化し、その所領を併呑していく。一四九〇年(永伝元年という私年号を用いている)の譲状で入来院の再統合が完成したことが謳われ、その後は入来院の全体が家産として単独相続されていくので、譲状は作られなくなるのである。

本章では、通史からいったん離れて、鎌倉時代の裁判のしくみと、裁判を必要とした社会の構造について考えてみた。十二世紀に展開した大規模開発が本所と下司・地頭という重層的な領有構造と分割相続という相続形態を産み出したが、開発が限界に近づくと、その二つの構造が二つながらに社会矛盾となり、訴訟を続発させた。鎌倉時代はまさにその矛盾が顕在化し、それに対応する権力が求められた時代であったのである。二つの社会矛盾のうち、分割相続の問題の行方については本章で展望してみたが、もう一つの問題、本所と下司・地頭という重層的な領有構造がどう展開していくかについては、次章の冒頭で考えてみることにしたい。それが「悪党」という鎌倉末期の公武権力を悩ませた問題の根本要因をなしたからである。

第六章　鎌倉幕府の滅亡

1 悪党の登場

幕府滅亡の原因をめぐって

少し前までは、鎌倉幕府滅亡の原因をモンゴル戦争から説明するのが一般的であった。いわく、モンゴル戦争を鎌倉武士は果敢に戦い、外国の侵攻を撃退したけれども、逆に恩賞にあてる土地を獲得する戦争ではなかったために、武士たちは十分な恩賞を得ることができず窮乏化した。幕府は御家人の窮乏を救うために徳政令を出したが、徳政令は売買貸借契約を混乱させるものである上に、御家人のみを救済する不平等な政策であるから、幕府に対する信頼が失われた。徳政令によっても救済されず窮乏化した武士は悪党となり、社会不安を醸成させた。そこに後醍醐天皇が倒幕計画を掲げたので、幕府に不満を持つ武士たちがそれに結集した、と。

このような見方は徐々に修正されつつある。まず徳政令は人心の信頼を失わせるような悪法であったわけではなく、徳政令が正当であると認識されるような社会であったことが明らかにされてきた。

つぎに、モンゴル戦争を戦った武士たちに対する恩賞が不十分であったことは確かであるが、それを武士が窮乏化した主要因とするのは正当ではない。そもそもかりにモンゴル戦争がなくても武士は窮乏化せざるをえないような分割相続の構造があったことは前章で見た。

前章で見た訴訟が多発する要因はすなわち社会構造が内包する矛盾なのであるが、それが鎌倉末期にどう展開していったかを見ることにしよう。

下地中分と一円領の形成

前章で所領相論の要因の第一にあげた本所地頭間相論であるが、これは一つの土地の経営をめぐって本所と地頭が争うのが本質だから、中間的に折衷的な裁許が繰り返されても根本的な解決には至らない。結局は下地を分割して、本所・地頭双方がそれぞれ排他的に支配する領域が創り出されることになる。下地をほぼ均等に二つに分割することを「下地中分《ちゅうぶん》」と呼び、下地中分によって創出される本所・地頭双方が排他的に支配する領域のことを一円領《いちえんりょう》と呼んでいる(図6-1)。

正応六年(一二九三)五月二十五日、平禅門の乱後の貞時による政務始の評定において、従来は下地中分を新補地頭にのみ認め、本補地頭に認めてこなかったのを、本補地頭についても認めることが決められた。ちょうどこの頃から下地中分の事例が多く認められるようになる。

本所と地頭が下地中分することにより成立した本所一円地であれば、本所が雑掌を派遣して強力に直務支配を行うことになる。しかしもともと地頭が置かれていなかった荘園は、当初から直務支配ということは少なく、地頭のかわりに下司が現地を管理していた。下司であれば、地頭とは異なり、本所は自分の支配に服さない下司を解任することができる。解任することは

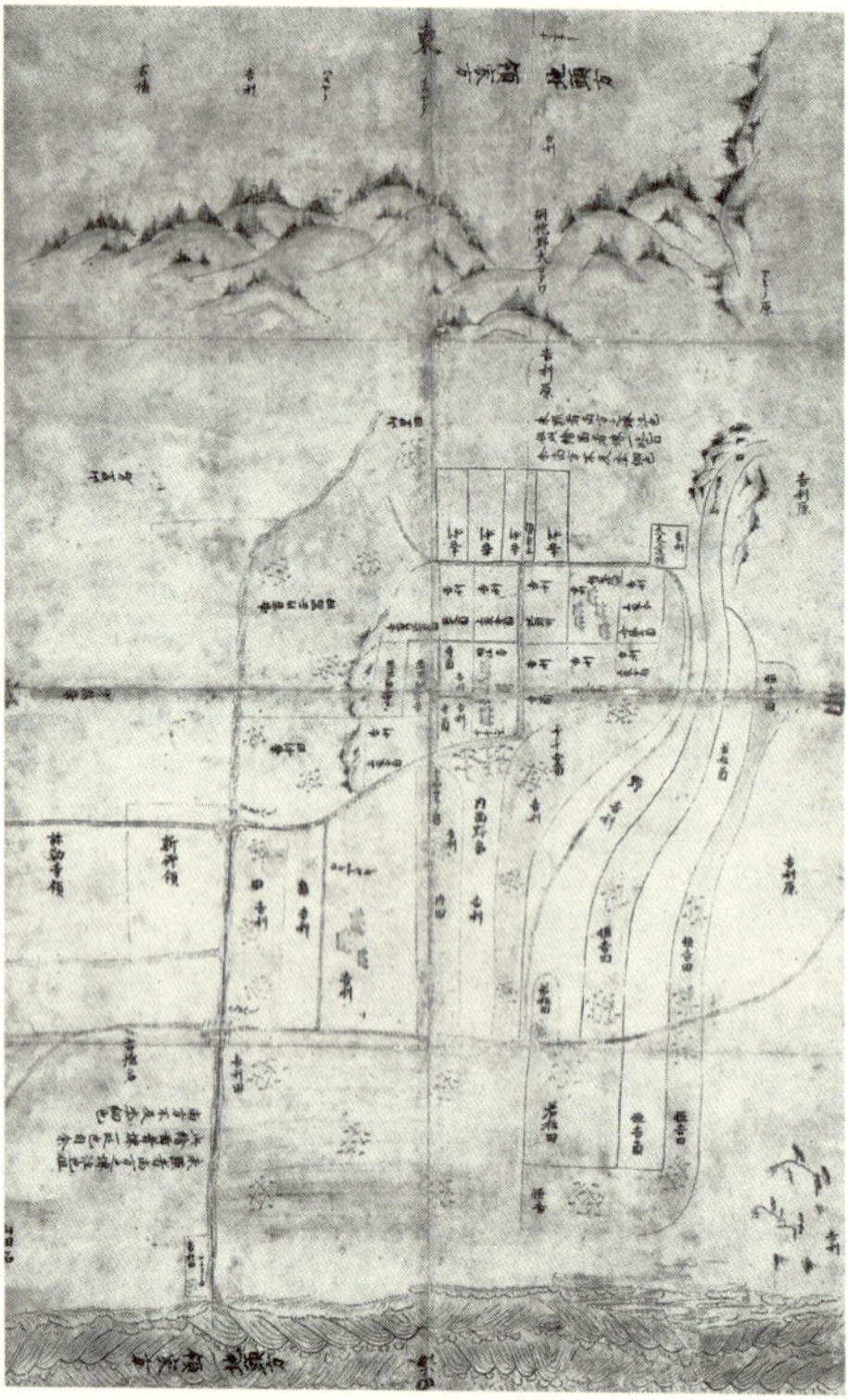

図 6-1　島津荘薩摩方日置北郷下地中分絵図（島津家文書，東京大学史料編纂所所蔵）
元亨 4 年（1324）に領家一乗院と地頭伊作宗久が和与（和解）により下地を中分した際に作成された．北を左にして描かれ，画面下の海は東シナ海を示す．海の描写の左側（北側）に向かい合わせに「領家方」「地頭方」の文字が書かれており，その間に朱線が引かれ，上方（東側）に延びている．これが下地中分線である．つまり東西の中分線の北側が領家方，南側が地頭方に分割されたのである．

できるけれども、解任された下司は当然現地で抵抗し、実効支配をつづけようとする。

鎌倉後期には地頭に押領され本所が手放す荘園がある一方で、本所は手元に確保した荘園に経営を集中するようになった。そうなると、地頭とは異なり本所に任免権を握られている下司などの現地の荘官は、本所の直務実現のために排除されることになる。排除された荘官は当然抵抗し、本所はこれを悪党として告発することになる。また本来は本所の直務のために現地に派遣された雑掌が本所と対立し、本所がこれを悪党として告発する場合もある。また雑掌や下司などより上位の領家が解任されて、解任された領家やその関係者が支配の回復をはかって、悪党として告発されることもある。これらを要するに、本所による荘園支配再編の動きから排除された者が悪党の実体ということになる。

本所一円地と悪党

「悪党」の語義に立ちかえれば、幕府が禁圧の責任を負った国家的重犯罪人の意味で、典型的には夜討・強盗・山賊・海賊を指した。しかし鎌倉後期に悪党が重大問題になったのは、本所が荘園支配に敵対する者を告発するのに「悪党」という語を用い、「悪党」として告発された者を幕府が召し捕ったことによる。

しかし本所一円地、言い換えれば地頭の置かれていない所領は、本来は幕府の管轄外である。軽犯罪であればその検断《けんだん》(警察権行使)は本所の職務のうちであるし、国家的な重犯罪であっても、犯人を召し捕るのは本所の責任であり、幕府は本所領の境界において犯人を受け取るにとどめるのが本来の体制であった。本所支配に対する敵対者を幕府に処断させるためには、それが国家的重犯罪であるという認定と、その犯人を召し捕るために幕府の使節を特別に本所領に入部させるという二つの関門を突破する必要があったのである。

正応三年(一二九〇)から永仁三年(一二九五)までの時期、ちょうど朝廷では伏見親政の行われていた間であるが、その時期に幕府は、本所一円地における検断を行う手続きを定めた。違勅狼藉を検断することが綸旨《りんじ》により命じられた場合には、これを受理することにしたのである。「違勅」とは、本来は、朝廷の裁判制度において、論人が出頭命令に従わないことをいう。つまり本所の告訴を受けた朝廷が出頭命令を出したけれども、論人がそれに従わなかった時に、使節を派遣して論人を強制的に出頭させる手続きを幕府(直接には六波羅)が請け負うという趣旨である。幕府に違勅狼藉の検断を命じるのが綸旨とされたのは、この法が定められたのが伏見親政期だったからで、院政が行われている時期であれば院宣で命じられることになる。

違勅狼藉の検断を命じる院宣・綸旨は違勅院宣・違勅綸旨と呼ばれたが、いったんこの制度ができると、違勅院宣・違勅綸旨が発給されることで違勅人と認定されることになった。違勅院宣・違勅綸旨を受け取った六波羅は、使節二名を指名して、違勅人の在所に入部して召し捕ることを命じる。通常の裁判であれば、論人を召喚するのに、その身を召し捕ることまではしない。在所に入部してその身を召し捕るというのは強権発動であるので、それを使節に命じる文書は特別なものと認識され、「衾御教書《ふすまのみぎょうしょ》」と呼ばれた。なぜ「衾」というのかは不明であるが、朝廷が刑事被告人の召し捕りを命じる文書を「衾宣旨《ふすまのせんじ》」というので、おそらくその名称を真似たものであろう。違勅院宣・違勅綸旨と衾御教書による本所一円地検断の制度が確立したことによって、この制度を利用して、本所が敵対者を告発する事例が急増したことが、悪党問題の実態であった。

悪党の進化

室町初期に播磨の地誌を記した『峰相記』には同国における悪党張行のありさまが叙述されている。正安・乾元《りんげん》(一二九九～一三〇三)の頃の悪党は柿鞘のはげた太刀や竹長柄・撮棒《さいぼう》(堅い木の棒)などを武器として、鎧・腹巻などは着用しない貧弱な集団であったが、正中《しょうちゅう》・嘉暦《かりゃく》(一三二四～二九)の頃になると、金銀を散りばめた弓箭《きゅうせん》・兵具を帯し、照り輝く鎧・腹巻を着用し、良馬に騎乗して、五十騎・百騎の集団をなすようになっていたという外見の変化に関する記述が有名であるが、このような悪党の強勢化は他人の紛争解決を請け負い、追捕・刈田・打入などの実力行使に及ぶことによってもたらされたものであった。

幕府は延慶《えんぎょう》三年(一三一〇)に刈田狼藉を、正和《しょうわ》四年(一三一五)に路次狼藉を検断沙汰として扱うことを決めた。逆にいえば、それまでは検断沙汰としては扱ってこなかった。

刈田狼藉とは田の稲を強引に刈り取る行為であるが、理由もなく刈り取るわけではなくて、その田が本来自分のものであるのに押領されているという認識のもとに自力救済行為として刈り取るのである。したがって問題になるのは刈田を行った者がその田の正当な知行者であるかどうかであって、正当な知行者であることが認められれば、刈田の行為そのものは罪とはならないというのが以前の考え方であった。

路次狼藉というのは、路次において通行人の所持物を奪い取る行為のことをいうけれども、これもまったく見知らぬ通行人の所持物を奪い取るということではなく、奪う者と奪われる者が債権者と債務者との関係にあって、債権回収のための自力救済行為として行われる場合がある。この場合も問題になるのは債権の存否であって、債権の存在が確実であれば、路次において債権回収の実力行使に及ぶこと自体は罪とはならないというのが以前の考え方であった。

延慶三年・正和四年の立法は刈田狼藉・路次狼藉についての考え方を改めたことを意味する。たとえ自分の田であっても、現在押領されている田の稲を刈り取ったら罪になる。たとえ債権回収のための差し押さえであっても、それを路次で行えば罪になる。自力救済のための実力行使が制限されるようになったのである。

刈田狼藉・路次狼藉を常套手段とする悪党が跋扈したために、これらの行為が「狼藉」として検断の対象となったともいえるし、これらが検断の対象となったために、違勅人として検断の対象とされることを厭わず、あえてこれらの実力行使を常套手段として他人の紛争解決を請け負う悪党に対する需要が高まり、悪党が繁昌したともいえる。

2　後醍醐天皇

皇太子尊治

後伏見天皇が後二条天皇に譲位し、治世が持明院統から大覚寺統に移ることになる数日前の正安三年(一三〇一)正月十六日、西園寺実兼の娘瑛子《えいし》が亀山法皇の後宮に入り、三月十九日、昭訓門院《しょうくんもん》の院号が宣下された。そして二年後の乾元二年(一三〇三)五月九日、昭訓門院は亀山の皇子恒明《つねあきら》を産んだ。亀山は五十五歳、昭訓門院は三十二歳であった。

亀山は晩年にもうけた皇子恒明を寵愛し、嘉元三年(一三〇五)九月に亡くなる直前に、現皇太子富仁が即位した後に大覚寺統から皇太子を出す順が回ってきた時には、恒明を皇太子に立てることを遺言し(図6-2)、恒明の伯父で関東申次の任にある西園寺公衡《きんひら》に恒明の扶持を委ねた。

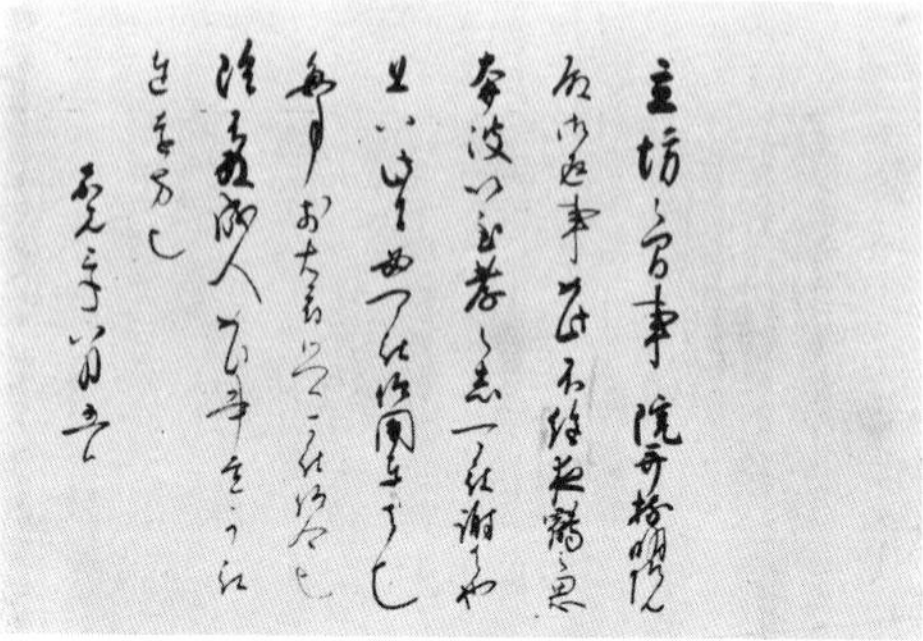

図 6-2　亀山法皇消息(嘉元 3 年(1305)8 月 5 日,『宸翰英華』より)

亀山からすれば、後宇多も恒明も同じ皇子であり、どちらの子孫に皇位が伝えられても自分の子孫であることにかわりはない。しかし後宇多にしてみれば、恒明が皇位を継ぎ、恒明の子孫に皇位が伝えられていけば、皇位を伝えるのは自分の子孫ではないことになる。皇位の継承をめぐって父と子の利害は必ずしも一致しない。父は複数の子を皇位につけておいたほうが、子孫が断絶する危険を減らすことができるのであるが、子の立場からすると、兄弟が皇位につくことは、自分の子孫が皇位からはずれる可能性を増すことになるからである。亀山の死後、後宇多は亀山の遺言を守らず、それに対して、公衡は亀山の遺言にしたがおうとしたために、公衡は嘉元三年閏十二月に後宇多の勅勘を蒙り、翌年二月に許されるまでの二か月間、出仕を止められた。

要するに、現天皇後二条の次に皇位につくのは皇太子富仁であり、富仁即位のあかつきにその父伏見が院政を行うことになることは自明の予定であったが、その際に次の皇太子に誰を立てるかが焦点であった。後二条の皇子邦良《くによし》は恒明よりも三歳年長であり、後宇多・後二条は当然邦良を皇太子に立てることを望んでいた。恒明を擁立する側はむしろ持明院統と結んで、富仁即位の早期実現を支持するかわりに、富仁即位のあかつきに恒明を皇太子に立てることを持明院統に求めた。

しかし後二条の生前譲位は実現せず、徳治《とくじ》三年（一三〇八）八月二十五日に後二条は二十四歳で亡くなった。翌日、富仁が即位し（花園天皇）、それから二か月後（この年は閏八月がある）の九月十九日に皇太子に立てられたのは、後二条の皇子邦良でも亀山の皇子恒明でもなく、後宇多のもう一人の皇子尊治であった。尊治はすでに二十一歳で、花園天皇よりも九歳年長であった。尊治の母は後宇多の妃でありながら、舅である亀山の寵愛を受けていたから、後宇多の尊治に対する感情は単純ではなかったかもしれないが、後宇多は邦良に皇位を伝えるための中継として尊治と結ぶ道を選んだ。後二条が亡くなった翌月の閏八月、後宇多は主だった邸宅と文書、所領等を尊治に譲り、尊治一期の間のみこれを知行し、その後は邦良に譲ること、尊治の子孫は親王として朝廷に仕えるべきこと（皇位にはつけないことを意味する）を遺命した。こうして尊治の大覚寺統の中継としての立場は定まり、その翌月、尊治は皇太子に立てられたのである。

伏見上皇と京極為兼

十二歳で即位した花園天皇は十五歳になった延慶四年(一三一一)正月三日に元服したが、元服の儀において長寿を祝う上寿《じょうじゅ》の役を務めたのが京極為兼であった。

為兼は永仁六年(一二九八)に佐渡に流罪となっていたが、乾元二年(一三〇三)に召し返され、花園天皇元服にあたり役を務めるために権大納言に任ぜられた。永仁四年に権中納言を辞してから十五年ぶりの現役復帰であった。正応六年(一二九三)に伏見天皇が命じた勅撰和歌集の撰集は、為兼の流罪により中断していたけれども、伏見院政下で為兼の独撰により進められ、正和元年(一三一二)三月、『玉葉《ぎょくよう》和歌集』と題して奏覧された。

花園がかつて後二条天皇の皇太子に立てられた時、伏見は花園を後伏見の猶子とし、将来後伏見に皇子が生まれた際には、その皇子を花園の猶子とし、後伏見の嫡孫として皇位を伝えるべきことを定めていたが、その待望の皇子が正和二年七月九日に誕生した。母は関東申次西園寺公衡の娘寧子《ねいし》で、院号を広義門《こうぎもん》院と定められていた。皇子は八月七日に親王に立てられ名を量仁《かずひと》と定められたが、これに満足した伏見は、十月十四日に政務を後伏見に譲り、十七日に出家した。京極為兼もこれに随った。

正和四年四月、京極為兼は春日社参詣を盛大に行い権勢を誇ったが、同年九月に西園寺公衡が亡くなり、実兼が関東申次の職に復帰すると、実兼は為兼の逆意を幕府に告発した。この年末に為兼は六波羅に捕縛され、翌年はじめに土佐に流された。そして伏見もまたその異図を疑われ、身の潔白を誓約する告文を出さざるをえないところに追い込まれた。この事件は持明院統の治世を脅かすことになった。

文保の和談と後醍醐の登位

京極為兼が二度目の流罪となり、伏見法皇が告文を出すことになった翌年、改元されて文保《ぶんぽう》元年(一三一七)となったが、その四月に幕府の使節として摂津《せっつ》親《ちか》鑒《あき》が上洛し、譲位と次の皇太子について両統が和談することを求めた。皇統の分裂により、各派がそれぞれ自派に有利な口入を求めて幕府に使節を派遣したが、幕府はその間を調停することに疲れ、当事者同士の和談による解決を求めたのである。しかし和談はととのわず、親鑒はあらためて、皇太子尊治が皇位についた後は後二条の皇子邦良を皇太子とし、その次の皇太子に後伏見の皇子量仁を予定するという案を示した。これはほぼ後宇多法皇の主張をいれたものであり、尊治・邦良と二代つづけて大覚寺統から皇太子を出すことは持明院統の納得できる内容ではなかった。親鑒の示した案について両統が合意に達したわけではないが、幕府が両統に和談を勧告し、それをめぐる交渉が行われた経緯を指して「文保の和談」と呼んでいる。

この年の九月、伏見法皇は五十三歳で亡くなった。持明院統の主柱が喪われたことにより皇位をめぐる交渉は、先に摂津親鑒が示した案に沿って進んだ。年が明けて文保二年二月二十一日、幕府の使節として長井《ながい》貞重《さだしげ》が上洛し、関東申次を通して譲位を行うことを申し入れた。二十二日、後宇多法皇は常盤井殿に入り、院政を行う場に定めた。皇居は幕府が内裏の規模で新造した冷泉富小路殿が前年竣工し、花園天皇が用いてきたが、二十三日、花園天皇は土御門東洞院《ひがしのとういん》殿に遷り、二十四日、尊治皇太子が冷泉富小路殿に入った。つづいて土御門東洞院殿から冷泉富小路殿に神器が渡される予定であったが、雨のために翌日に持ち越された。こうして尊治すなわち後醍醐天皇は位についた。

つづいて三月九日、邦良が皇太子に立てられた。持明院統は譲位に応じる代わりに皇太子には量仁を立てることを求めたけれども、もはや流れを変えることはできなかった。

正中の変

元亨《げんこう》元年(一三二一)冬、後宇多法皇は治世を後醍醐天皇に譲った。翌年九月十日、西園寺実兼が七十四歳で亡くなり、孫の実衡《さねひら》が関東申次の職を継いだ。元亨四年(一三二四)六月二十五日には、後宇多法皇も五十八歳で亡くなった。この年九月、幕府に対する謀反の陰謀が発覚した。十九日、謀反の陰謀にくみしていることを密告された土岐《とき》頼有《よりあり》・多《た》治見《じみ》国長《くになが》のもとに六波羅から武士が発向し、合戦の末に、頼有・国長は自害した。同日未刻に六波羅の使節として小田《おだ》時知《ときとも》・二階堂行兼《ゆきかね》が北山の関東申次西園寺実衡邸に向かい、陰謀の張本として民部卿日野資朝《ひのすけとも》と蔵人少納言日野俊基《としもと》を召し給わることを要求した。戌刻に俊基が、丑刻に資朝が六波羅に出頭した。

二十三日、勅使として万里小路宣房《までのこうじのぶふさ》が鎌倉に下向したが、一か月後に帰洛した宣房は事が穏便に収まったことを報告した。この時宣房が鎌倉に持参した後醍醐の書には、「関東は戎夷《じゅうい》なり。天下の管領しかるべからず。率土《そつど》の民皆皇恩《こうおん》を荷《にな》う。聖主の謀反と称すべからず。ただし陰謀の輩、法に任せて尋ね沙汰すべし」と書かれていた。目一杯虚勢を張った上で責任逃れを弁じたものである。これに対して幕府が後醍醐の責任を不問に付すことにしたのは、後醍醐の迫力に気押されたともいえるが、当時の幕府が断固たる処置をとる能力に欠けていたともいえる。宣房の帰洛と入れ替わりに資朝・俊基・祐雅《ゆうが》法師が鎌倉に召し下され、資朝・俊基ともに無実とされながら資朝は佐渡に配流されることになり、祐雅法師は追放された。このことを伝聞により日記に書き留めた花園上皇は、資朝が流罪になるのは何の罪によるのかと疑問を記しているが、後日の伝聞をさらに追記して、長崎円喜《ながさきえんき》が「資朝の書状に不審があるので見せたところ、弁明は不確かだった。しかし恐ろしいことであるので、厳密の処置を行わず、無実であると報告した」と語っていたことを記している。

この年十二月九日に改元されて正中元年となったので、この事件を正中の変と呼んでいる。

正中の変が起きたのは、幕府・朝廷がもう一つの事件に悩まされている最中であった。二十年前に決着したはずの室町院遺跡をめぐる相論が再燃したのである。

両統の対立

まだ後宇多法皇の亡くなる前であるが、元亨三年（一三二三）の秋、永嘉門院が薩摩前司家知《いえとも》を使節として鎌倉に送り、正安四年（一三〇二）の裁許の見直しを求めた。室町院の遺跡については、正安三年に、室町院が式乾門院から継承した所領を、室町院が永続知行すべきことが定められていた分と、室町院の一期の後には宗尊親王が継承すべきことが定められていた分に分け、前者については亀山法皇と伏見上皇が折半し、後者については永嘉門院が継承する旨の裁定を幕府はしたのであるが、翌年これを改め、全部を亀山と伏見が折半することとした。つまり永嘉門院の取り分がなくなった。そのことの不当を永嘉門院は訴えたのである。

永嘉門院は後宇多の妃であるが、この頃は後宇多には孫にあたる皇太子邦良親王と同居していた。永嘉門院には子が無かったが、永嘉門院の姉妹も後宇多の妃となって皇女を産んでおり、永嘉門院はその皇女を養育して邦良親王と娶《めあ》わせていたのである。

元亨四年二月五日に幕府は正安三年の裁許の方を正しいと認め、しかしながら正安三年に永嘉門院の継承分とされた五十余か所の所領を、翌年の裁許により亀山と伏見が折半してから相当の年数を経ていることから、当該所領をまた折半し、半分を永嘉門院が、残り半分を室町院遺跡たる後宇多法皇と花園上皇が知行することとした（伏見の遺跡は後伏見が継承したと思われるが、室町院領をめぐる相論では花園が当事者になっている）。つまり正安四年に五十余か所を亀山と伏見が折半したそれぞれについてさらに折半し、亀山の後継者たる後宇多と伏見の後継者たる花園のそれぞれから永嘉門院に渡すことになったのである。後宇多のほうはさっそく三月二十三日に折半する目録を作成して永嘉門院に渡している。後宇多が管領する所領はいずれ直系の孫にあたる邦良に継承されるはずであるが、永嘉門院に渡された所領もまた、永嘉門院と同居する邦良に継承されることが予定されていたのであろう。従来後宇多が管領してきた分については、そのまま後宇多が管領しつづけても永嘉門院に渡されても、将来これを管領するのが邦良であることにかわりはない。しかし、後伏見ないしは花園が管領してきた分については、永嘉門院が介在することにより、持明院統から大覚寺統にその所属を替えることになる。花園のほうは当然不満で、その日記に「一方の申す旨に付き是非を定め、左右なく裁許の段、東関すでに乱政を行うか」と記している。花園は日野俊光《としみつ》を勅使として鎌倉に送り、異議を申し立てたことにより、幕府の裁定はやり直しになった。相論の最中に後宇多が亡くなったことや正中の変が起きたことが相論のゆくえにどのように影響したかは一概にいえないけれども、元亨四年十二月十日、幕府は正安四年の裁許を撤回しないことを改めて定めた。正安四年からすでに二十年以上を経過しているということが理由であった。二十年以上継続した知行は改替されないという知行年紀法が適用されたものであった。

正中三年(一三二六)三月二十日、皇太子邦良親王が二十七歳で亡くなった。後宇多法皇はすでに亡く、今また後宇多が後継者に擬してきた邦良が亡くなったことは、持明院統にとって皇太子の地位を獲得する機会であったばかりではなく、後宇多・邦良からは中継に位置づけられていた後醍醐にとっても自前の皇太子を立てる機会であったはずである。しかしその機会を実際にいかすことができたのは持明院統であった。七月二十四日、後伏見上皇の皇子で十四歳になる量仁親王が皇太子に立てられたのである。この年十一月十九日、関東申次西園寺実衡も三十七歳で亡くなり、その子でまだ十八歳の公宗《きんむね》がその職を継いだ。

3 幕府の崩壊

執権人事と得宗

応長《おうちょう》元年(一三一一)九月二十日、執権師時《もろとき》は評定の席で倒れ、二日後に亡くなった。三十七歳であった。十月三日、執権の後任に連署宗宣《むねのぶ》が転じ、連署の後任には一番引付頭人熙時《ひろとき》が昇任した。同じ月に熙時が相模守に任ぜられたのは、貞時も承知していたことと思われるので、師時の官途を継がせて得宗の後継とする構想があったとも考えられる。翌年五月二十九日、宗宣が在職八か月にして出家したので、六月二日、熙時が執権に昇任した。その月十二日に宗宣は五十四歳で亡くなったから、病による辞職・出家であったと思われる。熙時は連署を置かず単独で執務したが、三年後の正和四年（一三一五）七月十二日に出家し、故連署業時《なりとき》の孫基時《もととき》が執権の後任に、金沢貞顕《さだあき》が連署に就任した。熙時は十九日に三十七歳で亡くなったので、やはり病による辞職・出家であったと思われる。基時は熙時の官途を継ぎ、同月中に相模守に任ぜられた。

　基時は正安三年（一三〇一）六月から嘉元元年（一三〇三）十月まで六波羅北方を務めたが、この時の南方として基時と組んだのが、はじめは宗宣、つぎに貞顕である。基時の北方の方が上位であるが、基時は就任時十六歳であり、宗宣の方が先任でもあり年齢も二十七歳年長であったし、宗宣の後任となった貞顕にしても基時よりも八歳年長であったので、執権探題となったのは南方の宗宣・貞顕の方であった。同じ北条一族のなかでも、師時、宗方、熙時、基時らは得宗に准じる地位にあり、宗宣や貞顕はそれより格下で得宗を支える立場にあって、彼らがたまたま執権に就任することがあっても、それは中継としての臨時の地位であった。

　基時は嘉元元年に六波羅を離任して東下し、同三年から引付頭人に就任したが、熙時が執権に昇任した後に引付頭人を辞していた。得宗に准じる者どうしで確執があったのかもしれない。いずれにしても、熙時の死が基時の執権就任の機会につながったのである。

正和五年(一三一六)、貞時の遺子高時《たかとき》が十四歳になった。高時はすでに元服を遂げ、従五位下左馬権頭の官位を帯していたが、この年正月、位を従五位上に上げられた。貞時が執権に就任したのが十四歳の七月であったので、これを嘉例として七月十日に高時の判始《はんはじめ》(文書にはじめて花押を据えること。これが執権就任を意味する)を行うことが、長崎円喜・安達時顕の主導する寄合において決した。高時の執権就任は基時の辞職を必要とするから、寄合の前夜に基時の被官高橋九郎入道に辞退すべきことが伝達された。高時の相模守就任は八か月後の文保元年(一三一七)三月十日であった。

山陽・南海の悪党と蝦夷

正和四年(一三一五)正月二十七日、幕府は諸国悪党について、たとえ風聞であっても起請文により注進すべきことを、各国守護から管内の地頭御家人に通達させた。悪党に相当する行為として強盗と窃盗をあげ、さらに路次狼藉もこれに含めた。

この法令が制定された時の執権は熙時単独で、連署は置かれていなかったが、この半年後に連署に就任することになる金沢貞顕が前年末六波羅を離任し(貞顕は延慶元年(一三〇八)南方の任を終えて東下したが、同三年再度上洛し北方の任についた）、すでに東下していた。その貞顕にかわって六波羅に赴任したのが大仏維貞《おさらぎこれさだ》である。維貞は基時・貞顕が執権・連署に就任した後の正和四年九月に六波羅南方に着任し（これまでの南方時敦《ときあつ》が北方に移った）、元亨四年（一三二四）八月まで九年間在任した。

維貞が六波羅南方に着任して四年目に入った文保二年（一三一八）十二月、山陽・南海両道十二か国の悪党を禁圧するために、各国三人の使節が派遣され、在国の守護代とともに、悪党の在所に入部し、城郭を焼き払い、悪党の現在する者は誅殺し、あるいはその名を注進した。元《げん》応《おう》二年（一三二〇）からは海上警固の結番が行われ、要所ごとに有力御家人二名を責任者としてそのもとに海辺三里以内の住人が月単位で結番された。ちょうどこの年の五月に北方時敦が在任中に亡くなったことにもよるが、これらの施策は維貞単独の署判により発令された。

元亨四年二月、幕府は朝廷に四か条の事書を示した。第一条では本所一円地の悪党について、守護が召し渡しを求めてうまくいかない場合には、守護が直接入部して召し捕るとともに、その所領を召し上げ、朝廷の計らいとして朝要の廷臣に与えられるべきこと、第二条では南都北嶺以下の諸寺諸社についても同様であるが、これらについては地頭を補せられるべきこと、第三条では僧侶が寺を離れて在京するのを禁じること、第四条では諸社の神人の交名を毎年注進することが規定されている。以前に、宋商張光安が伯耆大山寺の神人となり本山延暦寺の庇護を受けている例を見たが、僧侶や神人の経済活動が悪党に通じる面があり、悪党禁圧のために僧侶・神人に対する寺社の統制を強めることを意図したのであろう。

さきに『峰相記』に描かれた悪党像を見たが、同書はまた、維貞の在任中は悪党の動きは抑制されていたけれども、維貞が離任して東下した後、悪党の活動はふたたび活発になったと記している。

山陽・南海方面で悪党が活発化している一方で、北方では蝦夷《えぞ》の反乱が幕府をおびやかした。陸奥の北端に所領を有する北条氏は安藤氏を代官として蝦夷を支配した。蝦夷はしばしば反乱を起こしたが、元応二年(一三二〇)頃からの反乱は、安藤氏一族内の惣領・庶子の相論がからんで事態を複雑にした。正中二年(一三二五)六月、得宗は惣領又太郎季長《すえなが》を解任して庶子五郎三郎季久《すえひさ》を代官としたが、これに対して季長は蝦夷と結んで抵抗した。得宗は代官を改替することにより蝦夷支配の建て直しをはかったのであろうが、それに抵抗した季長の行動はまさに悪党と同様のものといえる。正中三年三月、工藤祐貞《くどうすけさだ》が蝦夷征討に向かい、七月、季長を虜として帰参した。しかし蝦夷の反乱はなおつづき、嘉暦二年(一三二七)六月、宇都宮高貞《たかさだ》と小田高知《たかとも》が奥州に向かい、翌年十月和談を整え帰参した。

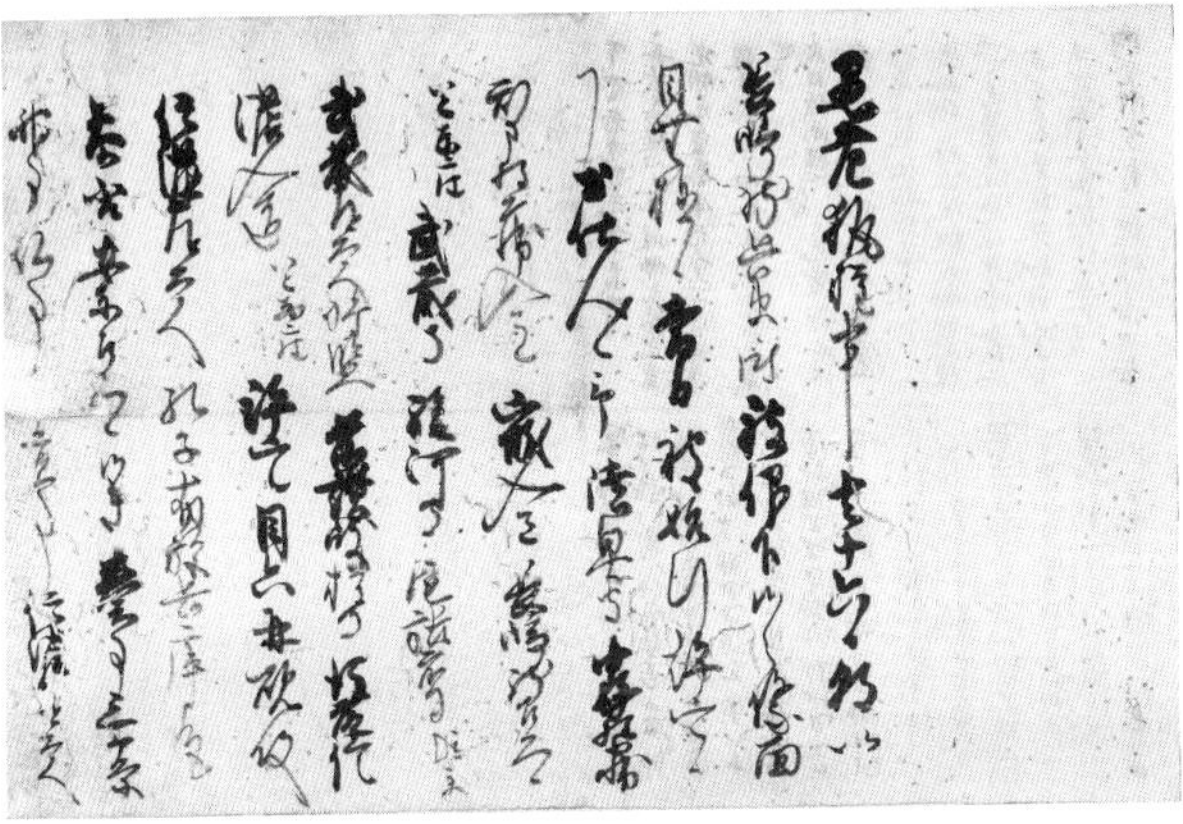

図6-3　金沢貞顕書状(後欠，称名寺所蔵・神奈川県立金沢文庫保管)冒頭に「愚老執権の事，去る十六日朝，長崎新兵衛尉を以て，仰せ下され候の条，面目極まり無く候」(原漢文)と書かれている．

在任十日間の執権

正中三年(一三二六)三月十三日、執権高時が病のために二十四歳で出家した。老若によらずこれに追従して出家を遂げる者が相次ぎ、四十九歳の連署貞顕も十三日夜から何度も出家を願い出たが、十六日朝になって内管領長崎高資《たかすけ》より執権昇任が伝えられ(図6-3)、同日ただちに評定が開催された。ところが同日、高時の同母の弟泰家《やすいえ》が、自分を差し置いて貞顕が執権に就任したのを憤って、出家した。泰家とその母の憤りのために、貞顕が誅殺されるという噂も流れ、貞顕は執権在任わずか十日間で辞職・出家した。

貞顕は執権に指名されて嬉しくなかったわけではないが、決して自ら積極的に望んだわけではなかった。貞顕の家金沢氏や大仏氏は北条・

門であり、幕府の要職を歴任するが、原則としては連署どまりであり、執権に就任するのは例外であった。しかし、むしろそれゆえに貞顕は執権に指名された。というのは、前年の十一月に高時の嫡子が誕生して盛大に祝われており、この嫡子の成長を待つ間の中継を務めることが貞顕に期待されていたのである。その前提には、貞顕が臨時に執権に就任してもその子孫に職が継承されることにはならないという認識があった。泰家の方は高時と父母を同じくする兄弟であるから、泰家が執権に就任したならば、その子孫に職が継承される可能性があった。高時・泰家の母にしてみれば、どちらの子孫が執権を継承しても、自分の子孫であることにかわりなかったが、高時にしてみれば、泰家の子孫に職が継承されることは、自分の子孫が職からはずれることを意味した。数か月前に生まれたわが子に将来執権を継がせるために、弟に職を継がせることを避けたいのが、高時の本音であったと思われる。この時代、天皇家においても得宗家においても、家督の継承をめぐる親子の思惑のずれが政争の種になっていたのである。

三月二十六日に貞顕が辞職・出家してから一か月後、四月二十四日に一番引付頭人赤橋守時《あかはしもりとき》が執権に、前六波羅探題大仏維貞が連署に就任した。守時は故連署重時流の嫡流、故執権長時の曽孫にあたる。守時の祖父義宗《よしむね》は十九歳から二十四歳まで、父久時《ひさとき》は二十二歳から二十六歳まで六波羅北方を務め、義宗は離任・東下後間もなく亡くなったが、久時は東下後に一番ないし二番の引付頭人を務めた。これに対して守時が十九歳で六波羅を経ず一番引付頭人に就任したのは抜擢というべきで、これは守時が単に重時流の嫡流であるというのみならず、その母が時宗の弟宗頼の娘であるという血筋のよさによるものであろう。守時は執権就任後の八月に相模守に任ぜられた。

鎌倉幕府最後の執権となった守時は就任時に三十二歳、得宗高時より八歳年長である。ちなみに連署維貞は四十二歳であったが、在任一年半で病により亡くなった。それから三年間、連署は空席であったが、元徳《げんとく》二年（一三三〇）七月、故執権熙時の子茂時《もちとき》が一番引付頭人から連署に移った。茂時が最後の連署として幕府の滅亡に立ち会うことになる。

元弘の変

元徳三年（一三三一）五月、高時を呪詛した嫌疑で僧侶円観《えんかん》・文観《もんかん》・忠円《ちゅうえん》と日野俊基が召し捕られ、関東に送られた。この事件の処理がまだ終わらない八月六日、鎌倉では長崎高頼《たかより》らが召し捕られ、流罪に処せられた。得宗高時が内管領長崎高資の専横をにくんで高頼らに命じてこれを討たせようとしたところが、計画が発覚して高時の立場が危うくなったために、高頼らに責任が押しつけられたものであった。

幕府が混乱の最中にある八月二十四日、後醍醐天皇は京都を脱出して木津川南岸の笠置《かさぎ》山《やま》に立てこもった。これに呼応して、河内では楠木正成《くすのきまさしげ》が挙兵した。幕府は承久の乱にならって二十万八千の大軍を送って笠置山を攻略するとともに、使節を京都に送り、九月二十日、後醍醐天皇不在のまま、後伏見上皇の詔により皇太子量仁を皇位につけた（光厳天皇）。二十八日、笠置城が落ち、後醍醐は捕えられて六波羅に送られ、後醍醐が所持していた神器は、十月六日に光厳天皇に渡された。また正成の籠る楠木城（下赤坂城）に対して幕府側は軍勢を四手に分けて攻略し、二十一日にこれを落とした。伊賀路から攻略した軍勢の大将は足利高氏《あしかがたかうじ》であった。楠木城は落ちたが正成は行方をくらました。十一月八日、新たな皇太子に故邦良親王の王子が立てられた。光厳天皇は持明院統に属するが新皇太子（康仁《やすひと》と命名された）は大覚寺統に属する。大覚寺統の後醍醐天皇が廃されて持明院統の光厳天皇が立てられたのであるが、両統迭立の原則は守られているのである。

後醍醐は京都を脱出する以前の八月九日に年号を元弘《げんこう》と改めていた。幕府は新年号を用いず元徳年号を用い続けたが、光厳天皇の朝廷は元弘年号を用いた。翌年四月に光厳天皇の朝廷が元弘二年を正慶《しょうきょう》元年に改め、幕府も正慶年号に切り替えたので、朝幕がふたたび同じ年号を使うことになった。

「元弘の変」と呼ばれるこの事件の関係者の処分は年末から翌年にかけて行われた。元徳四年（一三三二）三月に後醍醐天皇は配所の隠岐《おき》に送られ、後醍醐の皇子のうち、尊良《たかよし》親王は土佐に、妙法院尊澄《そんちょう》法親王は讃岐に、聖護院《しょうご》静尊《じょうそん》法親王は但馬《たじま》に流された。改元後の六月に日野俊基は、化粧《けわい》坂を登って鎌倉の外に出た地点にあたる葛原《くずはら》で処刑された。

楠木合戦と護良親王

後醍醐に味方した者の多くは捕えられ処分されたが、後醍醐の皇子大塔宮尊雲《おおとうのみやそんうん》法親王や四条隆資《しじょうたかすけ》・楠木正成らは捕縛をまぬがれた。日野俊基が処刑された六月頃には早くも大塔宮の令旨があちらこちらに出されており、その年末には楠木正成も河内を拠点として軍事活動を活発化させた。六波羅探題は四天王寺を前線基地として、篝《かがり》屋《や》詰めの在京御家人を動員したが、正慶二年(一三三三)正月十九日、四条隆貞《たかさだ》を擁する楠木勢五百余騎が四天王寺を攻めた。合戦は丸一日つづき、深夜に及んで幕府側はようやく楠木勢を追い落としたが、楠木勢はさらに渡辺津まで攻め下って御米を押し取り、二十二日に葛城まで撤退した。四条隆貞は後醍醐の側近隆資の子であるが、この時期には大塔宮令旨の奉者を務めているので、楠木勢が隆貞を擁して四天王寺を攻めたことは、大塔宮と楠木勢の連携が成立していたことを示している。大塔宮はこのころまでに還俗し、諱《いみな》を護良《もりよし》と称していたものと思われる。

その後、幕府側は河内・大和・紀伊の三方から楠木勢を攻め、二月二十二日には河内の大手軍が楠木勢と合戦を遂げ、二十七日には大和の搦手軍が楠木勢の詰城金剛山千《ち》早《はや》城を攻めた。

図6-4　楠木城跡地

幕府側の手負・死人の数は、二十八日までに千八百余人に及んだが、楠木勢の城郭は三、四か所を残してすべて落ち、大手本城の守勢は三十余人まで数を減らし、守将平野将監《ひらのしょうげん》以下が投降した(図6-4)。また護良親王は吉野山に立て籠もったが、閏二月一日に二階堂道蘊《どううん》(貞藤《さだふじ》)率いる数千騎の幕府軍の攻撃の前に陥落し、山内の坊舎は焼失し、護良方の首百二十級が吉野川に懸けられた。しかし護良も正成も捕縛を免れ、幕府軍に対する抵抗を続けた。

赤松・菊池の蜂起

幕府軍が楠木勢に総攻撃をかける直前の二月二十一日、護良親王は播磨大山寺衆徒に令旨を発し、二十五日寅一点に軍勢を率いて赤松城に馳せ参じることを命じた。

この頃までに赤松円心《えんしん》(則村《のりむら》)は護良に味方して戦う意志を固めていたのである。この年は閏二月があるので一か月後になるが、三月十日、六波羅軍を率いる小田時知は勝尾《かつお》寺衆徒に対して、播磨国謀反人赤松孫次郎入道(円心)を追討するために十二日に瀬川宿に来会することを命じた。赤松勢は瀬川で六波羅軍を破り、勢いに乗じて、十二日、久我畷《こがなわて》から鳥羽作道《とばのつくりみち》に入り京都七条まで攻め込んだが、六波羅軍の守りも固く、追い落とされた。しかし洛中に攻め込まれたことにより、光厳天皇と後伏見・花園両上皇は六波羅に移った。康仁皇太子もややおくれてこれに従った。その後、赤松勢は山崎付近に拠点を置き、四月三日にも京都に攻め込んだが、撃退された(図6-5)。

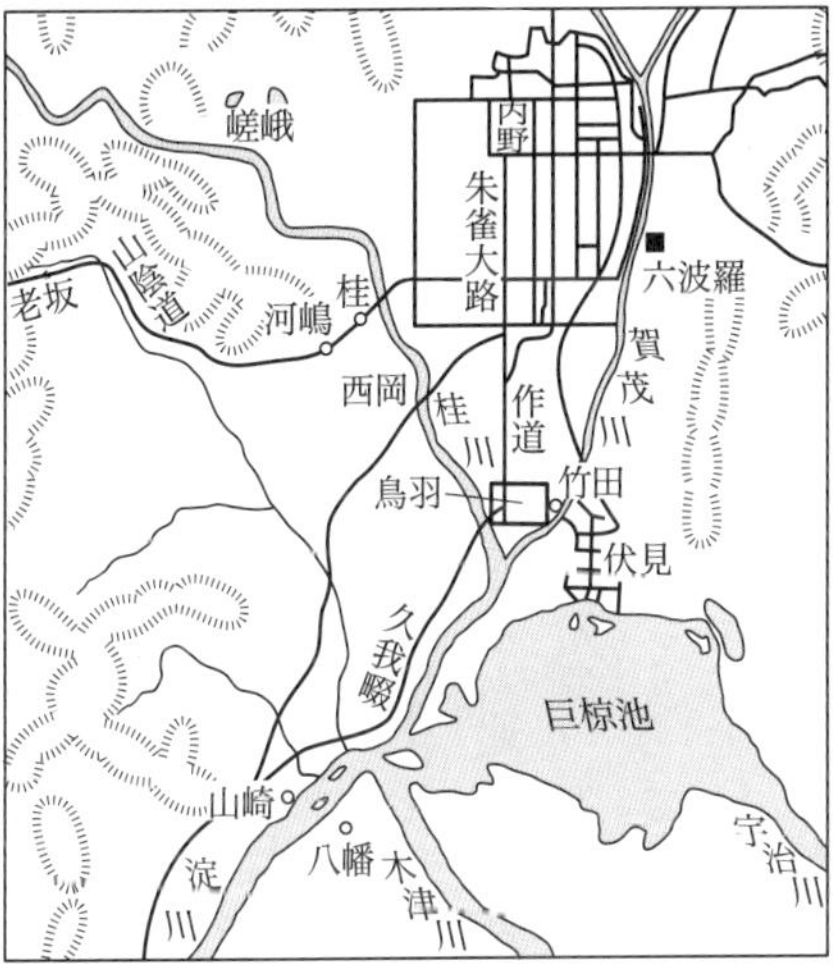

図6-5　京都近郊図

一方、鎮西では、探題の催促に応じて、菊池武時《たけとき》が三月十一日に博多に着き、翌日出仕したが、遅参を咎められ、着到を認められなかったことをきっかけに離反し、十三日寅刻に博多中に火を放って挙兵した。武時は宣旨の御使と称して大友貞宗《さだむね》・少弐貞経《さだつね》の与同を求めたが、二人とも応じず、貞経は使の首を刎ねて探題に献じ、貞宗は使に討ち止める旨を言い渡したので、使のほうが逐電した。武時は錦旗を捧げ、宣旨の御使であると号して軍勢を募ったが、武時と子息三郎頼隆は犬射馬場《いぬいばば》で討ち取られ、武時の弟二郎三郎入道覚勝《かくしょう》は探題御所の中庭まで討ち入ったがやはり討ち取られた。武時・頼隆・覚勝をはじめとして菊池勢で討ち取られた者は二百名を超え、その首は犬射馬場の五所に木を結び渡して晒された。

武時が「宣旨の御使」と称したことについて、「宣旨」は護良親王の令旨を指すという説もあるが、すでに後醍醐自身も隠岐の配所を脱出し伯耆船上山《せんじょうさん》に入っていたから、後醍醐天皇の綸旨を奉じていたものかもしれない。三月二十日、探題御所の陣内で大友貞宗に後醍醐天皇の綸旨を渡そうとした者が捕えられた。名前を八幡弥四郎宗安といい、大友・筑州・菊池・平戸・日田・三窪を宛名とする六通の綸旨を所持していた。宗安は二十三日に斬首され、首級を晒されたが、その銘には「先帝の院宣所持の人八幡弥四郎宗安の頸」と書かれていた。幕府からすれば後醍醐は「先帝」であって現天皇ではなく、それゆえにその意を伝える文書は「綸旨」ではなく「院宣」であったのである。

六波羅探題の滅亡

後醍醐天皇の配流中、側近に侍した千種忠顕《ちぐさただあき》は、後醍醐が船上山に入った後、先行して京都に進軍した。三月二十六日に但馬の武士伊達道西《だてどうさい》(貞綱《さだつな》)に合戦の忠を致すべきことを命じる文書を発給しているのは、その進軍の行程を示すものであろう。

但馬には元弘の変により後醍醐の皇子の一人静尊《じょうそん》法親王が流されていたが、忠顕は静尊を戴いて進軍し、四月八日に京に攻め込んだ。この合戦で伊達道西は弟二人とともに二条大宮の六波羅引付頭人長井宗衡《むねひら》の役所を焼き払い、さらに敵陣中に討ち入って戦った。しかし道西の弟宗幸《むねゆき》は左肩を射られ、家人と中間が討死した。六波羅軍の防御の壁は厚く、忠顕勢は八幡に撤退した。

時の六波羅探題は北方が元執権北条基時の子息仲時《なかとき》、当年二十八歳、南方が元六波羅北方北条時敦の子息時益《ときます》。時益が元徳二年（一三三〇）七月、仲時が同年十二月に就任して三年目であった。

幕府は京都の守りを固め、さらに船上山の後醍醐を討つために、鎌倉から名越高家《たかいえ》・足利高氏を派遣した。四月二十七日、八幡・山崎に陣取る忠顕・赤松勢を攻めるため、高家の大手軍は鳥羽作道から久我畷に進み、高氏の搦手軍は西岡《にしのおか》に進んだ。高家は赤松一族の佐用範家《さようのりいえ》に討たれたと『太平記』は記しているが、地元の武士開田林実広《かいでんばやしさねひろ》は名越一族の一人を菱河という所で討ち取ったことを軍忠状に載せている。高家討死の報

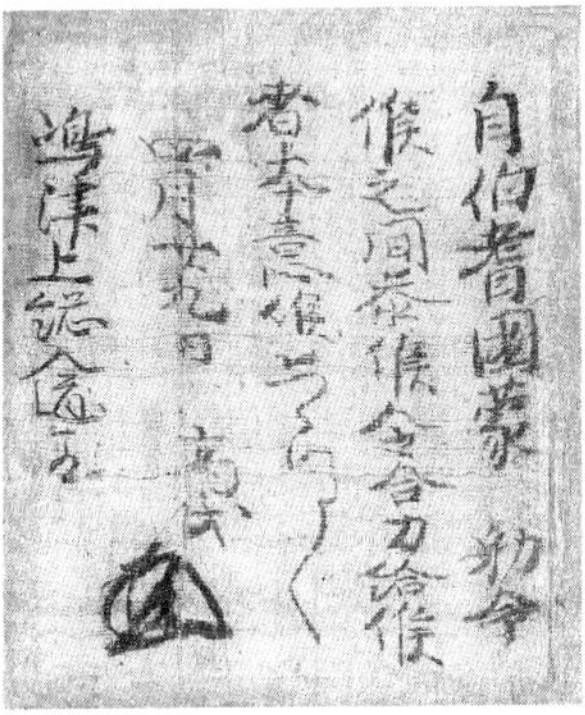
自伯耆国蒙 勅命
候之間参候、合力給候
者本意候、恐々謹言
四月廿九日 高氏
嶋津上総入道殿

図 6-6 足利高氏書状（元弘 3 年（1333）4 月 29 日，島津家文書，東京大学史料編纂所所蔵）
島津貞久に宛てたもの．タテ 7.9 cm ヨコ 6.8 cm の絹布に書かれている．

に接した高氏はそのまま軍を山陰道に進めた。その先は船上山に至るのであるが、高氏は山城・丹波の国堺の老坂《おいのさか》を越えて篠村《しのむら》に至ったところで後醍醐側につくことを明らかにし、諸国の大名に合力を呼びかけた(図6-6)。

五月七日、山陰道方面から高氏軍が、八幡・山崎方面から忠顕勢・赤松勢が京に攻め込んだ。六波羅まで追い詰められた両探題は天皇・皇太子・両上皇を連れて鎌倉に下ろうとしたが、九日、東山道番場宿に至ったところで、五宮と呼ばれる皇子を戴く軍勢に行く手をはばまれ、一向堂《いっこうどう》(蓮華寺《れんげじ》)前で合戦となり、四百三十余人が討死ないし自害して果てた。蓮華寺の住持は戦死者四百三十余名のうち名のわかる者百八十九名の名を書き留めて、後に過去帳に整理している。

南方の時益は番場に着く以前に落命していたが、時益の被官は時益の首とともに番場に至り自害した。名のわかる者百八十九名のうちの三十名である。百八十九名の大部分は仲時・時益の被官で、独立の御家人で自害に加わった者は少ない。隠岐国守護佐々木清高《きよたか》は例外の一人であるが、『太平記』に依れば、清高は船上山の後醍醐を攻めて敗れ、国人の離反により本国にも入れず、海路越前敦賀に至り、六波羅軍に合流したのだという。清高はもはや行き場を失って自害したのであろう。在京人の一人小早川貞平《こばやかわさだひら》は「番場の腹切りのところ」まで従軍しながら、その場を逃れて帰国しているが、同様の行動をとった者がほかにもいたであろう。

五宮を戴いて六波羅勢を滅亡させた軍勢を『太平記』は山立《やまだち》（山賊）・強盗・溢者《あぶれもの》の集団としている。しかし伊吹《いぶき》山観音寺（その後移転して大原観音寺となる）の衆徒は五月六日付けの五宮令旨を受け取って太平寺に参上し、九日には番場の戦場に向かっているし、また「美濃国御家人郡上《ぐじょう》郡鷲見《すみ》藤三郎《とうざぶろう》忠保《ただやす》」と名乗る武士も令旨を賜わって八日に着到し、九日には番場前山において合戦を致し、若党が討死し、舎弟が疵を被っている。したがって五宮が太平寺を拠点として軍勢を募り、それに衆徒や御家人が応じていることになる。御家人を名乗る者が六波羅探題を討つ軍勢に加わっているのである。在京人小早川貞平が戦場から離脱し、美濃国御家人鷲見忠保が探題を討つ軍勢に加わっているのは、いずれも御家人が探題をみずからの統率者として認めなくなったことを示すものであろう。

得宗政権の土崩瓦解

足利高氏が幕府から離反したことで、それまで幕府の統率に従っていた多くの御家人が同じく離反した。

新田《にった》義貞《よしさだ》は上野で挙兵し、南下して武蔵に進み、五月十五日、武蔵府中近辺の多摩川の分倍河原において幕府軍を破った。上野から義貞に従ってきた飽間《あきま》斎藤盛貞《もりさだ》と同じく家《いえ》行《ゆき》はこの合戦で討死した。盛貞は二十六歳、家行は二十三歳であった。この日の日付で盛貞・

図6-7　元弘の板碑（徳蔵寺所蔵）

家行を供養する板碑が、分倍河原を見渡せる八国山の中腹に建てられ、現在は東村山市の徳蔵寺に保存されている（図6-7）。

分倍河原の戦いが転換点となって、関東においても、これまで幕府に従軍してきた御家人たちが幕府を攻撃する側に転じた。かの熊谷直実《くまがいなおざね》の七代の孫直経《なおつね》は、二月以来楠木城の攻撃に従い、少なくとも四月二日までは幕府側に属していた（この日、自らの軍功を幕府側の軍奉行に報告している）が、直経の子息直春《なおはる》は五月十六日に新田軍に加わった。分倍河原の戦いの翌日である。この日新田軍に加わった武士が複数存在することが確認される。

飽間斎藤一族の一人宗長《むねなが》は十八日に相州村岡において討死したことが、さきの板碑に刻まれているが、この村岡の戦いには幕府からは執権守時自らが出陣し討死を遂げた。同じ十八日に

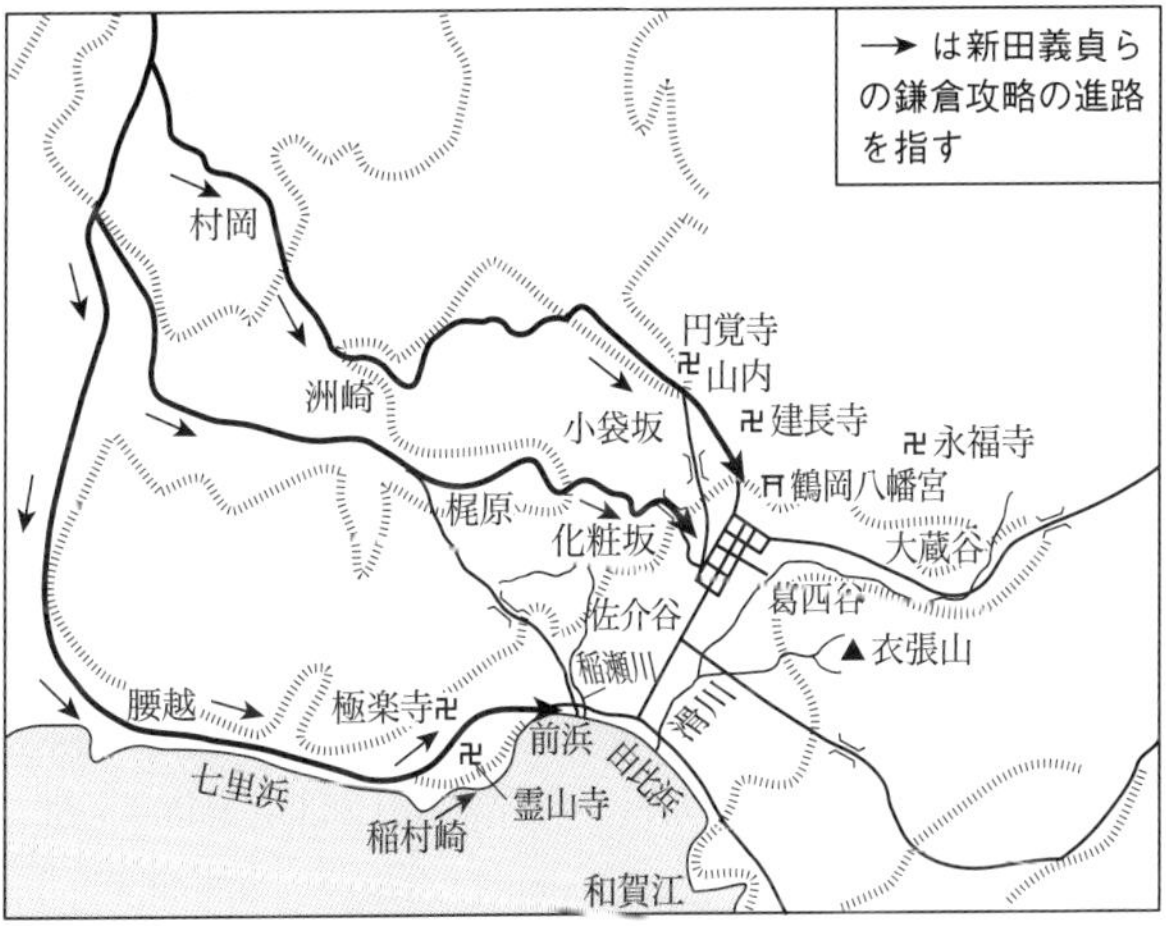

図6-8　鎌倉近郊図

鎌倉の西の端に当たる稲村崎《いなむらがさき》の守りが破られ、戦場が鎌倉のうちに移り、熊谷直春は二十日に霊山寺の下で討死した。二十二日には得宗高時が引き籠った葛西谷《かさいがやつ》が戦場になり、高時とその近臣は自害し、得宗政権はここに滅亡した(図6-8)。

その三日後、九州では鎮西探題赤橋英時《ひでとき》が、少弐貞経・大友貞宗・島津貞久らに攻められて滅亡した。英時は執権守時の兄弟である。貞経・貞宗・貞久がみな名前に「貞」の字を用いているのは、得宗貞時の一字を与えられたものである。足利高氏の父貞氏もやはり一字を与えられている。高氏自身は高時の一字を与えられているのであるが、後に後醍醐天皇の名前の尊治の一字を賜り、尊氏と改めることになる。つ

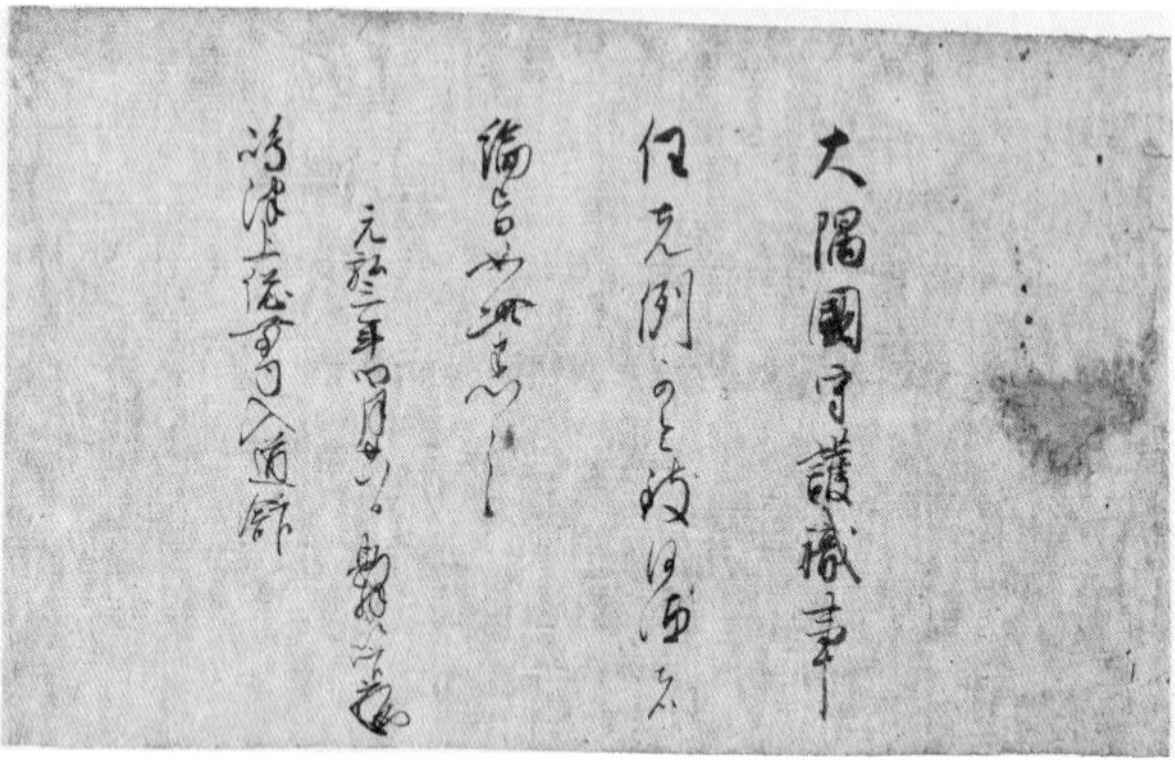

図6-9　後醍醐天皇綸旨(元弘3年(1333)4月28日，島津家文書，東京大学史料編纂所所蔵)

まり鎮西探題を滅ぼした九州の雄族はみな、少し前までは得宗に非常に近しい立場にいた。

後醍醐天皇は四月二十八日付けの綸旨で島津貞久を大隅国守護職に補任していた(図6-9)。貞久の四代前の忠久は薩摩・大隅・日向三か国の守護職を兼帯したが、建仁三年(一二〇三)に比企能員が誅殺された際に連座してすべて没収された。その後薩摩守護職は返付されたけれども、大隅・日向両国守護職は返付されず、いずれも北条一族の補任されるところとなっていた。正慶二年(一三三三)に大隅守護に補任されていたのは、得宗時頼の孫師頼《もろより》で、この年四月二十七日、師頼は伯耆の後醍醐を攻めるために大隅の地頭御家人を動員している。まさにその翌日、後醍醐は伯耆から貞久を大隅の守護職に補任する綸旨を発したのであった。

おわりに

鎌倉幕府最後の将軍守邦親王は、鎌倉が落ち、得宗高時らが自害した正慶二年(一三三三)五月二十二日に出家し、同年八月十六日に三十三歳で亡くなったといわれる。詳しい状況はわからないけれども、高時とともに自害したということではないらしい。

鎌倉幕府は鎌倉殿の政権として始まり、鎌倉殿が朝廷から征夷大将軍の称号を授けられたが、得宗の政権として終わった。

得宗の地位は官制に正式に位置づけられたものではないが、事実上は幕府の最高権力として機能し、朝廷もまたその権力に従った。皇統が分裂し、皇位と所領をめぐって争った状況においては、皇位についても、所領の伝領についても幕府の裁定が求められ、幕府の裁定は得宗によってなされた。

このことについて、かつては幕府が不当に朝廷に介入して皇統を分裂させたとか、得宗専制が武家社会のみならず公家社会にまで及んだとか評価されたこともあったが、事実はそうではない。幕府は皇統をめぐる紛争に介入することに消極的だった。むしろ対立する皇統の双方（ないし三方、大覚寺統はさらに分裂した）が調停を求めて、いや自派に有利な裁定を求めて、競って使節を鎌倉に送ったのである。当時それが揶揄されて「競馬《くらべうま》」と呼ばれた。

したがって、得宗は不当に公家社会に介入したわけではなく、逆に公家社会の方が得宗に公権力の行使を期待したと見るべきであろう。

得宗貞時が亡くなった時に天下触穢が定められたことを本文で見た。将軍については、在職中に亡くなった頼朝・実朝については天下触穢が定められたが、頼経以降はみな、亡くなった時には在職していないので、天下触穢を定められていない。時頼についても議論にはなっても定められなかったのは、時頼が亡くなった時にすでに執権を離れてから久しかったからであると思われる。しかし、将軍や執権であれば、官制上に位置付けられた職であるから、辞職するということがありうるが、得宗という地位は官制上に位置付けられたものではないから、逆に、辞職するということはありえない。終身その地位にあるとみなされる。時宗や貞時は執権に在職したことによってではなく、得宗として生まれたというそのことによって、その身体の死が天下触穢の原因になると考えられたのであった。

このような得宗はもはや王権の属性を有するといってよいと思われるが、朝廷から与えられる官位という点では、これまたとんでもなく低い地位に甘んじていた。時宗が最終的に達した官位は正五位下相模守であり、貞時の場合は従四位上相模守である。時宗は三十四歳で亡くなり、貞時は三十一歳で出家したという若さの問題もあるけれども、六十九歳まで生きた政村であっても正四位下相模守であった。朝廷の官位の秩序でいえば、三位以上が公卿であり、四位・五位は受領(国司)や、弁官・蔵人等の実務官人の位階である。代々受領や弁官・蔵人を務める家の出身であっても、順調に務め上げれば公卿まで達することも少なくない。それを前提に考えれば、得宗はその実力に不相応なとんでもなく低い地位に甘んじていたことになる。

北条氏は出自が卑しいから将軍になれなかったという考えもあるけれども、将軍になるかならないかはまた別の問題として、北条氏の出自が出世を妨げるほど卑しいとはいえない。真偽は別であるけれども、北条氏は桓武平氏の一流として社会的に認知されていたのであるから、少なくとも平清盛と同等までの出世は可能だったはずである。得宗が清盛のような官位上昇を遂げなかったのは、しようとしてできなかったというよりも、そもそもする気がなかったのではないか。

得宗の権力が朝廷と同じく京都を拠点としていたならば、そうはいかなかったであろう。清盛やまた後の足利義満《よしみつ》のように官位の上でも他を圧する地位に立つ必要があった。清盛は従一位太政大臣に達したし、義満も従一位太政大臣に達した後に出家し、法皇と同等の礼遇を受け、さらには皇位を簒奪する計画を有したという意見もある。朝廷と同じく京都を拠点とする権力であるならば、そうする必要があった。既存の秩序を完全に乗っ取るか、さもなければ完全に破壊して、ないしは換骨奪胎して新たな秩序を樹立する必要があった。得宗は京都より百里以上も離れた鎌倉の地を拠点とし、時宗以後の得宗はおそらく生涯に一度も京の地を踏んでいない。朝廷の官位の秩序のもとでは、従四位上相模守が皇位に関する意見など言えるわけがない。しかし鎌倉から伝えられる皇位に関する決定を京都の廷臣たちは、関東太守(これが得宗に対する当時一般的な呼び方である)の声として聞くのである。

得宗・執権のみならず将軍以下幕府の要人は朝廷から官位を授けられ、幕府内における序列も朝廷から与えられる官位に基づいていたから、幕府は朝廷から独立した組織ではなく、朝廷の傘下にあったという意見もある。巨大に見えても幕府は一つの権門であり、朝廷もまた権門、さらに寺社という第三の権門があり、三つの権門が職能を分担しながら相互補完的に一つの国家を形成していたとする権門体制論は、その発想に基づく最も精緻な学説である。

しかしその議論は鎌倉幕府の一部を見て他の大部分を見ていないのではないか。幕府の一部分に朝廷の秩序に合わせている部分があったとしても、一方で、朝廷の枠には収まりきらない他の大きな部分があるのである。京都から離れた僻遠の地を拠点としたから、それが可能であった。京都の秩序はそのまま温存し、それとは別の世界を築くことができた。いや意図的・計画的に別世界が築かれたというよりも、京都から離れて権力を樹立する成り行きになったから、別世界ができてしまったというほうが適当かもしれない。

京都から百里以上を隔てた僻遠の地に、三方を山に囲まれて、幕府は百五十年間存続しつづけた。京都から百里以上というこの距離に意味があった。百五十年という時間にも意味があった。百里以上離れて存在する朝廷と幕府とは別のものと意識されざるをえなかったし、それが並立した百五十年という時間は、それが臨時のものではなく恒常的なものであるという意識をつくることになった。鎌倉幕府が倒壊した後に足利氏により樹立された二番目の幕府は京都を拠点としたけれども、朝廷と幕府は別物で、並立するものであるという意識が、すでに定着していた。足利義満が主導した政権を「公武統一政権」と呼ぶことはあるけれども、中身が統一政権であっても、外形的には朝廷と幕府とが別のものとしてそれぞれ維持された。

もちろん、それを主導したのは幕府であり、天皇と朝廷は統治能力を喪失して、外形のみが残された。外形のみの存在だから、すでに統治能力を喪失した者がその地位にいても許容されえたのだともいえる。もしも天皇に替わって政治の主導権を掌握した者が、幕府というような新たなかたちを創設せず、従来の朝廷というかたちを利用したならば、彼自身が朝廷の頂点、すなわち天皇の地位に立たざるをえなかったであろう。朝廷というかたちを政権の外形として維持するのであれば、中身の交替つまり王朝交替が不可避となる。逆に頼朝が幕府というかたちを創設したために、天皇位をめぐる王朝交替は避けられることになった。

朝廷と幕府とが別のものとして並立するという政権の「かたち」が結局は明治維新まで維持されることになるのであるが、その「かたち」がつくられたのが鎌倉時代であった。

あとがき

ミヒャエル・エンデの『はてしない物語』はあかがね色とみどり色の二色で書かれているけれども、通史も二色で書いてみたい、といま思っている。通史の叙述はみどり色、叙述の前提となる史料の解釈や考察はあかがね色で。

専門論文であれば、大部分があかがね色になるのであるが、通史となると、みどり色の部分が重要で、みどり色の部分のみで話の筋が通っていることが求められる。しかしみどり色の部分だけでいいかというと、そうではなく、みどり色の叙述があかがね色の史料の解釈と考察によって支えられていることが必要である。

『はてしない物語』の原題は Die unendliche Geschichte であるが、ドイツ語の Geschichte は、日本語の「物語」のみならず「歴史」をも意味する。日本語の「歴史学」はドイツ語では Geschichtswissenschaft である。「歴史は物語である」などと言ってしまうと、自分に都合のいい物語を歴史であると強弁するような胡散臭い感じがしてしまうが、本来は逆であって、できるだけ客観的な方法に基づく史料の解釈と考察により認識される物語が歴史だというべきであろう。unendlichを「はてしない」と訳したのは素晴らしいと思うけれども、ふつうに散文的に訳せば「終わりのない」となる。「終わりのない歴史」という言葉を、通史を一応書き終えたいま、つぶやいてみると、あかがね色の考察には終わりがないという意味に思えてくる。

著者は三十四年間東京大学史料編纂所に在職し、一貫して『大日本史料 第五編』の編纂に従事してきた。第五編の対象年代は承久三年(一二二一)七月から正慶二年(一三三三)五月までであるが、著者が直接出版に携わったのは第二十七冊から第三十五冊までの九冊、対象となるのは宝治二年(一二四八)十月から建長三年(一二五一)七月までである。三十四年間もかけてたった三年足らずの分しか編纂できなかったことになる。本書の記述ではわずか数行分にしかならない。

しかもこの三年に満たない分を編纂するのですら、著者と同僚がゼロからはじめたわけではなく、百年以上にわたって先輩たちが蓄積してきた材料を前提としている。逆に自分たちもまた、直接自分たち自身で出版する分のみならず、実際の出版が百年以上後になるかもしれない分も含めて、編纂材料を蓄積し、後輩に渡していくことになる。それを百年以上前から世代を超えて繰り返し、これから先も繰り返していく。

『大日本史料』の既刊部分は対象年代の半分程度にしかならないけれども、未刊部分についても稿本や材料が「大日本史料総合データベース」をはじめとするデータベースによって公開されている。本書を書いていく上で、『大日本史料』の既刊分について参照したのはもちろんであるが、未刊分についてもこれらのデータベースを駆使した。

本書の編集は古川義子さんが担当してくださった。古川さんが伴走してくださったことにより助けられたことに感謝の言葉を記して、擱筆することにしたい。

二〇一六年二月十日

近藤成一

岩波新書新赤版一〇〇〇点に際して

ひとつの時代が終わったと言われて久しい。だが、その先にいかなる時代を展望するのか、私たちはその輪郭すら描きえていない。二〇世紀から持ち越した課題の多くは、未だ解決の緒を見つけることのできないままであり、二一世紀が新たに招きよせた問題も少なくない。グローバル資本主義の浸透、憎悪の連鎖、暴力の応酬――世界は混沌として深い不安の只中にある。

現代社会においては変化が常態となり、速さと新しさに絶対的な価値が与えられた。消費社会の深化と情報技術の革命は、種々の境界を無くし、人々の生活やコミュニケーションの様式を根底から変容させてきた。ライフスタイルは多様化し、一面では個人の生き方をそれぞれが選びとる時代が始まっている。同時に、新たな格差が生まれ、様々な次元での亀裂や分断が深まっている。社会や歴史に対する意識が揺らぎ、普遍的な理念に対する根本的な懐疑や、現実を変えることへの無力感がひそかに根を張りつつある。そして生きることに誰もが困難を覚える時代が到来している。

しかし、日常生活のそれぞれの場で、自由と民主主義を獲得し実践することを通じて、私たち自身がそうした閉塞を乗り超え、希望の時代の幕開けを告げてゆくことは不可能ではあるまい。そのために、いま求められていること――それは、個と個の間で開かれた対話を積み重ねながら、人間らしく生きることの条件について一人ひとりが粘り強く思考することではないか。その営みの糧となるものが、教養に外ならないと私たちは考える。歴史とは何か、よく生きるとはいかなることか、世界そして人間はどこへ向かうべきなのか――こうした根源的な問いとの格闘が、文化と知の厚みを作り出し、個人と社会を支える基盤としての教養となった。まさにそのような教養への道案内こそ、岩波新書が創刊以来、追求してきたことである。

岩波新書は、日中戦争下の一九三八年一一月に赤版として創刊された。創刊の辞は、道義の精神に則らない日本の行動を憂慮し、批判的精神と良心的行動の欠如を戒めつつ、現代人の現代的教養を刊行の目的とする、と謳っている。以後、青版、黄版、新赤版と装いを改めながら、合計二五〇〇点余りを世に問うてきた。そして、いままた新赤版が一〇〇〇点を迎えたのを機に、人間の理性と良心への信頼を再確認し、それに裏打ちされた文化を培っていく決意を込めて、新しい装丁のもとに再出発したいと思う。一冊一冊から吹き出す新風が一人でも多くの読者の許に届くこと、そして希望ある時代への想像力を豊かにかき立てることを切に願う。

（二〇〇六年四月）

近藤成一

1955年東京都に生まれる.
1982年東京大学大学院人文科学研究科修士課程修了.
東京大学史料編纂所教授・放送大学教授を経て
現在 ― 放送大学特任教授・東京大学名誉教授・博士(文学)
専攻 ― 日本中世史
著書 ―『鎌倉時代政治構造の研究』(校倉書房)
『執権 北条義時』(三笠書房)
『日本の時代史9 モンゴルの襲来』(編, 吉川弘文館) ほか

鎌倉幕府と朝廷
シリーズ 日本中世史②　　岩波新書(新赤版)1580

2016年3月18日 第1刷発行
2024年5月15日 第8刷発行

著　者　近藤成《こんどうしげかず》 ・

発行者　坂本政謙

発行所　株式会社 岩波書店
〒101-8002 東京都千代田区一ツ橋2-5-5
案内 03-5210-4000　営業部 03-5210-4111
https://www.iwanami.co.jp/

新書編集部 03-5210-4054
https://www.iwanami.co.jp/sin/

印刷製本・法令印刷　カバー・半七印刷

ISBN 978-4-00-431580-3　　Printed in Japan

主要人名索引

さ 行

た 行

ま 行

や～わ行

年　表

西暦	和暦	事　　項
1156	保元1	7 鳥羽法皇没．保元の乱　⑨保元の新制　10 朝廷，記録所設置
1158	保元3	8 後白河天皇，二条天皇に譲位，院政開始
1159	平治1	12 平治の乱
1160	永暦1	3 源頼朝を伊豆に配流
1165	永万1	6 二条天皇，六条天皇に譲位，翌月没
1167	仁安2	2 平清盛，太政大臣に
1168	仁安3	2 六条天皇，高倉天皇に譲位　9 栄西・重源，宋より帰国
1170	嘉応2	5 藤原秀衡，鎮守府将軍に
1177	安元3	4 京都大火　6 平清盛，源行綱の密告により，藤原成親らを捕らえる(鹿ケ谷の陰謀)
1179	治承3	11 平清盛，後白河法皇を鳥羽殿に幽閉，院政停止
1180	治承4	2 高倉天皇，安徳天皇に譲位　4 以仁王，安徳天皇追討を呼びかける　6 福原遷都　8 源頼朝，伊豆に挙兵　9 木曽義仲，信濃に挙兵　10 頼朝，鎌倉入り．富士川の戦いで平維盛の追討軍を退ける　11 和田義盛，侍所別当に．都を京に戻す　12 後白河院政再開．平家，南都焼き討ち
1181	治承5/養和1	1 高倉上皇没　②平清盛没　6 木曽義仲，城長茂の追討軍撃退(横田河原の戦い)　この年，養和の飢饉
1183	寿永2	5 木曽義仲，平維盛の追討軍を撃退(砺波山の戦い)，京へ進軍　7 義仲・源行家入京，平家都落ち　8 後鳥羽天皇即位　10 朝廷，東海・東山両道の領家に従わない者を源頼朝に沙汰させる(寿永2年10月宣旨)　⑩義仲，備中

		水島の戦いで平家に敗れる．平家，讃岐屋島へ　11 義仲，後白河を幽閉
1184	寿永3/元暦1	1 源範頼・義経，木曽義仲を破り入京，義仲敗死．朝廷，源頼朝に平家追討の宣旨　2 一の谷の戦い，平家，屋島に撤退　3 平家没官領，頼朝に与えられる　9 範頼，再度平家追討へ出立　10 頼朝，公文所・問注所設置
1185	元暦2/文治1	1 源義経，平家追討へ出立　2 屋島の戦い　3 長門壇ノ浦にて平家滅亡．安徳天皇入水　5 義経，平宗盛を鎌倉に護送　6 義経，近江篠原にて宗盛を処刑し入京　10 源行家・義経，源頼朝から離反．朝廷，頼朝追討の宣旨　11 行家・義経，大風にあい行方不明に．朝廷，行家・義経追討の宣旨．北条時政ら入京．朝廷，時政らに兵粮米の徴集と田地の知行を認める　12 頼朝，朝廷政治の改革を奏上
1186	文治2	5 源行家，討たれる　10 平家没官領・謀反人所帯跡以外の地頭職を停止
1187	文治3	10 藤原秀衡没，源義経を推戴することを遺言
1188	文治4	2 朝廷，源義経追討の宣旨
1189	文治5	④藤原泰衡，源義経を討つ　7 源頼朝，泰衡追討へ(奥州合戦)　9 泰衡殺される(奥州藤原氏滅亡)　12 永福寺，作事開始
1190	建久1	10 東大寺棟上　11 源頼朝，上洛．権大納言，右近衛大将に　12 頼朝，官職を辞し鎌倉へ
1191	建久2	3 朝廷，新制を制定(建久の新制)．源頼朝に治安維持命じる
1192	建久3	3 後白河法皇没　7 源頼朝，征夷大将軍に
1194	建久5	10 源頼朝，征夷大将軍を辞す
1195	建久6	3 源頼朝，上洛し東大寺供養へ
1196	建久7	11 九条兼実，関白辞職．九条一門失脚
1198	建久9	1 後鳥羽天皇，土御門天皇に譲位，院政開始．源通親，院別当に

1199	建久10/正治1	1 源頼朝没，子息頼家が家督継承　4 幕府，頼家親裁を止め，北条時政以下13人の御家人合議とする
1202	建仁2	7 源頼家，征夷大将軍に　10 源通親没，九条良経摂政に(九条家復権)
1203	建仁3	9 比企能員，北条時政に討たれる．源実朝，征夷大将軍に．時政，執権に．源頼家，幽閉される
1204	元久1	7 源頼家，殺される
1205	元久2	3 藤原定家ら『新古今和歌集』撰進　6 北条時政，畠山重忠を滅ぼす　⑦北条政子・義時，時政と後室の牧氏を伊豆に追放，京都守護平賀朝雅を討つ．義時，執権に
1207	建永2	4 九条兼実没
1210	承元4	11 土御門天皇，順徳天皇に譲位
1211		モンゴル，金に侵攻
1213	建暦3	5 和田義盛，挙兵するも敗死(和田合戦)
1216	建保4	11 源実朝，入宋を発願し，宋人陳和卿に造船を命じる
1218	建保6	9 延暦寺衆徒，博多津支配をめぐって石清水八幡宮と争い，入洛して嗷訴
1219	建保7/承久1	1 源実朝，殺される　7 九条頼経，鎌倉着
1221	承久3	4 順徳天皇，仲恭天皇に譲位．九条道家，摂政に　5 後鳥羽上皇，伊賀光季を討ち，北条義時追討の宣旨を下す(承久の乱)　6 幕府軍入洛，六波羅に進駐(六波羅探題の濫觴)．後鳥羽，宣旨を撤回　7 後鳥羽は隠岐に，順徳は佐渡に配流．後高倉院の院政開始，仲恭廃位，後堀河天皇即位
1223	貞応2	6 新補率法公布　この年，諸国の大田文作成
1224	貞応3	6 北条義時没　7 義時の後室伊賀氏ら，一条実雅を将軍に擁立し，北条政村を執権とする動

		き(伊賀氏の変) ⑦北条政子，北条泰時の執権就任を支持
1225	嘉禄 1	7 北条政子没．北条時房，連署に 12 九条頼経，宇津宮辻子の新造御所に移る．評定を始め，鎌倉大番を定める
1226	嘉禄 2	1 九条頼経，征夷大将軍に
1227	嘉禄 3	4 幕府，西国の悪党退治を命じる 5 高麗より牒状来る
1228	安貞 2	12 九条道家，関白に
1231	寛喜 3	11 朝廷，新制を制定，九条頼経に京中の治安維持を命じる この年，寛喜の大飢饉 モンゴル，高麗に侵攻開始
1232	寛喜4/貞永 1	2 九条頼経公卿に 8「御成敗式目」(「貞永式目」)制定 10 後堀河天皇，四条天皇に譲位
1238	嘉禎 4	2 九条頼経上洛，検非違使別当に 3 鎌倉大仏造立開始
1240	延応 2	1 北条時房没
1242	仁治 3	1 四条天皇没，九条道家，皇嗣を幕府に諮問．後嵯峨天皇即位 6 北条泰時没，北条経時，執権に
1243	寛元 1	2 北条経時，訴訟制度改革 8 九条道家，東福寺建立
1244	寛元 2	4 九条頼経，子息頼嗣に将軍を譲る
1246	寛元 4	1 後嵯峨天皇，後深草天皇に譲位 3 北条経時病のため，北条時頼，執権に ④経時没 5 時頼，名越光時ら反対派を粛清(宮騒動) 7 九条頼経，京へ 10 幕府，関東申次の九条道家を更迭し，西園寺実氏に替える 11 院評定開始
1247	宝治 1	6 北条時頼，三浦泰村一族を滅ぼす(宝治合戦)
1249	建長 1	12 幕府，引付設置
1251	建長 3	12 幕府，了行らを謀反の嫌疑で捕らえる
1252	建長 4	2 九条道家没 4 九条頼嗣，京へ，宗尊親王，

		鎌倉へ，将軍に
1253	建長5	11 建長寺落慶
1256	建長8/康元1	3 北条重時，連署辞職，北条政村に交替　8 九条頼経没　9 九条頼嗣没　11 北条時頼，執権辞職，北条長時に交替
1259	正嘉3	1 後深草天皇，亀山天皇に譲位　この年，正嘉の飢饉
1264	文永1	8 北条長時没．北条政村執権，北条時宗連署に
1265	文永2	12『続古今和歌集』撰進
1266	文永3	3 幕府，引付廃止　7 宗尊親王を京へ，惟康王，将軍に
1268	文永5	1 モンゴルより国書到来　3 北条時宗，執権に
1269	文永6	3 モンゴル・高麗の使節が対馬の島民2人を連れ去る　4 幕府，引付再置　9 高麗使，対馬に至り，島民を返還
1270	文永7	1 朝廷，モンゴルへの返書作成するも，幕府送らず　5 高麗にて三別抄の反乱
1271	文永8	5 三別抄敗退　9 鎮西の御家人にモンゴル襲来への備えを命令(異国警固番役)．モンゴル使趙良弼，大宰府に至る　11 モンゴル，国号を大元と定める
1272	文永9	2 名越時章・教時，討たれる．六波羅南方の北条時輔，北方の北条義宗に討たれる(二月騒動)．後嵯峨法皇没
1273	文永10	3 三別抄滅亡
1274	文永11	1 亀山天皇，後宇多天皇に譲位　10 元・高麗軍，日本征討へ．対馬・壱岐から博多・大宰府へ至るも撤退(文永の役)
1275	文永12/建治1	4 元使杜世忠ら，長門室津へ　9 元使を鎌倉龍口にて斬首　11 金沢実政，異賊警固のため鎮西へ
1276	建治2	3 高麗出兵準備とともに，博多湾に石築地築造　8 山陽・南海道の守護に長門国警固を指令

1278	弘安 1	11 元の世祖，日本商船の交易許可
1279	弘安 2	6 無学祖元来日，建長寺へ　7 元使を博多で斬首　この年，南宋滅亡
1280	弘安 3	8 元，日本再征討を計画
1281	弘安 4	5 元・高麗の東路軍襲来．壱岐・対馬・志賀島などで合戦．のち，江南軍も平戸・鷹島へ　⑦大風により元軍打撃，撤退(弘安の役)　8 幕府，高麗出兵を計画，のち延期
1282	弘安 5	12 北条時宗，円覚寺を建立し戦死者供養
1283	弘安 6	1 延暦寺衆徒，神輿を奉じ禁中に乱入　8 元，日本へ国使派遣
1284	弘安 7	4 北条時宗没．翌月「天下触穢」　5「新御式目」制定　7 北条貞時，執権に
1285	弘安 8	11 安達泰盛，討たれる(霜月騒動)
1287	弘安10	10 幕府の奏請により，後宇多天皇，伏見天皇に譲位．後深草上皇，院政を開始
1289	正応 2	4 伏見天皇皇子，皇太子に　10 久明親王，将軍に
1290	正応 3	2 後深草上皇出家，治世を伏見天皇に譲る　3 浅原為頼，内裏に乱入，自害
1292	正応 5	10 高麗使，大宰府に至る
1293	正応6/永仁 1	3 北条兼時，異賊警固のため六波羅から鎮西へ(鎮西探題の濫觴)　4 名越時家，同じく鎮西へ．鎌倉大地震．平頼綱，討たれる(平禅門の乱)　5 幕府，本補地頭にも下地中分を認める　6 朝廷，雑訴評定・記録所庭中を整備　10 幕府，引付廃止．執奏制に
1294	永仁 2	10 幕府，執奏を止め引付を再置
1296	永仁 4	4 金沢実政，鎮西探題に
1297	永仁 5	3 永仁の徳政令
1298	永仁 6	1 京極為兼，捕縛　7 伏見天皇，後伏見天皇に譲位．院政開始
1299	正安 1	10 一山一寧，元の国書を携え来日，鎌倉へ

1300	正安 2	5 室町院没
1301	正安 3	1 後伏見天皇，後二条天皇に譲位．後宇多上皇，院政開始　8 北条師時，執権に　この年，幕府，室町院遺領をめぐる相論を裁定
1302	正安 4	4 伏見上皇，持明院殿に入る　8 幕府の再裁定を受け，室町院領を持明院・大覚寺両統で折半
1303	乾元 2	④京極為兼，京に召し返される
1305	嘉元 3	4 鎌倉大地震．北条時村，討たれる（嘉元の乱）　9 亀山法皇没　⑫西園寺公衡，後宇多上皇の勅勘により 2 か月の出仕停止
1308	徳治 3	8 後二条天皇没，花園天皇即位．守邦王，将軍に　9 尊治親王，皇太子に
1310	延慶 3	この年，幕府，刈田狼藉を検断沙汰に
1311	応長 1	9 北条師時没　10 大仏宗宣，執権に．北条貞時没
1312	正和 1	3 京極為兼，『玉葉和歌集』を撰進　5 大仏宗宣出家　6 北条熙時，執権に
1315	正和 4	1 幕府，路次狼藉を検断沙汰に．また諸国悪党を起請文により注進させる　7 北条熙時出家，北条基時，執権に　12 京極為兼，捕らえられ，翌月流罪
1316	正和 5	7 北条高時，執権に
1317	文保 1	4 幕府，譲位と次の皇太子について持明院・大覚寺両統の和談を勧告（文保の和談）　9 伏見法皇没
1318	文保 2	2 花園天皇，後醍醐天皇に譲位　3 後二条の皇子邦良が皇太子に　12 山陽・南海道の悪党鎮圧のため使節派遣
1320	元応 2	この年より海上警固の結番を行う．またこの頃より蝦夷の反乱
1321	元亨 1	12 後宇多法皇，院政を停止，後醍醐天皇親政
1323	元亨 3	秋，永嘉門院，室町院遺領について裁定の見直

		しを求め，相論再燃
1324	元亨4/正中1	2 幕府，朝廷に悪党禁圧に関する4か条の事書を示す　6 後宇多法皇没　9 倒幕の陰謀露見により，土岐頼有・多治見国長，討たれ，日野資朝・俊基，捕らえられる(正中の変)
1325	正中2	7 幕府，建長寺造営料船を元に送る
1326	正中3/嘉暦1	3 北条高時出家．金沢貞顕，執権に．すぐに辞職．邦良親王没　4 赤橋守時，執権に　7 後伏見天皇の子量仁親王，皇太子に
1328	嘉暦3	10 蝦夷の反乱，和談
1331	元徳3/元弘1	5 高時呪詛の嫌疑で，僧円観・日野俊基ら，捕らえられる　8 北条高時，長崎高資の誅殺に失敗．後醍醐天皇，笠置山に籠城．楠木正成挙兵(元弘の変)　9 光厳天皇即位．後醍醐，捕らえられる　11 邦良親王の子康仁親王，皇太子に
1332	元弘2/正慶1	3 後醍醐天皇，隠岐に配流　6 日野俊基，処刑される
1333	正慶2/元弘3	1 赤松円心，挙兵．四条隆貞と楠木勢，四天王寺を攻める．その後幕府軍との合戦続く　② 幕府，吉野山の護良親王軍を攻め落とす．護良，脱出し抵抗を続ける．後醍醐，隠岐を脱出　3 赤松円心の軍勢，京都七条に攻め込む．鎮西で菊池武時の蜂起　4 名越高家・足利高氏，後醍醐攻撃に出立　5 後醍醐側についた高氏と，千種忠顕・赤松円心の軍勢，京に攻め込む．六波羅探題滅亡．新田義貞，挙兵し鎌倉へ，分倍河原で幕府軍を破る．執権赤橋守時，討死．鎌倉落ち，得宗高時，自害．将軍守邦出家．鎮西探題滅亡

参考文献

網野善彦『蒙古襲来』(小学館文庫，2000)
石井進『日本中世国家史の研究』(岩波書店，1970)
市沢哲『日本中世公家政治史の研究』(校倉書房，2011)
井原今朝男『日本中世の国政と家政』(校倉書房，1995)
上横手雅敬『日本中世政治史研究』(塙書房，1970)
上横手雅敬『鎌倉時代政治史研究』(吉川弘文館，1991)
榎本渉『僧侶と海商たちの東シナ海』(講談社選書メチエ，2010)
榎本渉『南宋・元代日中渡航僧伝記集成』(勉誠出版，2013)
笠松宏至『日本中世法史論』(東京大学出版会，1979)
笠松宏至『徳政令』(岩波新書，1983)
川合康『鎌倉幕府成立史の研究』(校倉書房，2004)
川合康『源平合戦の虚像を剝ぐ』(講談社学術文庫，2010)
黒田俊雄『日本中世の国家と宗教』(岩波書店，1975)
黒田俊雄『日本中世の社会と宗教』(岩波書店，1990)
河内祥輔『日本中世の朝廷・幕府体制』(吉川弘文館，2007)
五味文彦『武士と文士の中世史』(東京大学出版会，1992)
五味文彦『増補 吾妻鏡の方法』(吉川弘文館，2000)
近藤成一編『日本の時代史9 モンゴルの襲来』(吉川弘文館，2003)
近藤成一『鎌倉時代政治構造の研究』(校倉書房，2016)
櫻井陽子『『平家物語』本文考』(汲古書院，2013)
佐藤進一『日本中世史論集』(岩波書店，1990)
佐藤進一『鎌倉幕府訴訟制度の研究』(岩波書店，1993)
佐藤進一『新版 古文書学入門』(法政大学出版局，2003)
佐藤進一『日本の歴史9 南北朝の動乱』(中公文庫，2005)
佐藤進一『日本の中世国家』(岩波現代文庫，2007)
三田武繁『鎌倉幕府体制成立史の研究』(吉川弘文館，2007)
白根靖大『中世の王朝社会と院政』(吉川弘文館，2000)
瀬野精一郎『増訂 鎌倉幕府裁許状集』上下(吉川弘文館，1994)

高橋慎一朗『中世の都市と武士』(吉川弘文館, 1996)
高橋典幸『鎌倉幕府軍制と御家人制』(吉川弘文館, 2008)
髙橋昌明『平家と六波羅幕府』(東京大学出版会, 2013)
田渕句美子「鎌倉時代の歌壇と文芸」(前掲『日本の時代史9 モンゴルの襲来』収録)
張東翼「一二六九年「大蒙古国」中書省の牒と日本側の対応」(『史学雑誌』114編8号, 2005)
富田正弘『中世公家政治文書論』(吉川弘文館, 2012)
永原慶二『日本中世の社会と国家』(青木書店, 1991)
七海雅人『鎌倉幕府御家人制の展開』(吉川弘文館, 2001)
西田友広『鎌倉幕府の検断と国制』(吉川弘文館, 2011)
橋本義彦『平安貴族社会の研究』(吉川弘文館, 1976)
旗田巍『元寇』(中公新書, 1965)
服部英雄『蒙古襲来』(山川出版社, 2014)
古澤直人『鎌倉幕府と中世国家』(校倉書房, 1991)
細川重男『鎌倉政権得宗専制論』(吉川弘文館, 2000)
本郷和人『中世朝廷訴訟の研究』(東京大学出版会, 1995)
牧健二『日本封建制度成立史』(清水弘文堂書房, 1969)
美川圭『院政の研究』(臨川書店, 1996)
村井章介『アジアのなかの中世日本』(校倉書房, 1988)
村井章介『中世の国家と在地社会』(校倉書房, 2005)
村井章介『日本中世の異文化接触』(東京大学出版会, 2013)
森茂暁『鎌倉時代の朝幕関係』(思文閣出版, 1991)
森茂暁『南北朝期公武関係史の研究』(思文閣出版, 2008)
森幸夫『六波羅探題の研究』(続群書類従完成会, 2005)
義江彰夫『鎌倉幕府地頭職成立史の研究』(東京大学出版会, 1978)
義江彰夫『鎌倉幕府守護職成立史の研究』(吉川弘文館, 2009)
龍粛『鎌倉時代』(文春学藝ライブラリー, 2014)

図版出典

1-2　川合康『源平合戦の虚像を剥ぐ——治承・寿永内乱史研究』講談社学術文庫，2010，70～71 頁を参考に作成

1-3　東京大学史料編纂所所蔵

1-4　個人蔵，黒川高明編著『源頼朝文書の研究　史料編』吉川弘文館，1988，89 頁より

1-5　関幸彦『戦争の日本史 5　東北の争乱と奥州合戦——「日本国」の成立』吉川弘文館，2006，211 頁より，一部改変

1-6　(上)個人蔵，(下)神奈川県立歴史博物館所蔵，いずれも前掲，黒川高明編著『源頼朝文書の研究　史料編』54，44 頁より

1-8　山形大学小白川図書館所蔵，近藤成一「文書様式にみる鎌倉幕府権力の転回——下文の変質」『古文書研究』第 17・18 合併号，1981 より

1-9　宮内庁三の丸尚蔵館所蔵，『天子摂関御影』より，小松茂美編『続日本絵巻大成 18　随身庭騎絵巻　中殿御会図　公家列影図　天子摂関御影』中央公論社，1983，53 頁より

2-2　国立歴史民俗博物館所蔵

2-3　宗像大社所蔵，宗像大社文書編纂刊行委員会編纂『宗像大社文書　第一巻影印本(二分冊の二)』宗像大社復興期成会，1992 より

2-8　鎌倉大仏殿高徳院所蔵，近藤成一編『日本の時代史 9　モンゴルの襲来』吉川弘文館，2003，口絵より

2-9　高橋慎一朗『中世の都市と武士』吉川弘文館，1996，41 頁より，一部改変

2-10　2009 年 8 月 24 日著者撮影

3-1　2015 年 9 月 11 日寧波博物館にて著者撮影

3-2　2007 年 9 月 15 日著者撮影

3-4，3-5，3-7，3-8，4-2　宮内庁三の丸尚蔵館所蔵，『蒙古襲来絵詞』より，小松茂美編『日本絵巻大成 14　蒙古襲来絵詞』中央公論社，1978，20～22，71～73，114～116，96～98，54～57 頁より

3-9　2007 年 9 月 24 日著者撮影

3-10　東京大学史料編纂所所蔵，東京大学史料編纂所編纂『東京大学史料編纂所影印叢書 1　島津家文書——歴代亀鑑・宝鑑』八木書店，2007，41 頁より

4-3　西大寺所蔵
4-4　佐伯俊源氏撮影
4-5　近藤成一「内裏と院御所」五味文彦編『都市の中世』吉川弘文館，1992，76 頁より
4-8　京都府立総合資料館所蔵，同館東寺百合文書 WEB より
5-2　東京大学史料編纂所所蔵
6-1　東京大学史料編纂所所蔵，前掲，近藤成一編『日本の時代史 9　モンゴルの襲来』口絵より
6-2　帝國學士院編『宸翰英華　第一冊』紀元二千六百年奉祝会，1944，挿図 5 より
6-3　称名寺所蔵，神奈川県立金沢文庫保管
6-4　2006 年 7 月 27 日著者撮影
6-5　岡見正雄校注『太平記(二)』角川文庫，1982，67 頁より，一部改変
6-6　東京大学史料編纂所所蔵，前掲，東京大学史料編纂所編纂『東京大学史料編纂所影印叢書 1　島津家文書――歴代亀鑑・宝鑑』50 頁より
6-7　徳蔵寺所蔵，前掲，近藤成一編『日本の時代史 9　モンゴルの襲来』口絵より
6-9　東京大学史料編纂所所蔵，前掲，東京大学史料編纂所編纂『東京大学史料編纂所影印叢書 1　島津家文書――歴代亀鑑・宝鑑』49 頁より